今行きたい！
はじめての御城印めぐり

今行きたい！ はじめての御城印めぐり

目次

ご利用にあたって

○本誌掲載のデータは2020年8月現在のものです。発行後に、料金、開館・営業時間、定休日、メニュー等の営業内容が変更になることや、臨時休業等で利用できない場合があります。御城印についても販売中止、デザイン変更となる場合があります。また、各種データを含めた掲載内容の正確性には万全を期しておりますが、おでかけの際には電話等で事前に確認・予約されることをお勧めいたします。なお、本誌に掲載された内容による損害等は、弊社では補償いたしかねますので、あらかじめご了承くださいますようお願いいたします。

○登城記念の朱印を総称して「御城印」とよんでいます。

○城の遺構名の表記は各城の表記に従っています。

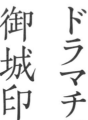

○各城のデータの凡例は左記の通りです。
…城の種類 …築城年
…築城者 …主な城主
○築城年は、現在残る遺構の築城年と、それ以前の城の築城年などの場合があります。
○城主は主なものを表記しました。
○歴史的な記述については諸説あるものもあります。予めご了承ください。
○掲載の城の外観等は、見学自由のものもありますが、天守や櫓、敷地内への入場時間が決まっている場合もあり、掲載の時間より30分～1時間前に締め切ることがあります。おでかけの際には、各城や御城印の頒布場所の公式サイトなどで事前にご確認ください。
○本誌掲載の料金は、原則として取材時点で確認した消費税込みの料金です。また入場料などは、特記のないものは大人料金です。ただし各種料金は変更されることがありますので、ご利用の際はご注意ください。
○定休日は、原則として年末年始・お盆休み・ゴールデンウィーク・臨時休業を省略しています。
○本誌掲載の利用時間は、特記以外原則として開館(店)～閉館(店)です。入館(店)時間やラストオーダーは通常閉館(店)時刻の30分～1時間前ですのでご注意ください。
○交通表記における所要時間はあくまで目安ですのでご注意ください。

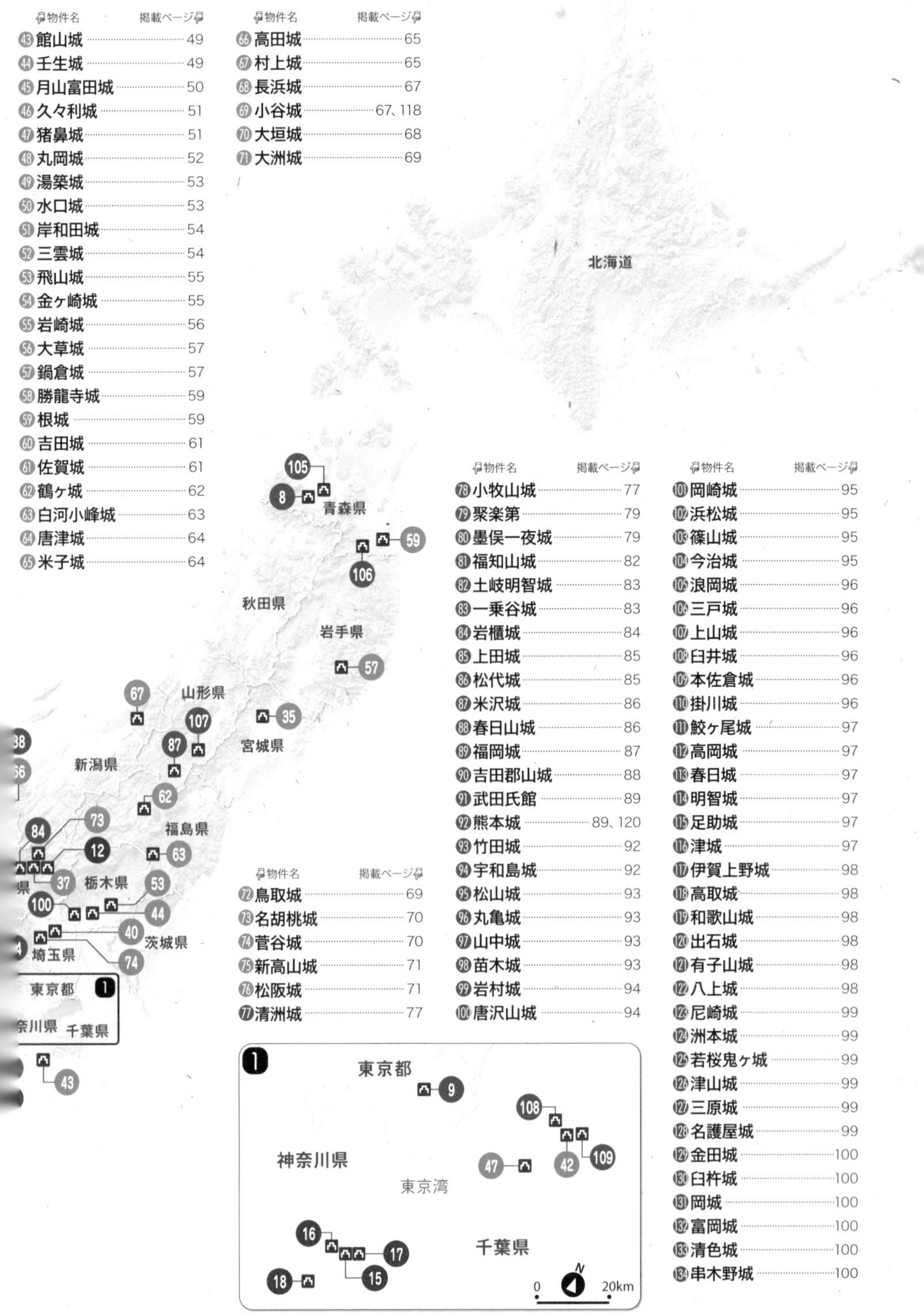

北海道
青森県
105
8
59
106
秋田県
岩手県
57
67
山形県
107
35
宮城県
87
新潟県
62
73
84
12
福島県
63
37
栃木県
53
100
44
40
茨城県
埼玉県
74
東京都
1
千葉県
43
1
東京都
9
108
神奈川県
47
42
109
東京湾
16
17
15
18
千葉県
N
0
20km

掲載一覧マップ

本書で紹介している御城印がいただける城を掲載。
数字の色は紹介の章ごとに色分けをしています。
●…1章ほか ●…3章ほか
●…4章ほか ●…5章ほか

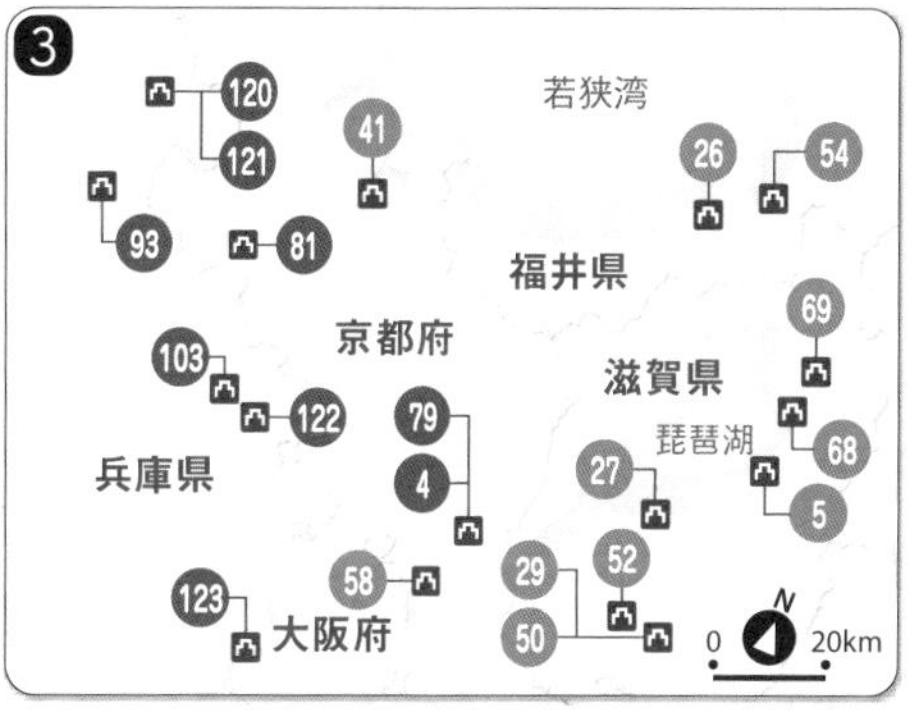

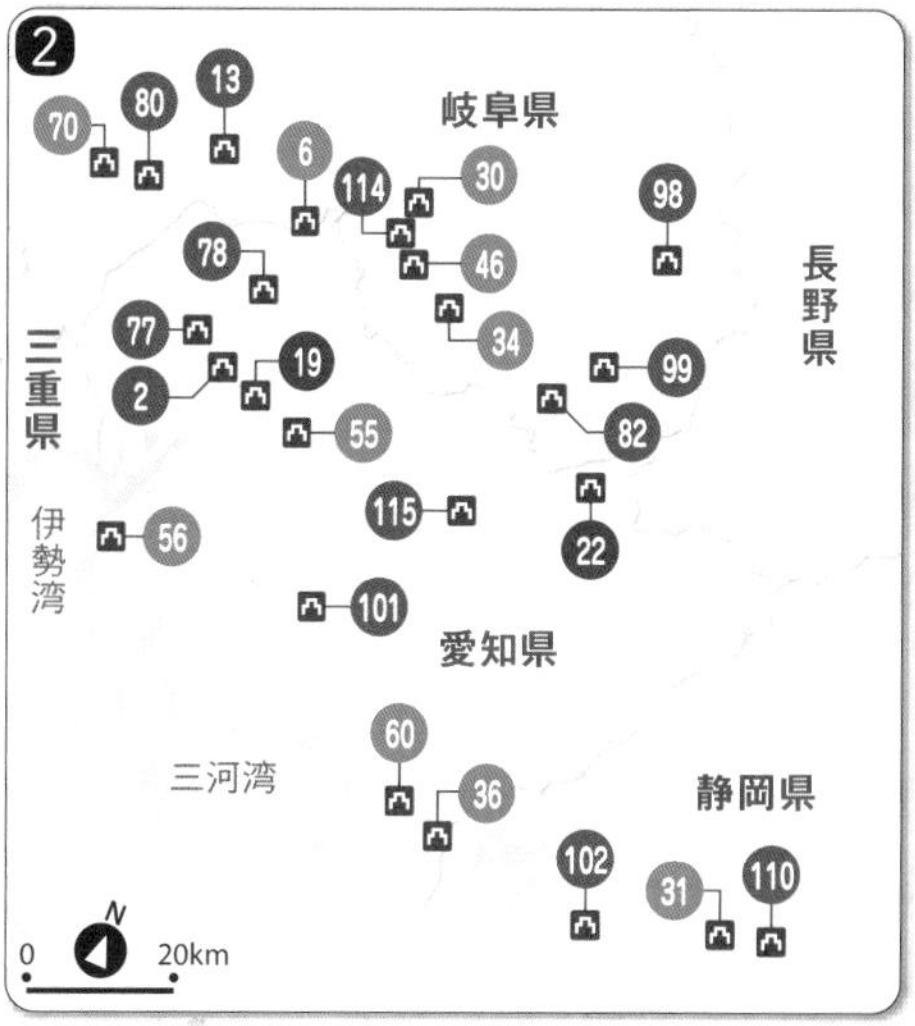

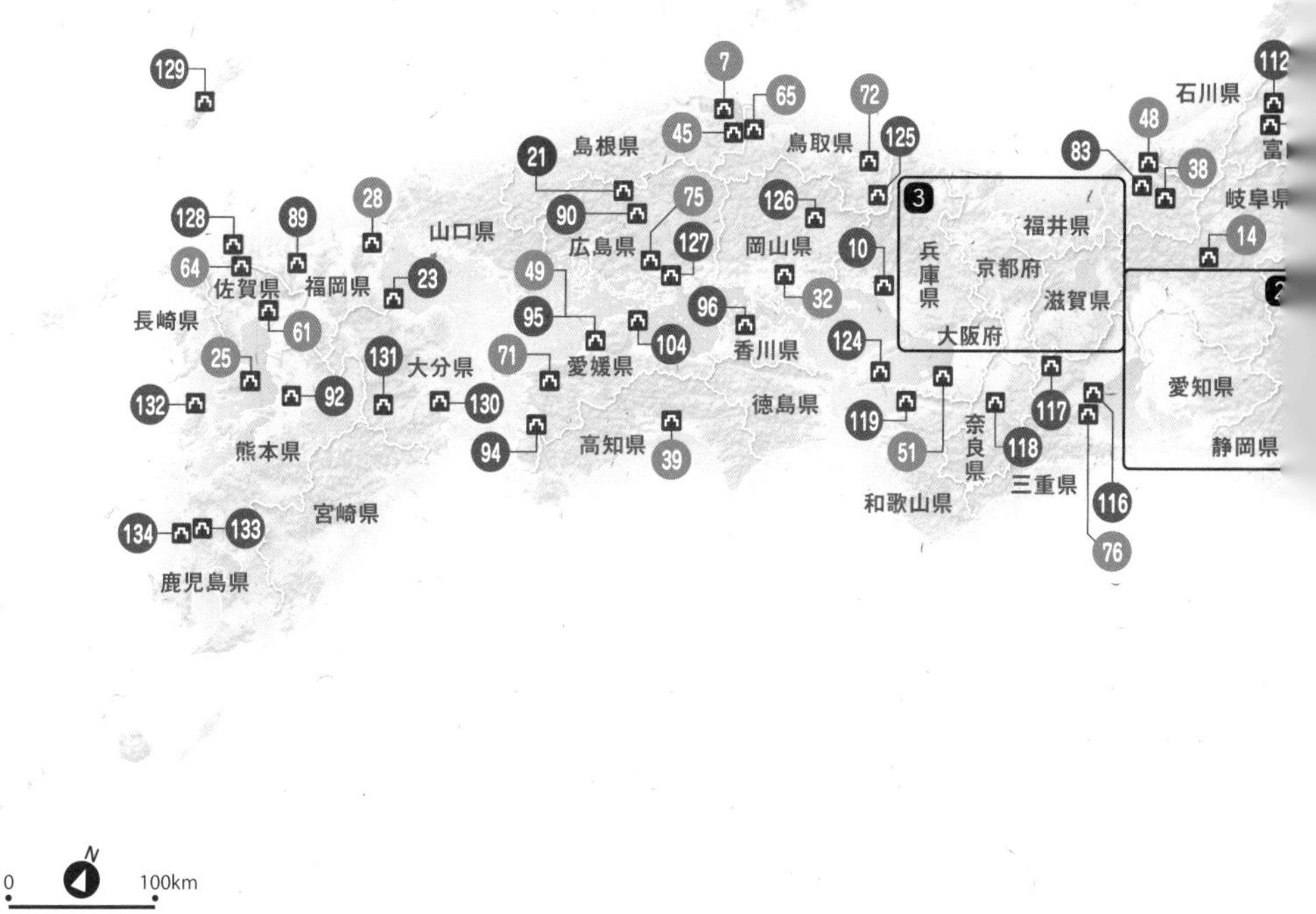

お城ビギナーはここから！

今行きたい名城の御城印

御城印集めの第一歩は誰もがよく知る名城から。美しくて見ごたえ十分な全国各地の人気の城をまずは押さえましょう！

長野

松本城《まつもとじょう》

P66

雄大な北アルプスに抱かれる松本城は、日本に現存する12天守のひとつ。白漆喰と黒漆が塗られた五重六階天守の美しい姿で人気があります。戦国期築城の大天守や乾小天守、江戸期に増築された月見櫓など5棟の天守群で構成される、

御城印ヒストリー

御城印はここから始まった！

1991年ごろに松本城で頒布された天守登閣記念朱印符が御城印の始まりといわれています。御城印が全国に広まったのは、熊本城の復興支援、令和への改元がきっかけ。今では、全国各地で手に入るようになりました。

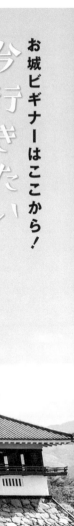

北アルプスを背にそびえ立つ漆黒の国宝天守

日本に現存する唯一の連結複合式天守です。戦時用の堅固な天守と、太平の世に生まれた優美な月見櫓が見事な調和をみせます。御城印発行の第1号はこの松本城。御城印巡りで最初に訪れてみたくなる名城です。

だから行きたい！

時代ごとに姿を変えた天守群を見られるのはココだけ！

大天守（中央）と乾小天守、それら天守に連結する3棟の櫓で天守群を構成しています

天守からの眺めが絶景

周囲に高い建物がなく、松本の街並みや北アルプスの風景が見渡せます

歴代城主の家紋が付いた黒門は必見

天守解体修理の際に保存した歴代城主の家紋付きの瓦を黒門復興で再利用

☞自然と歴史が調和した松本の風景は、松本市役所展望室から一望できます(右)。蔵が立ち並ぶ中町通りへも足をのばしましょう(中央)。桜と松本城(左)

こんな御城印がいただけます！

3代城主・小笠原秀政の印をデザイン。枠は馬の蹄をかたどっています

花押は20代藩主・戸田光行(下)と23代藩主・戸田光則(上)のもの

天守の屋根から街を見渡す名古屋のシンボルです

木造復元プロジェクト進行中！金のシャチホコとご対面

盛りだくさんの名城

愛知

名古屋城《なごやじょう》

▶P81

金のシャチホコが輝く大天守で知られる名古屋城。木造復元計画が進められている天守のほか、忠実に復元された絢爛豪華な木造の本丸御殿をはじめ、城内にはみどころがたくさんあります。城下町の雰囲気が漂う金シャチ横丁も誕生して注目を集めています。

こんな御城印がいただけます！

城主・尾張徳川家の家紋「三葉葵」を中央に大きく配置

だから行きたい！

城内に残る石垣は名だたる大名たちによるもの

黒田長政や前田利光らが名を連ね、天守台を担当した加藤清正の伝説の巨石も

煌びやかな本丸御殿は近世城郭の最高峰

豪華な障壁画や飾金具など、江戸時代の最伝統技術を結集して復元された本丸御殿は必見です

神奈川

小田原城《おだわらじょう》

▶P108

北条氏が5代にわたり拠点とし、上杉謙信や武田信玄も退けた難攻不落の城でしたが、豊臣秀吉の小田原攻めで北条氏は滅亡。城址公園には昭和期に復興された天守や、SAMURAI館、NINJA館など施設が豊富に揃います。

秀吉の小田原攻めの舞台となった北条氏の居城

だから行きたい!

城下町を内包した中世最大の城郭は必見

戦国期は秀吉の小田原攻めに備えて、周囲9㎞にわたる惣構を築き、現在もその遺構の一部が見られます

こんな御城印がいただけます!

北条氏家紋入りの戦国時代版。江戸時代版もあり

城内も周辺もみどころ

徳川家の栄枯盛衰や日本の歴史を見守ってきた

元離宮二条城事務所提供

葵の御紋に将軍家の威厳が感じられます

京都

二条城《にじょうじょう》

▶P81

徳川家康が京都御所の守護と将軍上洛の際の宿泊所として築城。みどころは現存建造物の国宝・二の丸御殿。多くの障壁画で飾られた桃山建築で、大政奉還の舞台の大広間もあります。城内は特別名勝の庭園や重要文化財の宝庫です。

だから行きたい!

絢爛豪華な唐門に目を奪われる

極彩色の唐門も優雅な桃山建築。2013年の修復により往時の姿に蘇りました

滋賀

彦根城《ひこねじょう》

P42

彦根藩主・井伊家の城で、江戸初期創建の三重天守が現存します。多くの破風や華頭窓で飾られ、3階に廻縁を配した優美な姿を今にとどめます。美しさと同時に高い攻撃力も兼ね備えた城で、城内にひこにゃんも毎日登場します。

だから行きたい！

難攻不落守りの工夫に感嘆

一度下をくぐってから橋を渡る立体交差上の通路。その先に強固な天秤櫓が待ち構えます

3種の破風や多くの華頭窓に飾られた優美な天守

台紙は井伊家の赤備えを思わせる朱色

こんな御城印がいただけます！

美しい名城

雄大な木曽川を見下ろす現存最古の望楼型天守

犬山城ゆかりの武将の家紋が並びます

愛知

犬山城《いぬやまじょう》

P60

戦国時代に尾張と美濃との国境、木曽川ほとりの丘陵上に築城され、天守は現存で日本最古を誇ります。初期の天守に多い望楼型で、最上部に見晴らしのよい望楼があるのが特徴。現在も美しいパノラマ風景を楽しむことができます。

だから行きたい！

天守最上階からは岐阜城まで見渡せる

眼下に木曽川の流れる濃尾平野、晴れた日には遠くに岐阜城がそびえる金華山まで見渡せます

貴重な天守が残る

島根
松江城《まつえじょう》
P58

松江城の天守は山陰で唯一の現存天守です。大坂の陣を前に造られた実戦型の天守で、多くの鉄砲狭間や井戸、石落などの攻撃・防御設備を配備。外壁は黒塗りの下見板張りで、望楼型の姿には桃山時代の様式が見られます。

黒塗りの正統天守をもつ堅固な実戦型の名城

だから行きたい!

天守内に井戸がある!

天守の地下には籠城戦の水の確保のための井戸が。天守内部に井戸が残るのは現存12天守唯一

こんな御城印がいただけます!

築城主の従兄弟・堀尾但馬の直筆を引用

縁には津軽の刺し子をイメージした柄を装飾

四季折々の景色が東北唯一の現存天守を彩る

青森
弘前城《ひろさきじょう》
P92

江戸初期に築城された弘前藩主・津軽家の居城です。現存天守は江戸後期の再建で、ほかに3棟の三重櫓や5棟の城門も現存。築城時の城郭がよく残されています。日本屈指の桜の名所であり、四季の風景も魅力です。

だから行きたい!
今だけの景色が見られる
天守が曳屋工事により70m本丸中央に移動。工事期間中のみ桜と城と岩木山の光景が見られます

イベント限定頒布の御城印がある名城

だから行きたい！

皇居の正門に続く美しい二重橋

皇居正門に続く二重橋は昭和の再建。一般参賀の際などに利用されます

東京

不定期で頒布

江戸城《えどじょう》

P80

日本一の広さを誇る徳川将軍家の居城

皇居には、幕末まで徳川将軍の広大な居城がありました。史上最大の巨大天守は、江戸前期の大火で焼失してしまいました。皇居東御苑では天守台や現存する富士見櫓（写真）などを見学できます。御城印はNPO法人がイベント時などに頒布しています。

「江戸城天守を再建する会」がイベント時に頒布

こんな御城印がいただけます！

日本で初めて世界遺産に登録された白亜の城

壮麗な城に合った上品なデザイン。頒布情報は公式サイトなどで要確認

兵庫

不定期で頒布

姫路城《ひめじじょう》

P78

江戸初期創建の五重六階の天守は、白亜に輝く壮麗さから白鷺城ともよばれ、現存天守で最大級の高さを誇ります。櫓や門、塀など江戸期の遺構がほとんど残るのも貴重です。

だから行きたい！

巨大迷路？防御の仕掛けに驚き

入り組んだ通路など鉄壁の守備を誇りました。2層の櫓をもつ「ぬの門」は城随一の難関でした

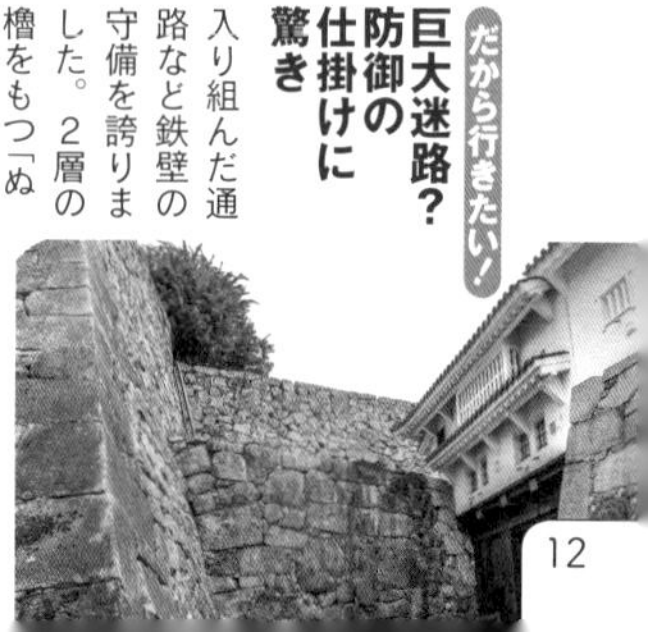

第1章

ドラマチックな御城印

数ある御城印のなかでも、ひときわ目を引く印象的な御城印を集めました。季節や城の歴史が感じられる御城印を、じっくり味わってみましょう。

「天下一の桜の名所」のおしゃれな演出 咲き具合で絵柄が変わる桜色の御城印

満開

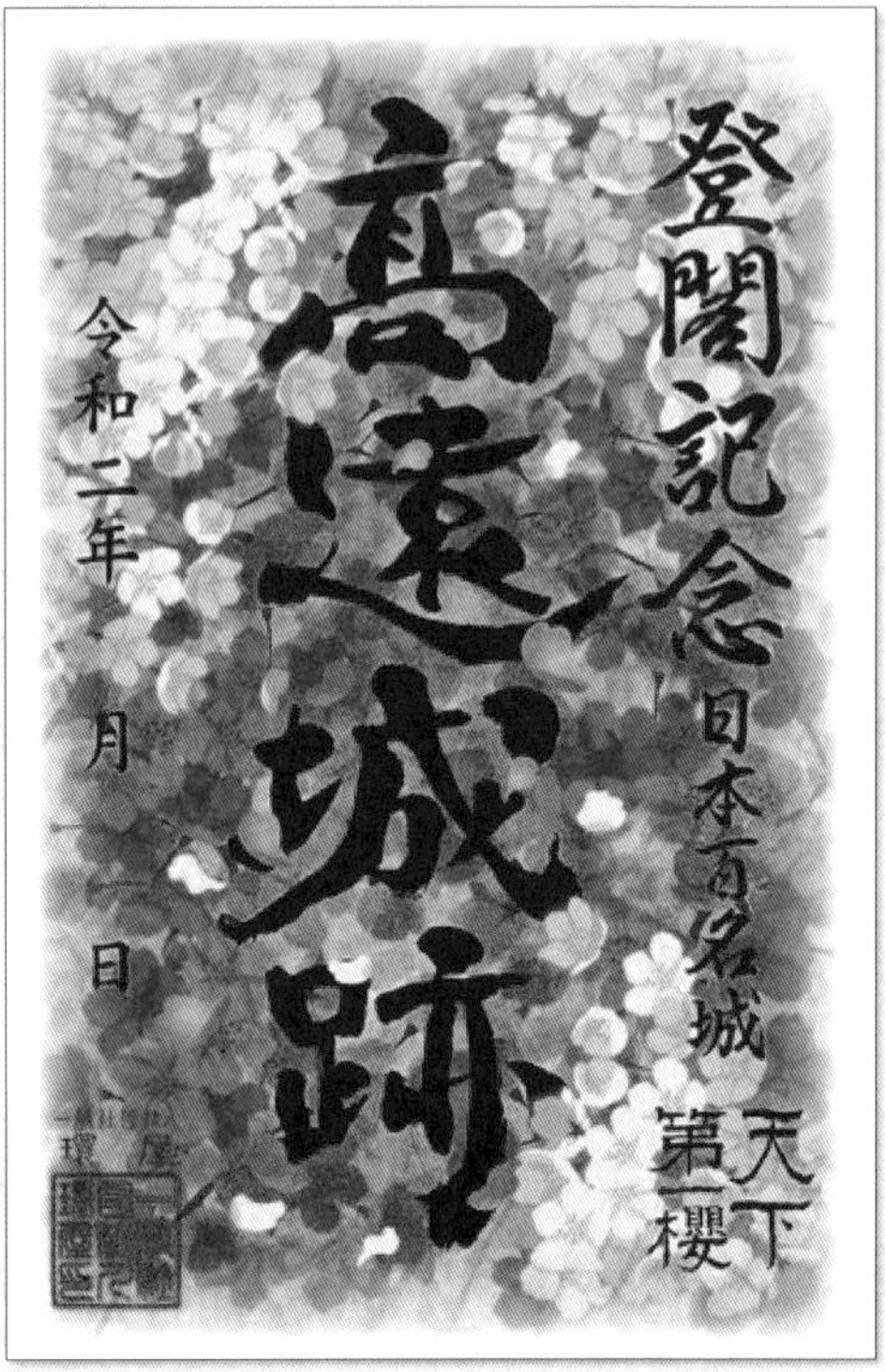

右の字…登閣記念　日本百名城　天下第一櫻／中央の字…高遠城跡／左下の印…一般社団法人 環屋　一般社団法人環屋印／絵…桜の花

☞淡い紅から薄紅、濃い紅、緑と、咲き具合で彩りが変化。すべて揃えたくなる華やかさです

咲き始め

右の字…登閣記念　日本百名城　天下第一櫻／中央の字…高遠城跡／左下の印…一般社団法人 環屋　一般社団法人環屋印／絵…桜の花

五分咲き

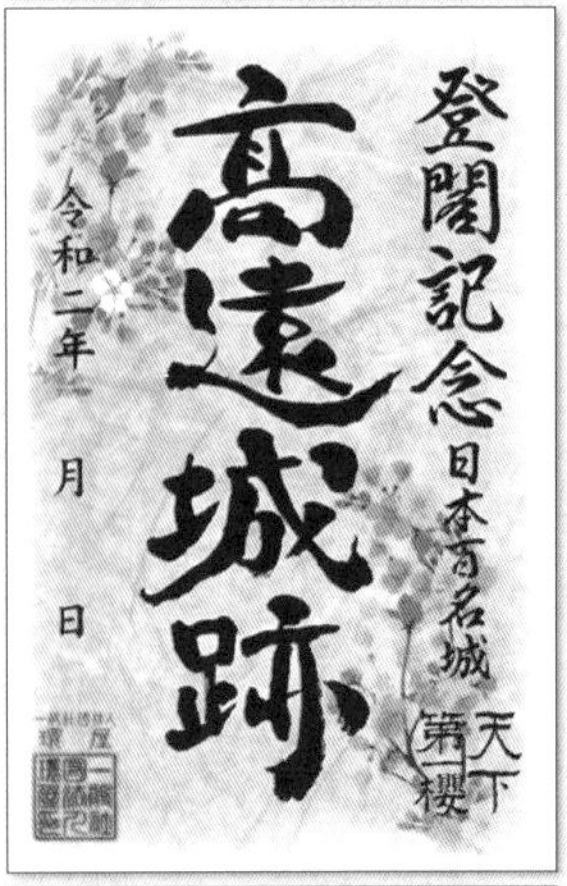

右の字…登閣記念　日本百名城　天下第一櫻／中央の字…高遠城跡／左下の印…一般社団法人 環屋　一般社団法人環屋印／絵…桜の花

散り終わり

右の字…登閣記念　日本百名城　天下第一櫻／中央の字…高遠城跡／左下の印…一般社団法人 環屋　一般社団法人環屋印／絵…葉桜

●高遠城《たかとおじょう》

長野

日本100名城

戦国期に武田氏が治めた高遠城は、中世の城郭がほぼそのまま近世の城に転用され、巨大な空堀が今も残ります。公園に整備された城跡は、現在は約１５００本のタカトオコヒガンザクラが咲く全国有数の桜の名所。

御城印を彩るのも可憐な桜の花びらです。高遠城址公園さくら祭りの期間中は、桜の開花状況に合わせて4種類の御城印が順次限定で登場。城内が紅葉に染まる秋には、モミジ柄のあでやかな御城印も限定販売されます。

秋の装いが風流な限定版と桜が美しく彩る通常版の御城印

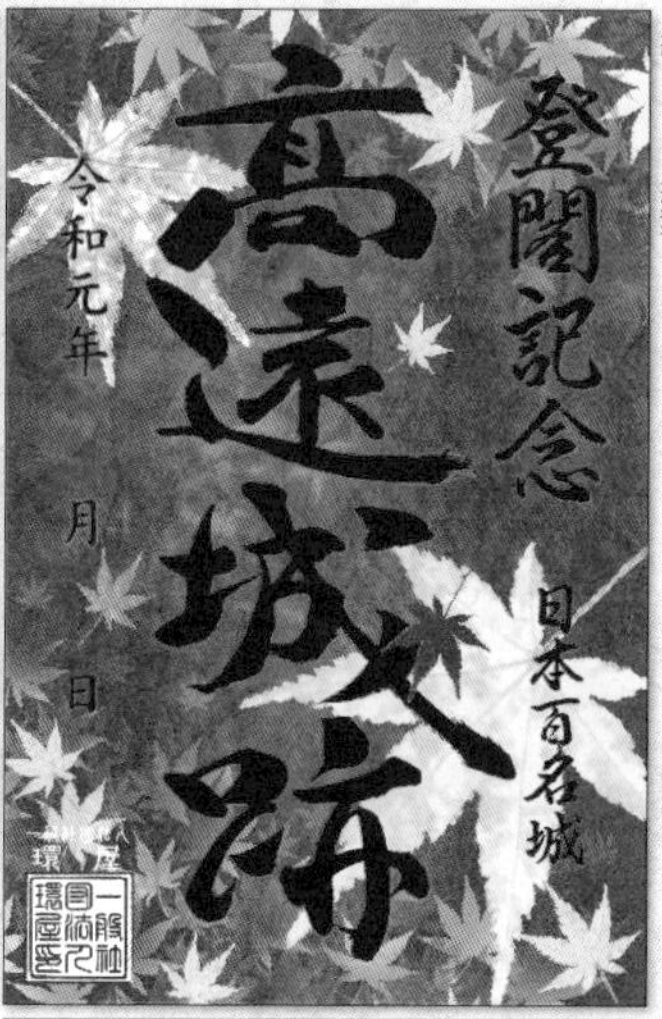

右の字……登閣記念　日本百名城
中央の字…高遠城跡
左下の印…一般社団法人 環屋　一般社団法人環屋印
絵……紅葉

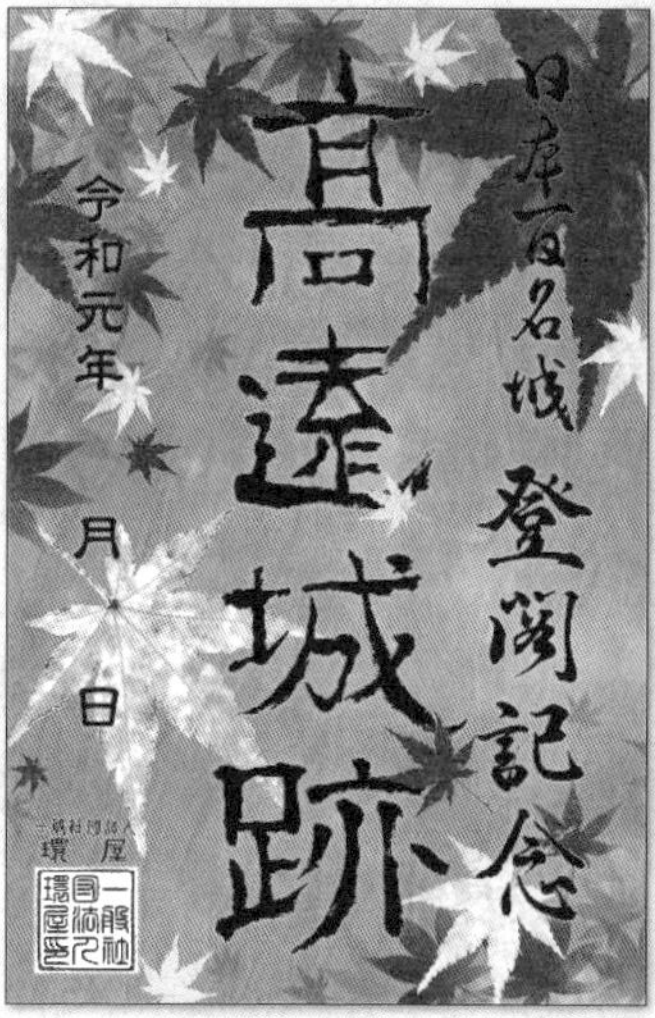

右の字……日本百名城　登閣記念
中央の字…高遠城跡
左下の印…一般社団法人 環屋　一般社団法人環屋印
絵……紅葉

☞モミジやカエデを背景にした2種類の秋らしい色と絵柄。高遠城址もみじ祭り期間中の限定販売です

右の字……登閣記念　日本百名城　天下第一櫻
中央の字…高遠城跡
左下の印…一般社団法人 環屋　一般社団法人環屋印
上の絵……桜の花びら
右下の絵…高遠閣

☞高遠城址公園内にあり、昭和11年（１９３６）建築で国の登録有形文化財の高遠閣と桜が描かれた通常版

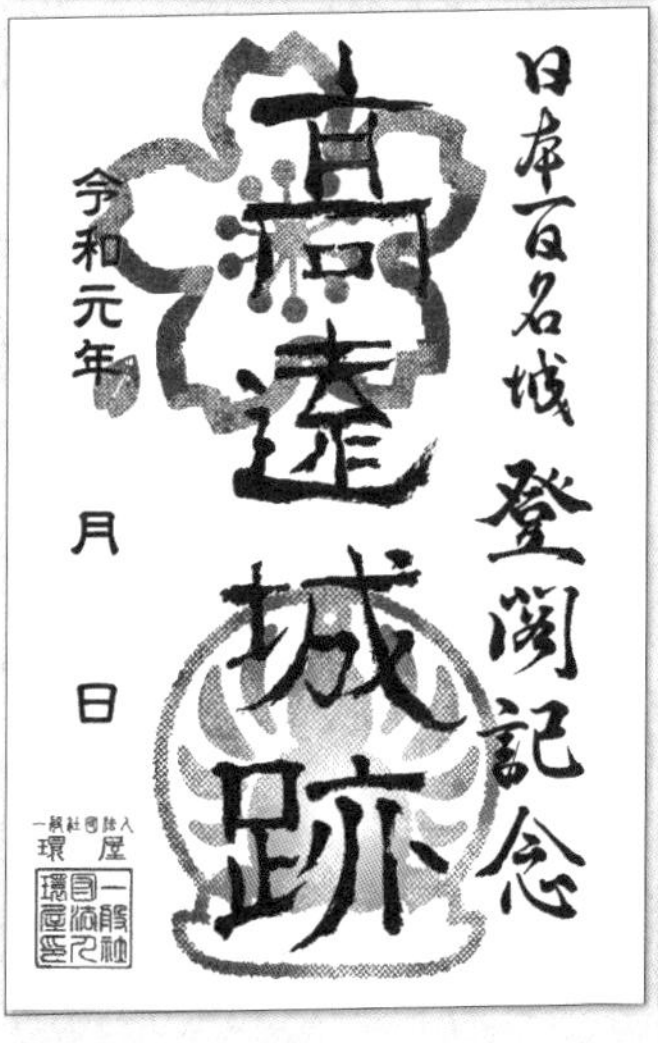

右の字……日本百名城　登閣記念
中央の字…高遠城跡
上の印……桜の花びら
下の印……高遠石工の石仏
左下の印…一般社団法人 環屋　一般社団法人環屋印

☞「日本で最も美しい村」連合に加盟する高遠を象徴する高遠石工（たかとおいしく）作の石仏と桜の通常版

DATA 高遠城

平山城　天文《てんぶん》16年(1547)　不明
高遠頼継《たかとおよりつぐ》、武田勝頼《たけだかつより》、仁科盛信《にしなもりのぶ》

御城印
料金…各300円※セット販売もあり
頒布場所…高遠町歴史博物館(時9～17時 休月曜、祝日の翌日)、高遠なつかし館(時9～17時 休水曜、祝日の翌日)、環屋(時10～17時 休月曜)
※さくら祭り限定版は環屋、もみじ祭り限定版は高遠城址公園内の高遠閣でのみ販売

住 長野県伊那市高遠町東高遠
交 JR伊那市駅からJRバス高遠行きで25分、高遠駅下車、徒歩15分
時 休 見学自由 料 無料
※高遠城址公園さくら祭り期間中を除く

☞高遠閣の歴史的な建築をピンクのタカトオコヒガンザクラが美しく彩ります

☝平地に広がる本丸跡。城内の桜は旧高遠藩士が明治期に植え始めたものです

季節の歳時記を描いた限定版が毎月登場
種類豊富に揃うデザインに目移りしそう

右の字……登城記念
中央の字…沼田城址
左の字……盛夏
右下の印…沼田城
右上の絵…風鈴
右下の絵…鐘楼
左の絵……アサガオ

☞復元された鐘楼と夏らしいアサガオや風鈴をあしらった2020年7月限定版です

右の字……上州沼田　開門でござる
中央の字…霞城
家紋………真田家「六文銭」
左上の印…沼田城天守閣
左下の印…沼田城
絵…………大手門

☞沼田市観光案内所の営業が再開した2020年5月25日から6月にかけて登場した特別バージョン

右の字……上州沼田真田の里
中央の字…沼田城跡
左下の字…天空の城下町
左上の字…登城記念
家紋………真田家「六文銭」
中央の印…沼田城天守閣

☞ミニ御城印は二つ折りの表紙付き。500円玉よりやや大きいくらいのかわいらしいサイズです

☞7月限定版。旧暦の月名「文月」と城の別称「霞城」が入っています。和紙の色も季節ごとに替わります

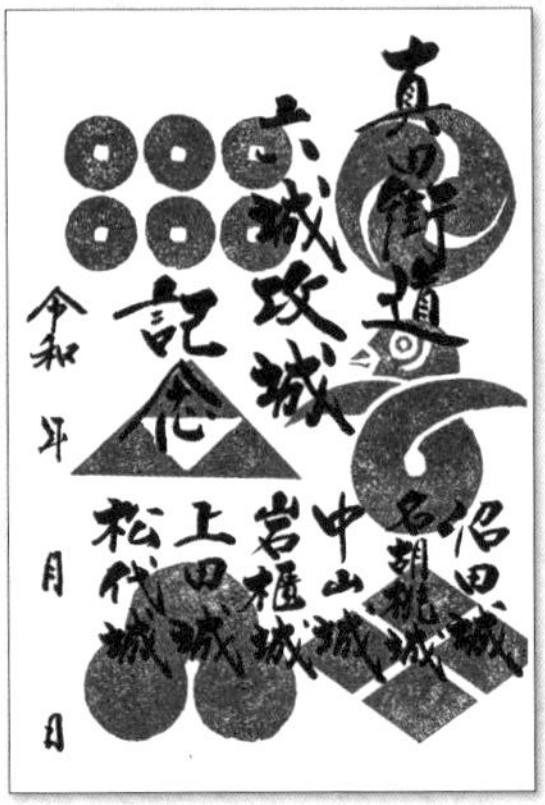

☞長野県と群馬県にある真田氏ゆかりの6城の御城印を集めると無料でもらえる真田街道六城攻城記念の御城印

☞沼田城跡を整備した沼田公園の西に残る乾櫓跡。乾とは西北の方角
☞鐘楼には真田信吉（のぶよし）が鋳造させた城鐘の複製品を設置

沼田城《ぬまたじょう》

群馬

真田一族の城として知られ、関東最大規模の5層天守が築かれた沼田城。段丘上にある城跡から眺める町並みが美しく、「天空の城下町」とよばれるほど。御城印は種類豊富。複数の通常版のほかに、月替わりの旧暦版や季節のイラスト入り、ミニ御城印などよりどりみどり。なかでも、アサガオなどの季節の風物をデザインした月限定版はカラフルで人気があります。

右の字……霞城
中央の字…沼田城跡
左下の字…天空の城下町
左上の字…登城記念
家紋………真田家「六文銭」（右上）、真田家「結び雁金」（左下）
中央の印…沼田城天守閣

上の字……真田街道六城攻城記念
下の字……沼田城　名胡桃城
中山城　岩櫃城
上田城　松代城
家紋………（右上から下へ）小早川家「左三つ巴」、真田家「結び雁金」、武田家「武田菱」、（左上から下へ）真田家「六文銭」、北条家「三つ鱗」、小田家「洲浜」

DATA 沼田城

平山城
天文《てんぶん》元年（1532）
沼田顕泰《ぬまたあきやす》
後北条《ごほうじょう》氏、上杉謙信、真田信之《さなだのぶゆき》

料金…300円（通常版・限定版）、200円（ミニ御城印）
頒布場所…沼田市観光案内所（時9～17時※12～2月は～16時 休無休）

群馬県沼田市西倉内町594
JR沼田駅から徒歩15分
休 見学自由 料 無料

真田街道六城攻城記念の御城は沼田城以外の名胡桃城、中城、岩櫃城、上田城、松代城の城印頒布場所でも配布しています。詳細は要問合せ

プレミアムフライデーだけのお楽しみ まぶしく輝く箔押しゴールドの御城印

岐阜城《ぎふじょう》

岐阜

▶P76

日本100名城

織田信長が安土城に移る前に本拠とし、天下統一への足がかりとした城。金華山の山頂に天守、麓には金で飾られた御殿があったといわれています。その豪華な御殿を思わせる、金箔押しのきらびやかな御城印が毎月最終金曜のプレミアムフライデーにのみ登場。復興天守の立つ山上へ向かうぎふ金華山ロープウェーの山麓駅売店で購入できます。

右の字……登城記念
中央の字…金華山 岐阜城
家紋………(上から)織田家「織田木瓜」、斎藤道三「二頭波」、明智家「桔梗」

☞城主の斎藤道三と織田信長、2人に仕えた明智光秀の3つの家紋が並びます。1枚300円

令和になり一新された美文字の書体 金印の並ぶ限定版はより華やか

郡上八幡城《ぐじょうはちまんじょう》

岐阜

▶P63

続日本100名城

朝霧に浮かぶ姿から「天空の城」とよばれ、御城印ブームの火付け役となった城です。手漉きの美濃和紙を用いた御城印には、歴代城主の家紋印を配置。書は令和になって荒々しくも華やかな書体に刷新されました。毎月最終金曜日などに販売される限定版は、家紋が金色とさらに華やか。収益の一部を熊本城復興支援に寄付しています。

右の字……登城記念
中央の字…郡上八幡城
家紋………(上から)遠藤家「亀甲に唐花」、井上家「井上鷹の羽」、稲葉家「折敷に三文字」、金森家「裏梅鉢」、青山家「青山菊」
右の模様…市松

☞毎月最終金曜日と城の日（4月6日）などに限定販売される金印版。市松模様がおしゃれです。1枚300円

城主・三浦一族の歴史物語をイラスト化
2枚で対になったデザインを楽しむ

怒田城《ぬたじょう》

神奈川

☜三浦義澄ら一族が怒田城から房総にいる源頼朝のもとへ向かう舟が描かれています

右の字……三浦水軍
中央の字…相模 怒田城
家紋………三浦氏「三つ引両」（右半分）
右の絵……三浦義澄
下の絵……怒田城から房総へと向かう舟

写真提供：横須賀市

☞怒田城のある山一帯は現在、吉井貝塚の史跡公園として整備されています

怒田城は、平安末期から三浦半島一帯を支配した三浦一族の支城。御城印に描かれる人物は、一族の英雄・三浦義澄《よしずみ》。衣笠城合戦で源氏方として戦った義澄は平家軍に敗れ、舟で三浦から房総へ逃れます。のちに義澄は、鎌倉幕府の要人として活躍することに。御城印には舟で海を渡る義澄が登場しています。一族の家紋は、衣笠城の御城印と一対で楽しめます。

DATA 怒田城

山城 不明 不明
三浦《みうら》氏

御城印
料金…300円
頒布場所…Cool Clan URAGA（時11～19時、土・日曜、祝日は～21時 休水曜）

住 神奈川県横須賀市吉井1-564他
交 JR久里浜駅または京急電鉄久里浜駅から徒歩20分
時 休 見学自由 料 無料

衣笠城《きぬがさじょう》

神奈川

☞三浦義明と義明の伝説にまつわるイラスト。左半分の家紋は怒田城とセットで完成です

右の字……三浦一族
中央の字…相模 衣笠城
家紋………三浦氏「三つ引両」（左半分）
左上の絵…九尾の狐
右下の絵…三浦義明座像
左下の絵…三浦大介義明

写真提供：横須賀市

☞衣笠城は平安後期に築城された三浦氏の本城。本丸跡を示す石柱が建てられています

平安期に三浦半島を治めた三浦一族の本拠が衣笠城。一族が平家軍と戦った衣笠城合戦の舞台です。御城印は、衣笠城主の三浦義明《よしあき》がテーマ。義明は衣笠城合戦に敗北した際、自らは城に残って息子・義澄たちを房総へ逃し、一族を滅亡から救った偉人。御城印には、没後に寺へ祀られた義明像、義明が退治した伝説の「九尾の狐」が描かれています。

DATA 衣笠城

山城
康平《こうへい》年間（1058～64）
三浦為通《みうらためみち》
三浦《みうら》氏

御城印
料金…300円
頒布場所…Cool Clan URAGA（時11～19時、土・日曜、祝日は～21時 休水曜）

住 神奈川県横須賀市衣笠町29-1162
交 京急電鉄横須賀中央駅から京急バス三崎口駅行きなどで20分、衣笠城址下車、徒歩20分
時 休 見学自由 料 無料

三浦氏・北条氏が水軍基地とした海辺の2城 2枚の御城印で軍船「安宅船」が浮かび上がる

●浦賀城《うらがじょう》 神奈川

☞城主の後北条氏、後北条氏の前に一帯を治めた三浦氏の両家の家紋をデザイン

右の字……水軍の城
中央の字……相模 浦賀城
家紋……三浦氏「三つ引両」(上)、後北条氏「三つ鱗」(下)
左の絵……安宅船(右半分)

☞浦賀城の堀切。北条早雲の孫・氏康の時代に水軍拠点として整備されました

浦賀港付近の房総半島を望む丘陵上に築かれた浦賀城。三浦氏を滅ぼした戦国大名の後北条氏が、海上戦に備えて整備した水軍拠点です。御城印には、海上戦で活躍した北条水軍のシンボルである「安宅《あたけ》船《ぶね》」を大胆にデザインしています。水軍の主力船だった安宅船は大型の木造軍船で、防衛力に優れていました。三崎城の御城印とセットで、船の姿が完成します。

DATA 浦賀城

山城
16世紀後半
北条氏康《ほうじょううじやす》
三浦《みうら》氏、北条氏

御城印
料金…300円
頒布場所…Cool Clan URAGA(時11～19時、土・日曜、祝日は～21時 休水曜)

住 神奈川県横須賀市東浦賀
交 京急電鉄浦賀駅から徒歩16分
時 休 見学自由 料 無料

●三崎城《みさきじょう》 神奈川

☞浦賀城と同様の図案を対称的に配置。2つを並べれば安宅船の全容が現れます

右の字……水軍の城
中央の字……相模 三崎城
家紋……三浦氏「三つ引両」(上)、後北条氏「三つ鱗」(下)
右の絵……安宅船(左半分)

☞城跡には市役所や学校が立ち、三崎城跡の石碑や案内板が見られます

三浦半島南端、現在の三崎港の近くにあった中世の山城です。三浦一族の支城で、一族の水軍拠点だったと考えられています。戦国時代初期に北条早雲に攻め落とされ、以降は後北条氏が5代にわたって軍事拠点としました。御城印は浦賀城と同様、北条水軍のシンボルの安宅船が描かれています。半分だけの船は浦賀城の御城印と対になるようにデザインされています。

DATA 三崎城

山城
不明 不明
北条氏規《ほうじょううじのり》

御城印
料金…300円
頒布場所…Cool Clan URAGA(時11～19時、土・日曜、祝日は～21時 休水曜)

住 神奈川県三浦市城山町
交 京急電鉄三崎口駅から京浜急行バス城ケ島行きなどで13分、三崎東岡下車、徒歩5分
時 休 見学自由 料 無料

独創的な城の形を御城印にデザイン化
織田信長の兄弟姉妹の武将印も勢揃い

末森城《すえもりじょう》

愛知

戦国末期に織田信長の父・信秀が築城し、信長の弟・信《のぶ》行《ゆき》が継いだ城です。この城の大きな特徴は、二重堀に守られた複雑な構造。城山八幡宮の境内となった今も、空堀の遺構が見られます。古い絵図や朱印を用いて、城の形を御城印にデザインしました。ほかにも、織田信秀、信長とその兄弟たちの花押入りの武将印も揃っています。戦国一の美女と謳われた信長の妹・お市の方をはじめとした姫印は、かわいいイラスト入り。

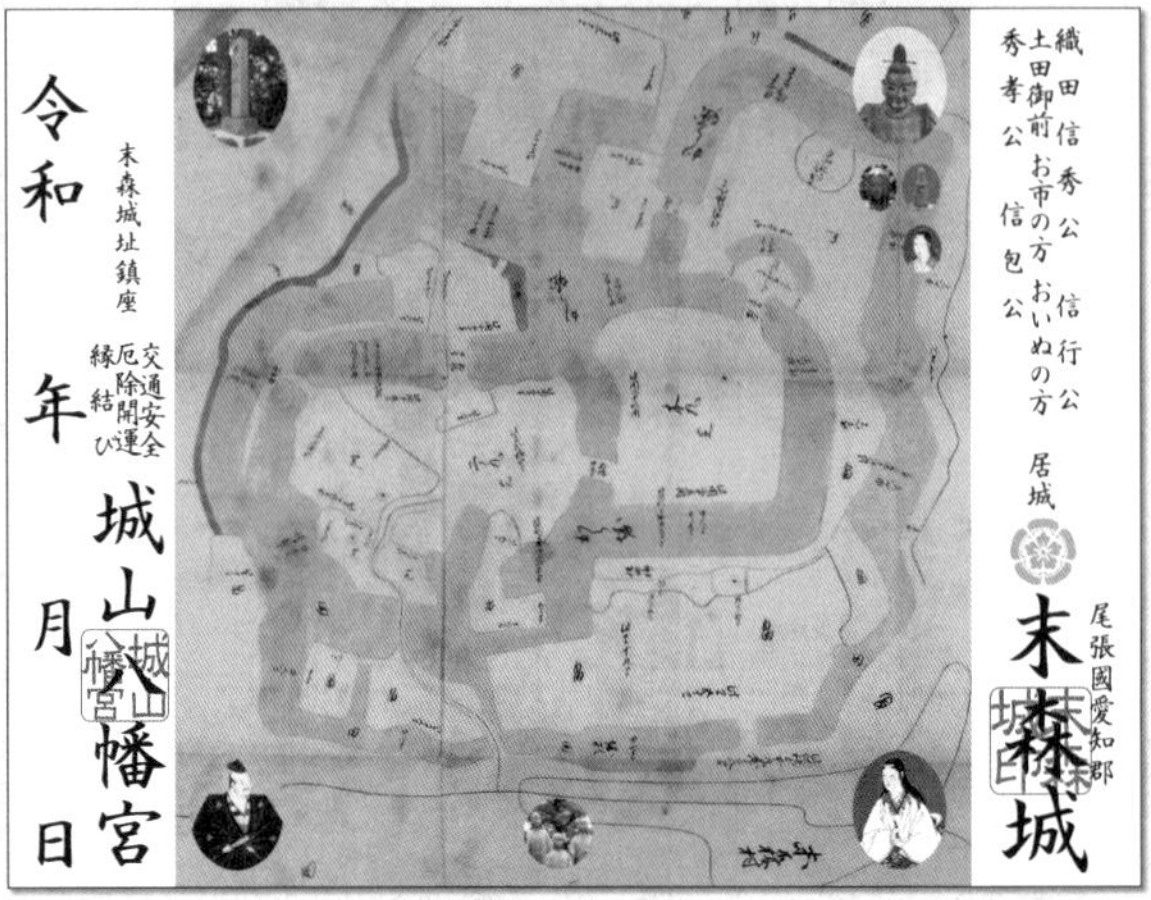

右の字……織田信秀公 信行公
土田御前 お市の方 おいぬの方
秀孝公 信包公
居城 尾張國愛知郡 末森城
左の字……末森城址鎮座
交通安全 厄除開運 縁結び
城山八幡宮
家紋……織田家「織田木瓜」
右下の印…末森城印
左下の印…城山八幡宮
中央の絵…末森古城絵図
写真や肖像画…(右上から下へ)織田信秀、織田信行の墓(右)、土田御前(左)、おいぬの方、お市の方、(左上から下へ)末森城址碑、浅井長政、(中央下)浅井3姉妹

☞末森城の廃城前の最終形態と考えられている絵図を、そのまま大胆に御城印にしました。1枚1000円

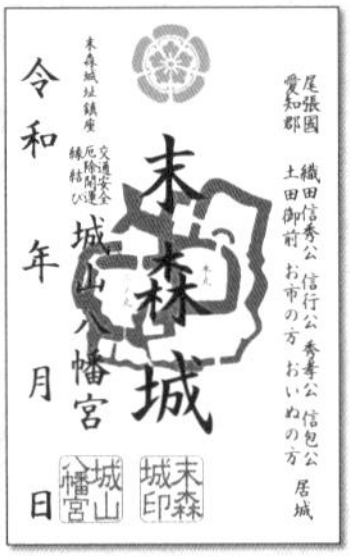

右の字…尾張國愛知郡 織田信秀公 信行公 秀孝公 信包公 土田御前 お市の方 おいぬの方 居城／中央の字…末森城／左の字…末森城址鎮座 交通安全 厄除開運 縁結び 城山八幡宮／家紋…織田家「織田木瓜」／中央の印…末森城縄張図／中央下の印…末森城印／左下の印…城山八幡宮

☞古城絵図をもとにした朱印を中央に。右上の小さな半円は珍しい三日月堀。1枚500円

右の字……尾張國愛知郡
那古野城
中央の字…織田信長
左の字……奉拝
末森城址鎮座
城山八幡宮
家紋……織田家「織田木瓜」
中央の印…織田信長の花押
右下の印…那古野城印
左下の印…城山八幡宮

☞信長武将印。花押は、想像上の動物「麒麟」の「麟」の字からデザイン。父や兄弟の武将印も。1枚500円

右の字……奉拝
末森城址鎮座
城山八幡宮
尾張國愛知郡
末森城
家紋……織田家
「織田木瓜」
右下の印…城山八幡宮
左上の印…戦國一お市の方
中央の絵…お市の方

☞信長の妹・お市の方の姫印。戦国一の美女と謳われ、末森城で生誕したといいます。1枚500円

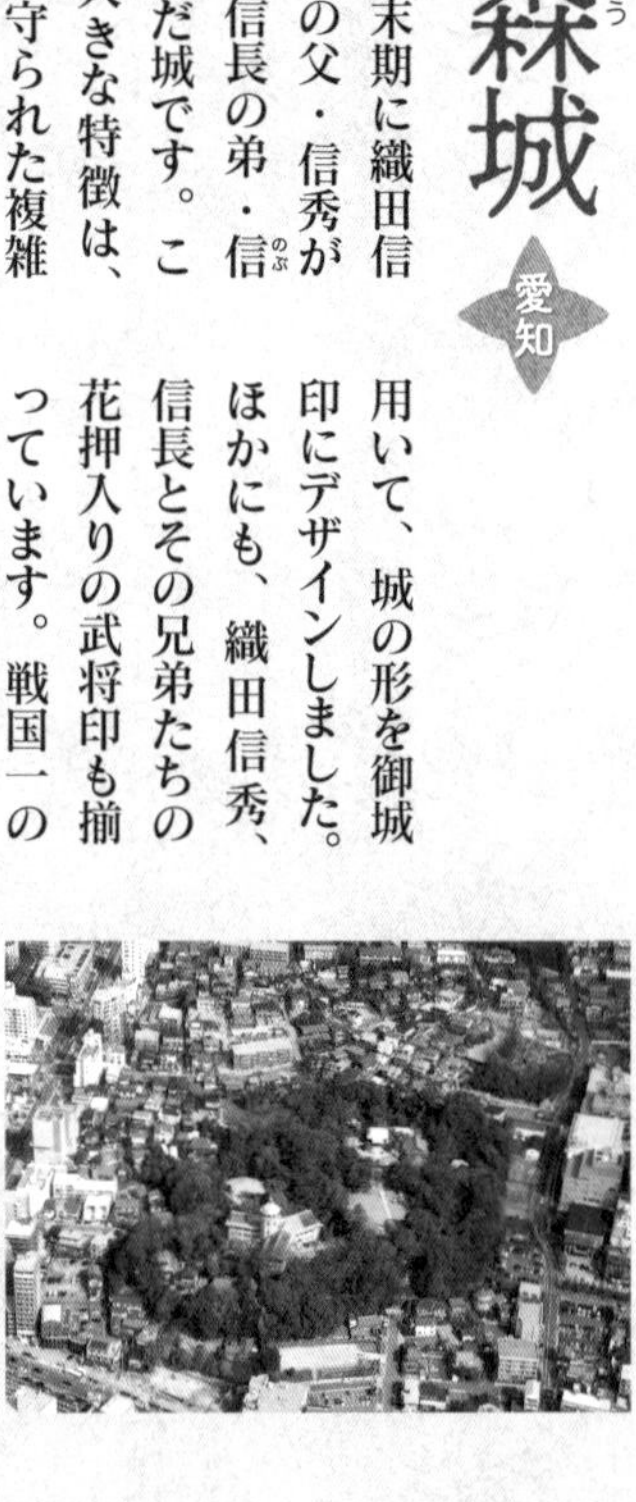

☞城山八幡宮の境内を俯瞰すると、城の空堀の跡がうかがえます(右)

☞城山八幡宮の拝殿。八幡宮の御朱印もバリエーション豊富に揃います(左)

DATA 末森城

平山城　天文《てんぶん》17年(1548)
織田信秀《おだのぶひで》　織田氏

御城印
料金…各500円(武将印、姫印含む)、末森古城絵図のみ1000円
頒布場所…城山八幡宮社務所
(時9時15分～16時30分 休無休)

住 愛知県名古屋市千種区城山町2-88
交 地下鉄覚王山駅から徒歩6分
時 休 見学自由 料 無料

デザインの主役は徳川家の三葉葵
檜の香りがする天然木の御城印

駿府城《すんぷじょう》

静岡

……▶P94

日本100名城

徳川家康が築いた居城で、駿府周辺を治めた大名時代と将軍職を退いたあとに在城しています。城跡の駿府城公園で、石垣や堀、復元された櫓などを見学できます。駿府城には、全国でも珍しい天然木製の御城印があります。静岡が発祥の突板《つきいた》とよばれる薄い加工板で、木は静岡産檜を使用しています。中央に大きくあしらわれた、徳川家の「三葉葵」の鮮やかな緑が目を引きます。

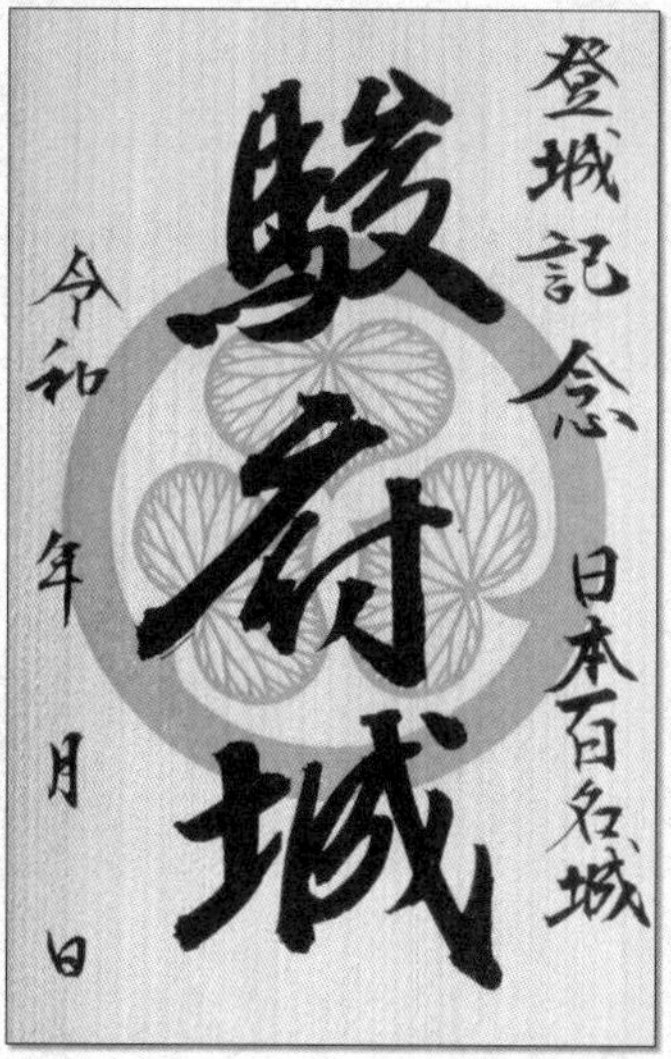

右の字……登城記念　日本百名城
中央の字……駿府城
家紋……徳川家「三葉葵」

☞板の厚さはわずか0.4㎜。2枚の突板の間に和紙を挟んだ3層構造になっています。1枚500円

デザイン性のある文字が味わいたっぷり
1枚ずつ丁寧に刷られる木版画の御城印

小倉山城《おぐらやまじょう》

広島

室町幕府から惣領家と認められた吉川経見が、15世紀前半に築城。日山城《ひのやまじょう》に移る天文14年（1545）ごろまで、安芸吉川氏の拠点でした。新庄盆地北の小倉山山頂に城跡が残ります。こちらの御城印は印刷ではなく、木版で1枚ずつ手刷りしたもの。素朴な木版文字は筆文字とは違った味わいがあります。用紙も手漉き和紙「石州勝地半紙《せきしゅうかちじばんし》」を使うこだわりようです。

右の字……国史跡　安芸吉川氏
中央の字……小倉山城
家紋……吉川家「丸に三つ引き両」

☞手作り感のある木版の御城印。1枚ずつ丁寧に手刷りされるのがうれしい

北広島町教育委員会提供

☞小倉山城の本丸跡。3方の尾根に本丸、二の丸、三の丸が置かれました

☞本丸南にある御座所跡には井戸跡や大きな堀切が残されています

DATA 小倉山城

山城
室町《むろまち》時代　吉川経見《きっかわつねみ》　吉川元経《きっかわもとつね》

御城印 料金…300円　頒布場所…道の駅 舞ロードIC千代田観光案内所（時9～18時 休無休）、戦国の庭歴史館（時9～16時 休月曜※祝日の場合は翌日）

住 広島県北広島町新庄小倉山
交 JR広島駅から中国JRバス大朝行きで1時間20分、安芸新庄下車、車で5分／浜田自動車道大朝ICから2㎞
時 休 見学自由 料 無料

表裏で楽しめるリバーシブルの御城印
5枚集めて季節の屏風絵を完成させよう

右の字……登城記念
中央の字…武田勝頼ゆかりの武節城址
家紋……武田家「武田菱」(上)、菅沼家「釘抜き」(下)
絵……四季の景色

☞季節の絵が描かれた御城印を一年で5種類販売。すべて揃えると屏風絵が完成します。下の絵が御城印の裏面です

●武節城《ぶせつじょう》

愛知

信濃と美濃の国境に近い三河の軍事拠点として菅沼定信が戦国期に築いた山城で、情報伝達用の狼煙《のろし》台がありました。御城印には菅沼氏とともに、城にゆかりのある武田氏の家紋も見られます。御城印は春、初夏、夏、秋、冬に季節限定版が登場します。表に季節のイラストがワンポイントで描かれ、裏面には全面に季節の図柄をデザイン。5枚すべてつなげると、裏面が四季の屏風絵に。5枚揃えて飾りたくなる御城印です。

☞丘の上に立つ城跡。山間の集落・稲武町ののどかな風景も楽しめます

DATA 武節城

平山城　永正《えいしょう》年間(1504～21)
菅沼定信《すがぬまさだのぶ》　菅沼氏

御城印
料金…各300円
頒布場所…いなぶ観光協会観光案内所(時9～16時※土・日曜、祝日は～17時 休無休)、どんぐり工房(時9～17時 休木曜※祝日の場合は翌日)

住 愛知県豊田市武節町シロ山
交 名鉄豊田市駅から名鉄バス足助方面行きで50分、足助下車、とよたおいでんバスどんぐりの湯方面行きに乗り換え40分、どんぐりの湯前下車、徒歩5分／猿投グリーンロード力石ICから35㎞
時 休 見学自由 料 無料

1枚ずつ手書きされる「登城記念符」 限定版は軍師・黒田官兵衛の名言入り

中津城《なかつじょう》

大分

P87

中津城は黒田官兵衛が築城し、江戸時代に譜代大名・奥平氏が居城としました。日本三大水城のひとつです。御城印は登城記念符とよばれ、印刷ではなくすべて手書き。奥平家家紋や城をデザインした通常版のほかに、月30枚の限定記念符もいただけます。限定版は見開きサイズで、官兵衛の名言やイラストなどが加わった豪華版。城跡にある奥平神社で御神印も手に入ります。

右の字…
　初代城主
　黒田官兵衛
中央の字…
　我れ
　人に媚びず
　富貴を望まず
左の字…中津城
家紋…
　黒田家「藤巴」
右下の印…
　中津城天守閣
絵…中津城

☞金文字が美しい月30枚販売の限定記念符1枚800円。背景に中津城のシルエットが描かれています

画像提供：
株式会社 千雅商事

城のある岩山をカラフルにデザイン 季節や時世にちなんだ限定版も続々と

岩殿城《いわどのじょう》

山梨

P94

急峻な岩山に築かれた岩殿城は、東国屈指の堅牢さを誇った戦国の山城。武田家の家臣・小山田《おやまだ》信茂《のぶしげ》の居城です。御城印には限定版の新バージョンが続々と登場。岩殿山のイラストをデザインしたものや季節のイラスト入りなど豊富に揃います。2020年6月からは、疫病退散を願ったヨゲンノトリ版も加わりました。御城印には城の解説文が付いています。

右の字…甲斐國都留郡 山梨県指定史跡／中央の字…関東三名城 岩殿城跡／左の字…築城四九三年／上の字…疫病退散！ヨゲンノトリ／家紋…小山田家「丸内に抱き沢瀉」／絵…ヨゲンノトリ

☞白と黒の頭をもつヨゲンノトリが、江戸時代にコレラの流行を予言したとの伝説が残っています。1枚300円

右の字…関東三名城 山梨県指定史跡／中央の字…甲斐國都留郡 岩殿城跡／左の字…築城四九三年／家紋…小山田家「丸内に抱き沢瀉」／絵…富士山

☞1月の正月バージョンには天下の名峰、おめでたい金色の富士山が描かれています。1枚300円

右の字…関東三名城 山梨県指定史跡／中央の字…甲斐國都留郡 岩殿城跡／左の字…築城四九三年／家紋…小山田家「丸内に抱き沢瀉」／右上の絵…桜の花びら／下の絵…岩殿山

☞3月に登場した桜バージョン。季節ごとにさまざまなデザインが登場予定です。1枚300円

コラム
COLUMN
❶

いち早くVRを導入した福岡城から学ぶ
最先端の城めぐり

石垣にタブレットをかざすと天守閣が現れ、城内に往時の光景が蘇る仕掛けが全国の城で増えています。ここでは、アプリやVR・ARを駆使したガイドツアーや、全国で展開中のストリートミュージアム®をご紹介します。

独自のVRでガイドツアーを開催

福岡城（→P87）で2013年に開始された「鴻臚館・福岡城バーチャル時空散歩」ガイドツアー。タブレット端末を手に、ガイドの解説に沿ってCG再現された福岡城や鴻臚館を見学。失われた櫓や御殿が現在地に再現されるほか、書状などの資料を盛り込んだ映像とナレーションで、歴史の舞台をより詳細に体験したり、自分なりの推理を楽しめたりするのが魅力です。

タブレットを
石垣にかざすと
緻密に再現された
五重天守が
現れます！

☞ガイドの解説とタブレット操作でいっそうリアルな城めぐりを体験

問い合わせはこちら

「鴻臚館・福岡城バーチャル時空散歩」ガイドツアー

●「こうろかん・ふくおかじょうばーちゃるじくうさんぽ」がいどつあー
☎ 092-732-4801（福岡城むかし探訪館）
時 10時～14時30分開始（開始時間は応相談）
休 無休 料 1人500円
※4人以上かつ、7日前までの予約が必要
※開催状況については要確認

全国の城に拡大中のストリートミュージアム®をチェック

全国の城や史跡の魅力を、個人のタブレットやスマートフォンで楽しめるのが、凸版印刷が手がける無料アプリのストリートミュージアム®。GPSと連携して、現地ならではのVRコンテンツを閲覧したり、古地図を片手に城を歩く体験や、史跡VRを背景にした記念撮影ができます。一度行った城のコンテンツはいつでも閲覧でき、自宅でも城めぐりが楽しめます。

かざしたときの画面
実際の風景

福岡城内の
木々に覆われた
東御門跡から
往時に
タイムトリップ
精細に再現された史跡VRを背景に記念撮影

ストリートミュージアム®はこの城でも体験できます！

松江城 … P58
まつえじょう
天守に重ねると特徴的な通し柱の骨組み構造をAR（拡張現実）で見ることができます。

現地でスマホを
かざして構造を
じっくり観察！

江戸城 … P80
●えどじょう

彦根城 … P42
●ひこねじょう

和歌山城 … P98
●わかやまじょう

熊本城 … P89
●くまもとじょう

松本城 … P66
●まつもとじょう

姫路城 … P78
●ひめじじょう

名護屋城
●なごやじょう
… P99

第2章

御城印＆城 基本のキ

御城印ってなに？　城はどこを見ればいいの？　そんな御城印＆城ビギナーも、これを読めば、出かける前に知っておきたいあれこれがわかります。

御城印と御城印帳

全国各地の城や観光案内所などで発行されている御城印。そもそも御城印って？ 何が書かれているの？まずは基本要素を確認してから、御城印めぐりを始めてみましょう。

城めぐりの記念に御城印を集めよう

御城印とは城を訪れた記念にいただくもので「登城記念符」や「城郭符」などとよぶ場合もあります。約30年前に長野県の松本城で販売されたのが始まりといわれており、令和への改元などを機に各地での販売が続々と増えてます。御城印の売上げは、城の維持管理や文化財保護などに使われています。

蛇《じゃ》腹《ばら》折り
ジグザグに折り畳めて広げやすい蛇腹折りタイプが一般的です

ポケット
透明ポケット付きなら収納が簡単です。糊で貼り付ける台紙タイプもあります

表紙
城や武将ゆかりのモチーフが描かれているものや、城のある地域らしい柄や素材が使われているものも

城ごとに異なるデザインにも注目

書体や家紋は個性豊かで、イラストが入ったものもあり、デザインは実に多彩。期間限定版や武将印、古戦場印など種類も豊富。保存に便利な御城印帳の販売もあります。

御城印の見方

「登《と》城《じょう》記《き》念《ねん》」や城の特徴

登城記念や天守登閣記念、あるいは国指定史跡、天空の城など城の特徴が記されます

家《か》紋《もん》・押《おう》印《いん》

城主や城に関連した武将の家紋、花《か》押《おう》（署名）がよく押されます

登《と》城《じょう》日《び》

登城日は空欄で渡されるのが一般的。その場で書いてくれる場合も

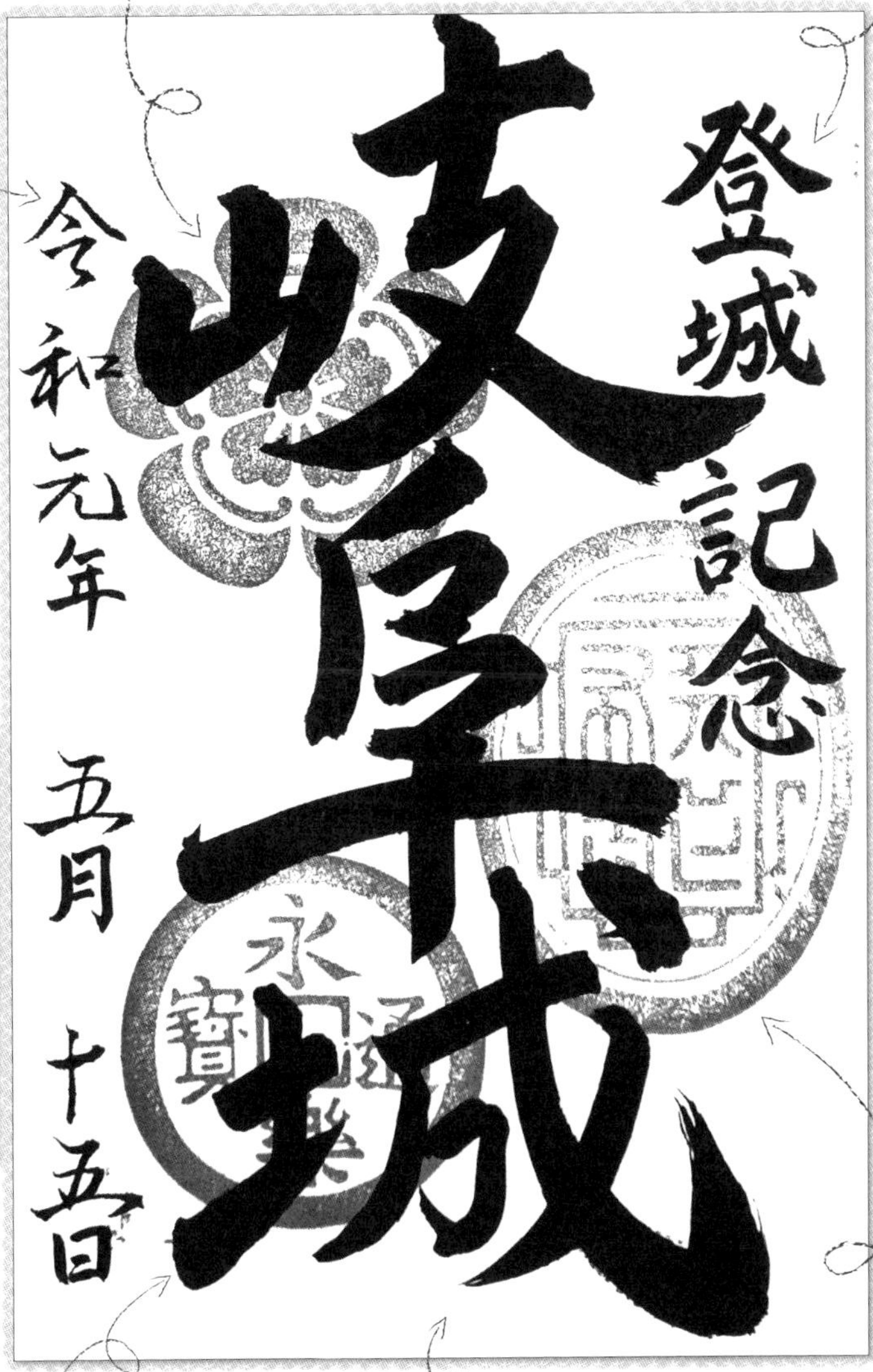

印《いん》やイラストが入ることも

家紋以外の印章、城や武将などのイラストが印象的にデザインされた御城印も豊富です

紙《かみ》

貴重な和紙を使っている場合もあります。岐阜城は手漉きの美濃和紙を使用しています

城《しろ》の名前

独創的な筆文字が多く、地元の書家が揮《き》毫《ごう》した御城印もあります

知っておきたい 御城印Q&A

御城印集めを始める前に知っておきたい基本情報から気になる素朴な疑問まで、幅広くお答えします！

Q 御朱印との違いは何？

A 御朱印は手書き、御城印は書き置きが基本です

御朱印はもともと写経を寺に納めた証し（納経）が起源といわれ、今日では寺社に参拝して神仏との縁をもった証しとされます。一方、御城印は登城記念として手に入れるもの。御朱印はその場で手書きが基本ですが、御城印は印刷された書き置きがほとんどでシールタイプもあります。日付は自分で記入するのが一般的です。

Q 値段はどれくらい？

A 300円が大多数

300円でいただけるものが多く、限定版や見開き版で500～1500円ほど。イベント時に無料で配布されることもあります。

Q 御城印をいただける場所は？

A 城内や観光案内所で購入できます

城内の入場券売り場や売店のほか、城付近の観光案内所や博物館の場合も。売り場によって違う種類を販売するところもあります。

Q 御城印をいただける時間帯は？

A 販売所の営業時間内なら購入できます

営業時間は、9～16時ごろが一般的ですが、場所によって違うので事前に確認しましょう。城の入場時間と販売所の営業時間が異なる場合もあります。

Q 御城印はどの城でもいただけるの？

A 現在いただける城は380以上！

2020年8月現在、全国各地の城で御城印が続々と頒布《はんぷ》されていますが、すべての城でいただけるわけではありません。日々新しい御城印が出てきているので、今はない城でも今後いただけるようになる可能性があります。出かける前に御城印の有無を確認しましょう。

Q 期間限定の御城印もあるの？

A 紅葉や桜の季節に合わせた特別な御城印も

通常版とは異なる期間限定バージョンの御城印を追加で販売する城もあります。姫路城など、期間を限定して御城印を販売する城もあります。

Q 日本100名城のスタンプとは違うの?

A 御城印とは形式が大きく異なります

日本100名城スタンプは、認定された城だけにある無料のスタンプで、スタンプ帳は各自で用意します。御城印は紙に印刷されていて基本的に有料。日本100名城のうち、御城印を販売していない城もあります。

Q ネット通販でも購入できるの?

A 一部の城では対応しています

御城印はあくまでも城を訪れた「登城記念」なので、現地へ足を運んで購入するのが基本。ネット通販でも購入できますが、ごく一部に限られます。城オリジナルの御城印帳をネット通販で購入できるところもあります。

Q ひとつの城でいただける御城印はひとつだけ?

A 複数の御城印を用意しているところもあります

家紋、花押などの印や文字、イラストなどを変えて複数パターンの御城印を常時揃えている城もあります。城ゆかりの武将名が書かれた「武将印」(→P90)を別に用意する城もあります。

Q 城跡が残っていなくても御城印はいただけるの?

A 購入できますが、販売場所は要確認

天守や遺構があまり残っていない城でも御城印を販売しているところがあります。城跡から離れた観光案内所などで販売していることが多いので、事前に販売場所を確認しておきましょう。

Q 持っていると便利なものは?

A 御城印帳は用意しましょう

御城印を保存するには、シワや折り目をつけずに御城印を持ち歩ける御城印帳が便利。城でオリジナル品などを販売しているほかネットでも購入できます。御朱印帳とは分けて使いましょう。P72～74でも紹介しています。

Q 城へ行くときはどんな服装がいい?

A 履き慣れた靴&動きやすい服装で

未舗装路や石段がある場合も多いので、靴は歩きやすいスニーカーがおすすめ。天守内の急な階段を上る予定なら長ズボンがベスト。堀や石垣など屋外にみどころが多いので、夏は帽子持参で日焼け防止や熱中症対策を忘れずに。山城の場合は山登りを想定した装備で臨みましょう。

城のキホン

御城印をいただく際は、城もしっかり見ておきましょう。松本城を例に城内や天守を構成するのに欠かせない主要な名称をまとめました。

最初に押さえたい城の役割と建造物

城とは外敵の侵入を防ぐための軍事施設のこと。堀や土塁で囲まれた城域全体が城で、城を構成する建物のひとつが天守です。城内には本丸や二の丸、堀などが配され、防御や攻撃のためのさまざまな工夫が各所に見られます。城を構成する各部の名称や役割を知っておきましょう。

二《に》の丸《まる》
本丸に次ぐ重要な曲輪。本丸を守り、補完するため櫓や二の丸御殿がありました

本《ほん》丸《まる》
城の中心となる曲輪（区画）。城主の住居（本丸御殿）と政庁が置かれ、有事には最終防衛拠点に

天《てん》守《しゅ》
戦国時代以降に本丸に築かれた城の象徴的な建物。城内最大の規模と高さの建物でした

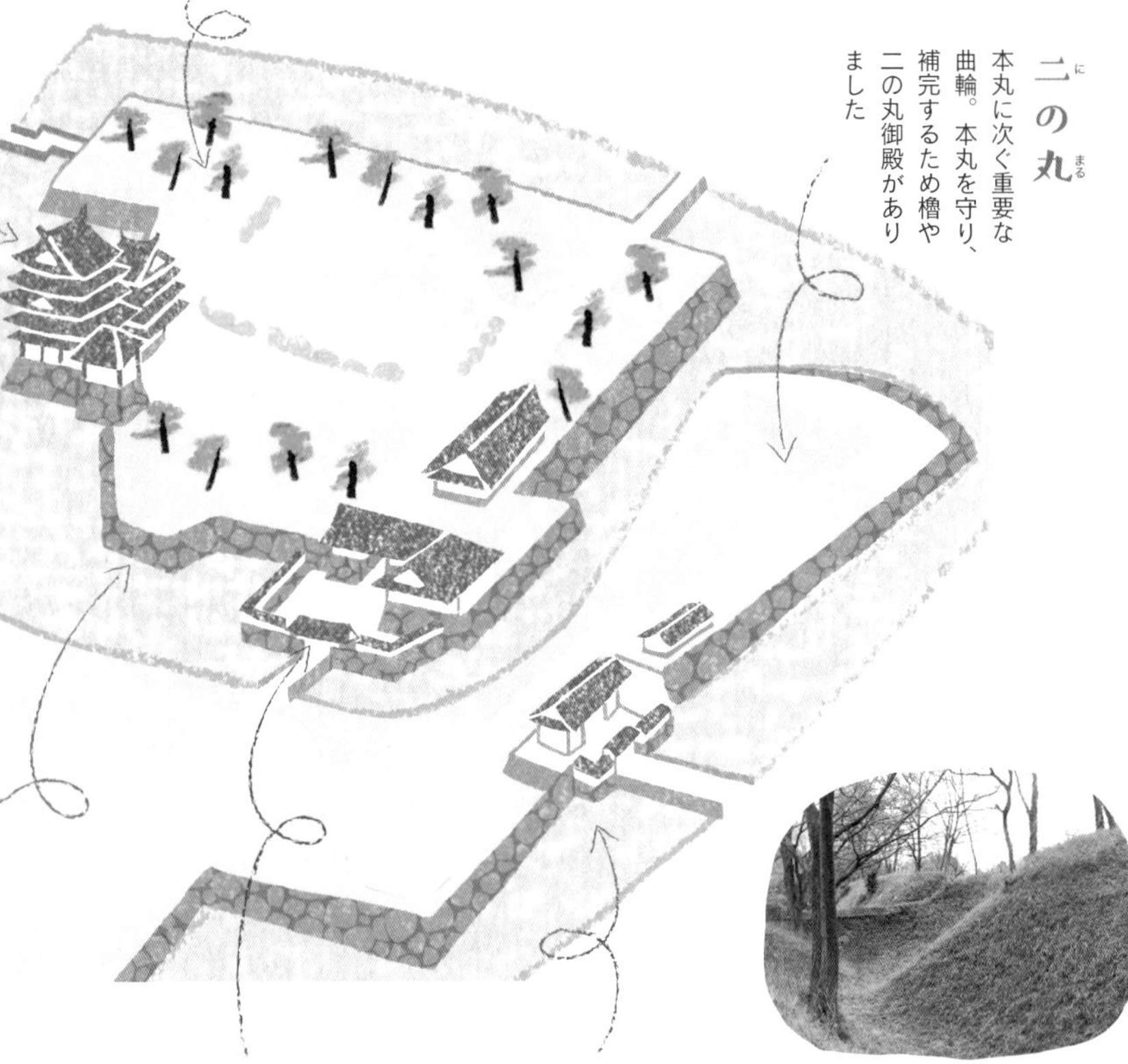

土《ど》塁《るい》
敵の侵入を防ぐため、土を盛り上げて造った土手状の壁のこと。写真は埼玉県にある菅谷城（→P70）

堀《ほり》
敵の侵入を防ぐため、城の外周や曲輪の周りの土を掘ったもの。水堀と空堀がありました

門《もん》
城の出入口。最も格式が高く防御力にも優れた櫓門をはじめ、さまざまな種類があります

石《いし》垣《がき》
石を積み上げたもので、斜面の土留にしたり、天守や櫓など建物の基礎に使われました

天守の構造はこうなっている！

織田信長が天正4年（1576）に安土城に初めて築いて以来、城主の権威を示すために築かれました。天守は、小天守、櫓などの付属建築とともに構成されることが多く、付属する数や連結の仕方は城によってさまざま。建物各所には防御用の設備が整えられました。多彩な付属建築からなる松本城を例に、天守の構造をのぞいてみましょう。

櫓《やぐら》
平時は武器倉庫、有事の際は戦闘指揮所として使用されました。写真は愛知県にある名古屋城（→P81）

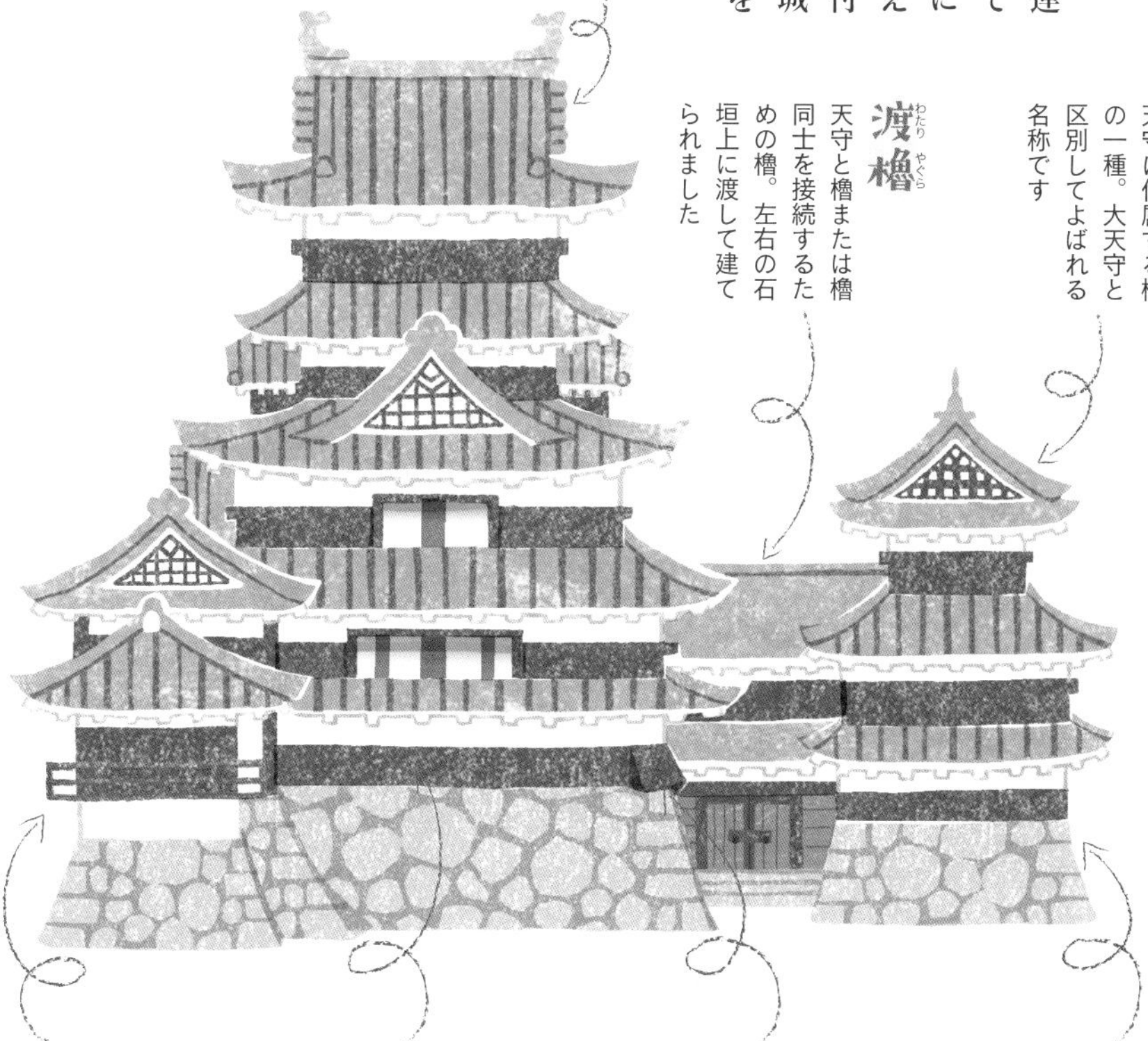

小天守《こてんしゅ》
天守に付属する櫓の一種。大天守と区別してよばれる名称です

渡櫓《わたりやぐら》
天守と櫓または櫓同士を接続するための櫓。左右の石垣上に渡して建てられました

大天守《だいてんしゅ》
最も規模の大きい天守のこと。小天守が付属する場合、区別するためにそうよばれます

天守台
石垣などを組んで高く築いた天守の土台。地質や地形に合わせて工夫が凝らされました

石落《いしおとし》
建物や塀の一部を張り出させて下部を開口した狭間の一形態。実際に石を落としたかについては諸説あり

狭間《さま》
攻撃用に天守や櫓、石垣、塀などに設けた小窓。縦長は弓・鉄砲両用、四角や丸は鉄砲用

月見櫓《つきみやぐら》
月見などの遊興用に造られた櫓。松本城のものは平和な江戸時代に増築された優雅な造り

城の種類

城があった場所や城の形態から、築城された時代の背景を想像することができます。防御性などに工夫を凝らした城を理解し、その状況に思いを馳せてみましょう。

時代によって城の役割は変わった

城の始まりは、集落の周囲に堀や柵をめぐらせた弥生時代の環濠集落です。中世以降の戦乱期に、軍事拠点の山城が数多く誕生します。近世の平和な時代に城は戦いの場から政庁機関へと役目を変え、豪華な城が続々と築かれました。徳川幕府の一国一城令で、築城ラッシュと城の技術進歩は終息します。

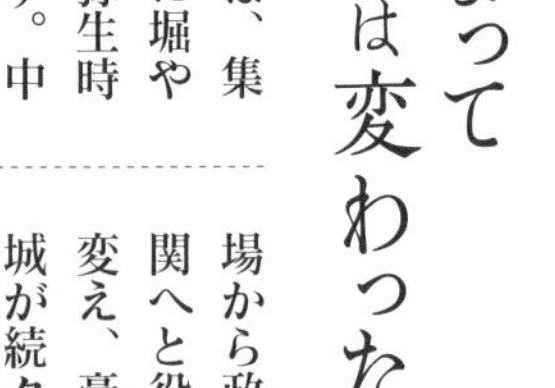

☞山をうまく利用した、防御性の高い山城の竹田城（上）。利便性と防御性を兼ね備えた平山城の姫路城（下）

築かれた地形により4種類に分けられる

地形などの地理的条件によって、城は4種類の形態に分類されます。初期の城は山上に築かれた山城です。見晴らしがよく、斜面や崖などの自然地形が固い防備となりました。戦乱期が終わると、平地を活用した平山城や平城が登場。広大な平野部には、城主

山の地形を利用した軍事拠点

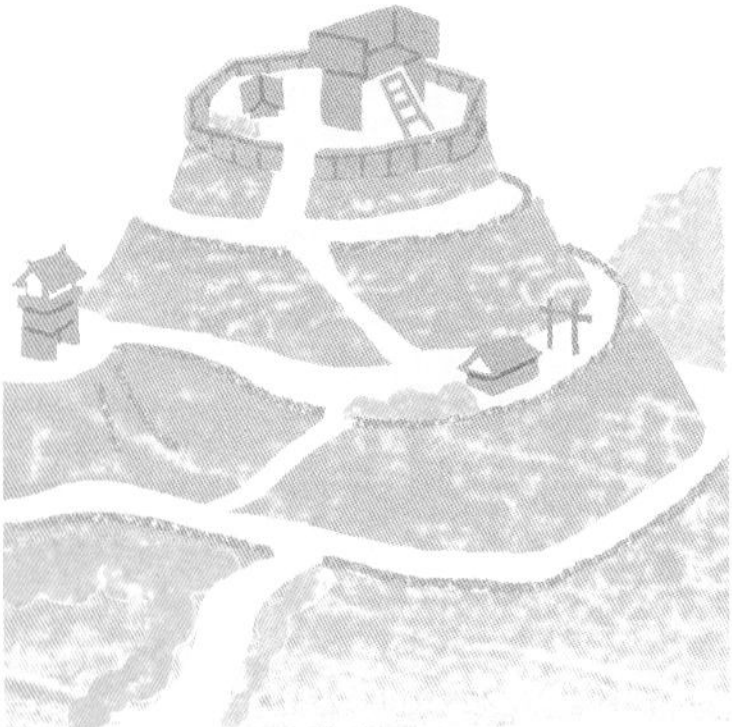

山《やま》城《じろ》

山頂に築いた城。遠方を監視でき、守りやすく攻められにくいのが利点。山を削って曲輪(平坦な区画)や堀、土塁を築いたほぼ土造りで、建物は簡易的でした。戦国大名は頂上から麓に至る巨大な山城を築きました。

居住性と支配性を高める

平《ひら》山《やま》城《じろ》

平野部の丘陵に広がる城で、山城の軍事力と平城の利便性を兼ね備えています。戦国期の終息で急増しました。山には天守や櫓などが建造され、平野には城主の御殿や城下町を築いて領国統治を容易にしました。

が造営されました。水辺では、海や川を水堀などに利用した水城も造られています。

軍事・政治・経済の中心に

平《ひら》城《じろ》

平野部に築き、周囲に水堀をめぐらせたほぼ石造りの城です。築城技術の発達で、山や丘に頼らずに城が築けるようになった近世以降の城郭です。大名の領国支配の拠点とされ、江戸時代の居城の多くは平城です。

主な平城

松本城…P66、名古屋城…P81、中津城…P87

水運の要衝に位置する

水《みず》城《じろ》

水辺に築いて河川や湖沼、海などを外堀に利用した城で、平城の一形態です。船を利用した水運で栄え、水軍基地にもなりました。海域を取り込んだ城は海城ともよばれ、海と城内とを船で直接往来できました。

主な水城

小倉城…P40、宇和島城…P92、今治城…P95

城の設計(縄張)にも注目！

城の平面設計のことを縄張といいます。縄張は本丸などの曲輪(区画)や堀をどう配置するかで決まります。主な縄張の形態は以下の3種類。

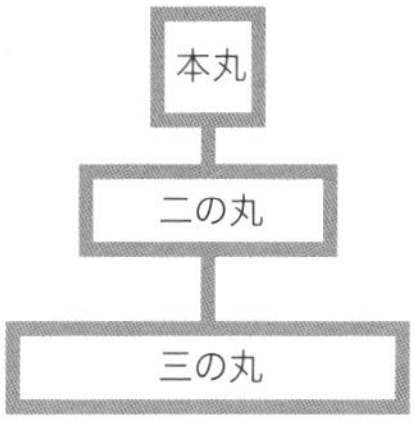

連《れん》郭《かく》式《しき》

本丸とほかの曲輪を並列に配置。本丸正面を二の丸や三の丸が守ります。背後や側面からの攻撃に弱く腰曲輪などで補完します。

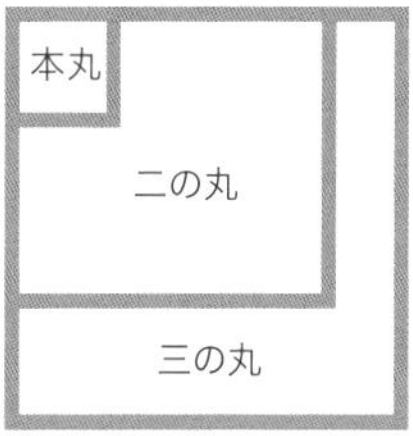

梯《てい》郭《かく》式《しき》

本丸を縄張の隅に配置して、2〜3方向を囲むようにほかの曲輪を配置。背後を断崖や大河、湖などで守れる地形向きです。

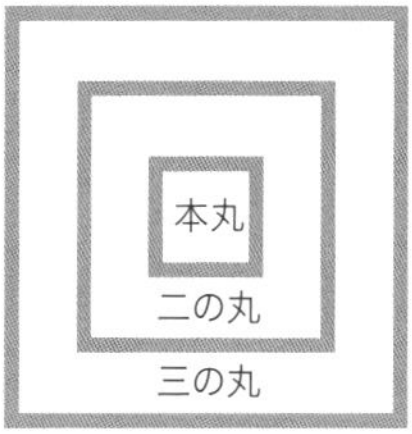

輪《りん》郭《かく》式《しき》

中心に本丸を置き、ほかの曲輪で周囲を囲んで全方向を防御。広大な土地が必要なため、広い敷地を確保できる平城向きです。

知っておきたい 城のQ&A

見学前に知っておけば、より深く、多様な角度から城を楽しめるあれこれをQ&A形式でご紹介!

Q 日本にはどのくらいの城があったの?

A 3万~5万ほどといわれています

わたしたちがイメージするような天守や石垣がある近世城郭とよばれる城は、実は全体のわずか1%未満。城のほとんどは山城で、弥生時代以降の環濠集落や土塁や堀を造っただけの要塞や、沖縄のグスクなども広義の城とされています。中世以前の城が残っていないのは、土造りであったため、使用されなくなると風化してしまったからです。

Q 城はどうやって見たら楽しめる?

A 城を攻める気持ちで!

建築美や歴史的観点で見るほか、攻める兵士の気持ちで見てみましょう。容易に侵入できない構造や、側面攻撃（横矢）のための屈折した道などに要塞としての城を感じられます。

Q 黒い天守と白い天守の違いは?

A 見た目と耐久性の違いです

土壁に白漆喰を塗る塗籠、板を張り付ける下見板張それぞれの仕上げ方で天守の色が変わります。下見板張は墨を塗ることで耐久性が増し、塗り直しの費用を抑えられました。

Q 現在まで残っている天守はいくつあるの?

A 現存しているのは12の天守

江戸時代以前から残る天守は全国で12のみ。そのうち5城は国宝、残り7城も重要文化財に指定されています。ほかの天守は後世に造られたものです。写真や史料を基に再建された復元天守、天守の史料がなく想像で再建された復興天守、天守がない、または異なる場所に新たに築いた模擬天守に分類されます。

Q 天守には城主が住んでいたの?

A 住んだのは織田信長だけといわれています

天守は城主の権威を示すために外観が重視され、内部は簡素な造りで普段は空家でした。城主は御殿や居館で暮らし、政務を行いました。実際に天守に住んだのは織田信長だけといわれ、安土城天守内は豪華な障壁画に彩られていたといいます。

Q 城はどうして広いの?

A 人が多く集まる広さが必要でした

戦国時代の城は軍事施設でした。戦力の中心は人で、多くの兵を駐屯させるために広い敷地が必要でした。戦乱がなくなった江戸時代は政治の中心で、藩庁や藩主が住む御殿などを建てるため、敷地も広くなりました。城の見学は、広さを考慮して1時間程度は時間をみておきましょう。

Q 石垣を見るときの注目点は?

A 石の加工技術でおおよその時代がわかります

高く積み上げられた強固な石垣は城郭の大きなみどころです。時代を追うごとに石垣の技術も発達していきます。最初に登場したのが野《の》面積《づらづみ》で、ほとんど加工しない自然石を積み上げるだけでした。16世紀後半になると石を打ち欠くなどして加工し石同士の隙間を減らす打込接《うちこみはぎ》が、関ヶ原の戦い後は石を加工し隙間なく仕上げる切込接《きりこみはぎ》が登場します。

Q 築城にかかる時間は?

A 1日から30年以上までさまざまです

城攻めのための臨時的な城は1日~数日で造られました。豊臣秀吉が築いた一夜城として有名な石垣山城は約80日といわれています。近世城郭になると、地選、地取、縄張、普請、作事の工程で築かれるようになります。築城工事は土木工事の普請と建築工事の作事を指し、名古屋城は普請に約1年、天守造営に約2年かかりました。徳川家康が開始した江戸城の築城は長期にわたり、35年後の3代・家光の代に完成しました。

Q 江戸時代以前城には桜が咲いていなかったって本当?

A 城が桜の名所になったのは近代です

城に桜の木が植えられるようになったのは明治維新以降。明治政府による廃城令で城は学校、公園などに姿を変え、石垣や土塁の崩落防止のために桜が植えられたのです。

Q 建造物の残っていない城が多い理由は?

A 一国一城令、廃城令、空襲などのためです

戦国時代に、築城ラッシュがあり多くの城が築かれましたが、江戸幕府の一国一城令と武家諸法度によって、約3000の城が170にまで破却されました。明治維新後の廃城令では200余が廃城に。解体された木材や石材には薪や建築材料にあてられたものもあったそうです。さらに太平洋戦争の空襲で焼失した城も多くありました。

知るほど楽しい!

城のキーワード

城にまつわるたくさんの専門用語。見学時によく目にする言葉や、知っておくと城めぐりがより楽しめる言葉をチェックしてから出かけましょう!

一夜城 ●いちやじょう

相手の城に対する野戦陣地として造られた陣《じん》城のうち、非常に素早く造られた城を指します。特に豊臣秀吉による石垣山城が有名です。

大手門 ●おおてもん

城の表である大手の最も外側にある城門。顔になる城門なので櫓門《やぐらもん》が用いられ、防御力と格式を兼ね備えた門です。裏門は搦手門《からめてもん》といいます。

一国一城令 ●いっこくいちじょうれい

天下を取った徳川家康が大名の力を削ぐ意図で諸大名に対し、居城以外のすべての城の破却を命じた法令のこと。慶長20年(1615)制定。

お城まつり ●おしろまつり

城郭・城跡が所在する自治体などが主催する城を中心として行われる祭り。多くは城主や関連する武将にちなんだ催しが開催されます。

空堀 ●からほり

水が入っていない堀のこと。一方で水堀《みずぼり》は湧き水や河川の水を引き込むことによって水を満たした堀。どちらも曲輪《くるわ》を囲むように掘られました。

作事 ●さくじ

築城において曲輪や土塁《どるい》に建物を建てることをいいます。建造物としては、城門、櫓《やぐら》、塀、蔵、御殿《ごてん》、番所《ばんしょ》、馬屋《うまや》などがあげられます。

鯱 ●しゃちほこ

天守の棟飾りに置かれる意匠化された想像上の霊獣。火災除け、厄除け、建築装飾として用いられました。名古屋城のものが特に有名です。

城下町 ●じょうかまち

城を中心に造られた町。城を防衛する機能と、行政、商業の機能とを併せもちます。織田信長によって近世の城下町は大いに発展しました。

城門 ●じょうもん

城の出入口に立つ施設。2階建てで階上が櫓の櫓門、平屋建てで簡易的に格式を示す冠木門《かぶきもん》など、構造や役割ごとに多様な種類がありました。

縄張 ●なわばり

築城する工事区画に、杭を打ち縄を張ったことに由来。城郭内に曲輪や土塁、石垣をどのように配置するかを決める、築城の根幹です。

廃城令 ●はいじょうれい

明治6年(1873)の通達の略称。城は存城か廃城となるが、いずれの処分でも用地確保のために大半の城が取り壊されました。

破風 ●はふ

屋根の妻側の造形のこと。天守を飾る意匠のひとつで入母屋《いりもや》破風、切妻《きりづま》破風、唐《から》破風などがあります。複数の破風を組み合わせて使うことも。

普請 ●ふしん

縄張の通りに曲輪を造ったり、堀を掘ったりする土木工事全般のこと。徳川幕府が諸大名を総動員した城普請は天下普請《てんかぶしん》とよばれています。

桝形 ●ますがた

石垣や堀などで四方を囲んだ方形空間。城郭の出入口の虎口《こぐち》に設けることで、侵入した敵の直進を防ぎ、三方から攻撃することができました。

武者返し ●むしゃがえし

熊本城築城の際に石垣の名手・加藤清正の指揮で造られた石垣の通称。上部にいくほど垂直に近くなり忍者でも上れないことが由来です。

籠城 ●ろうじょう

敵軍に対して城にたてこもる戦法。目的は後詰め(援軍)が来るまで耐えることでした。後詰めの軍が来ると挟み討ちにすることができます。

第3章

テーマ別 スペシャル御城印

個性豊かな全国各地の御城印を10のテーマに分けて紹介しています。イラスト、家紋、紙など、こだわりをもったさまざまな御城印に注目してみましょう。

テーマ別スペシャル御城印

❶ 期間限定の特別な御城印

期間限定でいただける御城印は、季節やそれぞれの城の特徴に合った素敵な工夫が凝らされています。一期一会の出合いを楽しみましょう。

天守を見上げて立つ天草四郎像（右）。城内に展示されている天草四郎の肖像画（左）

昭和39年（1964）に天守、のちに櫓が復元されました

ココにも注目!

中央に水路があり、江戸風情が残る武家屋敷へも足をのばしましょう

築城400年記念の専用台紙付き御城印

右の字……築城四百年
中央の字…島原城
家紋………高力家「四方木瓜」（右上）、戸田家「六つ星」（右下）、松倉家「九曜」（左上）、深溝松平家「重ね扇」（左下）
左下の印…井上龍一郎氏の落款

2020～24年の間、毎年4月6日（城の日）を初日として400枚限定で頒布されます。書は井上龍一郎氏によるもの

専用台紙の古地図は毎年デザインが変更されます

歴代城主と天守閣をあしらった通常版

右の字…日本百名城／中央の字…島原城／家紋…松倉家「九曜」（右上）、深溝松平家「重ね扇」（右下）、高力家「四方木瓜」（左上）、戸田家「六つ星」（左下）／左下の印…井上龍一郎氏の落款

長崎

安《あ》土《づち》桃《もも》山《やま》様式の面影が残る 島原城《しまばらじょう》

日本100名城

有明海を望む雲仙岳《うんぜんだけ》の麓にたたずむ五層の天守と高い石垣に囲まれた壮麗な城は4家19代の居城となりました。

有明海を望む雲仙岳の麓に築かれた、南北に連なる連郭式平山城。元和4年（1618）に松倉重政が築城を開始。当時は高石垣と深い水堀に囲まれた五層天守を中心に、7カ所の城門、大小16基の櫓、31基の平櫓が要所に配されました。江戸時代初期の築城技術と安土桃山時代の築城観を併せもった壮麗な城であったといわれています。明治の御一新ですべての建物が解体されましたが、昭和39年（1964）に復興天守として蘇り、市のシンボルとなっています。

DATA 島原城

平山城　元和《げんな》4年～寛永《かんえい》元年（1618～24）　松倉重政《まつくらしげまさ》

松倉《まつくら》氏、高力《こうりき》氏、松平《まつだいら》氏、戸田《とだ》氏

御城印　料金…300円（通常版）、1500円（専用台紙付き限定版）
頒布場所…島原城天守閣券売所
（時 休 島原城に準ずる）

住 長崎県島原市城内1-1183-1
交 島原鉄道島原駅から徒歩10分
時 9時～17時30分 休 無休 料 550円

注目したい城TOPIC

島原城七万石武将隊の解説や演舞が話題

キリシタン大名や天草四郎など島原に所縁のある人物で構成されるおもてなし武将隊。わかりやすいガイドや、迫力ある演舞は必見です。

+αメモ　寛永14～15年（1637～38）にかけて起きた島原の乱。初代城主の重政と2代目勝家（かついえ）の圧政によって農民やキリシタンの不満が爆発し、16歳の少年・天草四郎を盟主に蜂起した、日本史上最大規模の一揆です。

福井

国吉城

信長が陣を構えた難攻不落の城

●くによしじょう

続日本100名城

若狭武田氏の家臣・粟屋勝久の居城。越前《えちぜん》朝倉《あさくら》氏の約10年にわたる侵攻を籠城戦などで撃退しました。元亀《げんき》元年（1570）、上洛要請に応じない朝倉氏討伐のため、織田信長が越前攻めに出陣した際には、丹後街道を押さえる要衝として国吉城に本陣を構えました。城跡には曲輪跡や石垣、堀切などが残っています。

☞標高197mの山頂に、国境警備のために築かれた国吉城の全景

山水画で描かれた国吉城が背景に

右の字……明智光秀ゆかりの地 福井県美浜町
中央の字…佐柿国吉城
家紋………明智家「桔梗」（右上）、粟屋家「花菱に扇」（中央）
上の絵……国吉城

☞信長の国吉城入城に同行した明智家の「桔梗紋」と、国吉城をイメージした山水画が入ります

織田信長公国吉城入城450年記念版

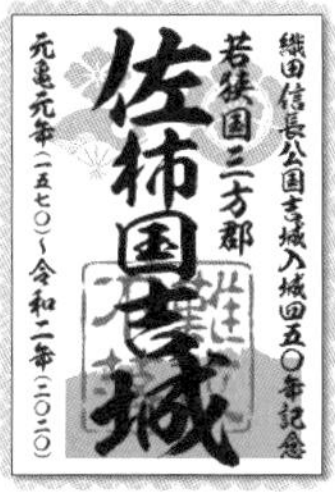

右の字…織田信長公国吉城入城四五〇年記念／中央の字…若狭国三方郡 佐柿国吉城／左の字…元亀元年（一五七〇）〜令和二年（二〇二〇）／家紋…織田家「織田木瓜」（右上）、粟屋家「花菱に扇」（左上）／中央の印…難攻不落／下の絵…国吉城址が残る城山のシルエット

ここだけの御城印帳

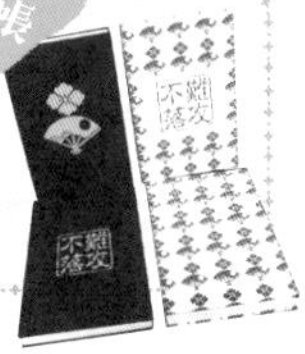

☞黒金版と赤白版の御城印帳。各1800円（完売）

DATA 国吉城

山城　弘治《こうじ》2年（1556）
粟屋勝久《あわやかつひさ》　粟屋勝久、木村定光《きむらさだみつ》、堀尾吉晴《ほりおよしはる》ほか

御城印
料金…各300円※限定版の頒布は2020年12月まで
頒布場所…若狭国吉城歴史資料館（時 9〜17時※冬期は10時〜16時30分 休 月曜※祝日の場合は翌日、祝日の翌日）

住 福井県美浜町佐柿 交 JR美浜駅から車で10分 時 休 見学自由 料 無料

+α メモ 佐柿町奉行所の跡に立つ若狭国吉城歴史資料館。国吉城と、城下町佐柿の歴史や街並みを紹介するほか、季節の企画展も楽しめます。館長が集めた全国の御城印を展示するスペースもあります。

滋賀

八幡山城

歴史に翻弄された豊臣秀次の居城

●はちまんやまじょう

豊臣秀次が天正13年（1585）に築いた城。八幡山の山頂、山麓に築かれ、山内には野面積《のづらづみ》の石垣が残っています。現在では秀次の菩提を弔うために京都に建てられた村雲《むらくも》御所《ごしょ》瑞龍寺《ずいりゅうじ》門跡《もんぜき》が八幡山本丸跡へ移築されています。麓の伝秀次居館跡からは、金箔瓦や秀次の馬印「沢瀉紋《おもだかもん》」の飾り瓦が発見され、築城時の豪華さがうかがえます。

秀次の肖像が入った令和2年限定御城印

右の字…八幡山城 豊臣秀次
左の字…八幡山城跡 本山 村雲御所瑞龍寺門跡
家紋………菊紋
右の印……豊臣秀次の馬印「沢瀉」
左下の印…村雲門跡
中央の絵…豊臣秀次

☞豊臣秀次をイメージした肖像入りの特別版を令和2年限定でいただけます

秀次の大きな馬印が中央に映える通常版

右の字…豊臣秀次／中央の字…八幡山城／左の字…近江八幡 八幡山城跡 本山 村雲御所 瑞龍寺門跡／家紋…菊紋／右上・中央の印…豊臣秀次の馬印「沢瀉」／左下の印…村雲門跡

四季に応じて絵柄が変わる花シリーズ

右の字…豊臣秀次／中央の字…八幡山城跡 本山 村雲御所 瑞龍寺門跡／家紋…菊紋／右の印…豊臣秀次の馬印「沢瀉」／左下の印…村雲門跡／絵…花菖蒲

DATA 八幡山城

山城
天正《てんしょう》13年（1585）
豊臣秀次《とよとみひでつぐ》
豊臣秀次、京極高次《きょうごくたかつぐ》

御城印
料金…各300円
頒布場所…本山村雲御所瑞龍寺門跡受付朱印所（時 9時〜16時10分 休 無休）

住 滋賀県近江八幡市宮内町
交 JR・近江鉄道近江八幡駅から近江鉄道バス長命寺行きで7分、大杉町八幡山ロープウェー口下車、徒歩5分
時 休 見学自由
料 無料
※八幡山ロープウェーは
時 9〜17時 休 無休
料 片道500円、往復890円

☞山頂の本丸跡に残る石垣。野面積ながら大石の石垣を見ることができます

+α メモ 琵琶湖を一望できる八幡山頂上は、プロポーズにふさわしいスポット「恋人の聖地サテライト」に認定されています。特産品の八幡瓦で作った「えんむすび瓦」や「願の瓦」に願い事を書いて村雲御所瑞龍寺に奉納しましょう。

福岡

多彩な限定御城印をいただける

小倉城

●こくらじょう

続日本100名城

戦国時代末期、安《あ》芸《き》の毛利《もうり》氏が築城したのが始まり。高《たか》橋鑑種《はしあきたね》、毛利勝信《もうりかつのぶ》らを経て、関ヶ原の戦いの功労として細川忠興が入城。7年もの歳月をかけ築かれた天守は、4階と5階の間の屋根に庇がなく、4階より5階のほうが大きな唐《から》造《づくり》とよばれる特徴ある城郭建築です。天保《てんぽう》8年(1837)に全焼しましたが、昭和34年(1959)に再建を果たしました。

正月三が日のみいただける新年限定版

右の字……謹賀新年
2020 庚子
中央の字…小倉城
中央の印…小倉城印
右下の絵…富士山と初日の出
左上の絵…梅

書道家・杉田廣貴氏によるバージョンも人気

右の字…登城記念／中央の字…小倉城／左の字…廣貴書／左の印…廣貴／絵…迎え虎　※送り虎版もあり

☝謹賀新年の文字に縁起のよいイラストが入った正月バージョンの御城印

小倉城考案のオリジナル印が押された通常版

右の字…登城記念／中央の字…小倉城／中央の印…小倉城印／右上・左下の印…小倉城オリジナルマーク

☞北九州市の中心市街地にある唐造の天守閣は今も街のシンボル(右)。城内2階の展示室では細川家と小笠原家の歴史を紹介しています(左)

DATA 小倉城

水城　慶長《けいちょう》7年(1602)

細川忠興《ほそかわただおき》　細川忠興、細川忠利《ほそかわただとし》、小笠原忠真《おがさわらただざね》

御城印 料金…300円(通常版、限定版)、400円(杉田廣貴揮毫版)
頒布場所…しろテラス(時 9～18時 休 無休)
※通常版のうち登城記念版は小倉城入城チケットの提示が必要

住 福岡県北九州市小倉北区城内2-1
交 JR小倉駅から徒歩15分 時 9～18時(11～3月は～17時)
休 無休 料 350円

+α メモ　城の石垣は、地元の足立山系から運ばれた自然石を使った野面積(のづらづみ)とよばれる技法。素朴ながら豪快で、忠興の自慢のひとつであったといわれます。広大な庭園に再現された書院造の大名屋敷も必見です。

滋賀

毎年恒例のバルーン城版が人気

水口岡山城

●みなくちおかやまじょう

豊臣秀吉の家臣・中村一氏が築いた山城。その後も増田長盛、長束正家と、秀吉の重臣が城主を務めた、東海道の要所。関ヶ原の戦いで正家が敗れ、築城から15年あまりで廃城になりましたが、城跡には今も堀切や石垣などが残り、山城の風情が楽しめます。毎年バルーンで天守を再現するイベントも行われ、限定版の御城印も人気を集めています。

甲賀市教育委員会提供

☞古城山山頂の伝本丸跡に立っていた天守の位置は、西側と東側の2つの説があります

バルーン城の出現時のみ販売される限定版

右の字……元祖バルーン城
中央の字…水口岡山城
左上の字…登城記念
左下の字…西行菴 竹峯・花押
家紋……中村家「立ち沢瀉」(上)、増田家「升」(中央)、長束家「花菱」(下)
左上の印…揚羽蝶文鬼瓦
右下の印…バルーン城

☝通常版のモチーフに水口岡山城名物のバルーン城のシルエットの印が押された貴重な一枚です

歴代城主の家紋と瓦文様をデザイン

右の字…國指定史跡／中央の字…水口岡山城跡／左の字…西行菴 竹峯・花押／家紋…中村家「立ち沢瀉」(上)、増田家「升」(中央)、長束家「花菱」(下)／中央の印…揚羽蝶文鬼瓦

注目したい城TOPIC

人気のバルーン城

標高282mの古城山山頂に出現する、3mの足場の上に立つ高さ8mのバルーン城。毎年4月に開催されるイベント「よみがえれ水口岡山城」での雄姿は今や町の名物です。

DATA 水口岡山城

山城　天正《てんしょう》13年～慶長《けいちょう》5年(1585～1600)　中村一氏《なかむらかずうじ》

中村一氏、増田長盛《ましたながもり》、長束正家《なつかまさいえ》

御城印 料金…各200円　頒布場所…甲賀市ひと・まち街道交流館(時 9～17時 休 月曜 ※祝日の場合は翌日)

住 滋賀県甲賀市水口町水口
交 近江鉄道水口駅から登山口まで徒歩10分、登山口から頂上まで徒歩15分
時 休 見学自由 料 無料

+α メモ　古城山の山頂からは水口の町が見渡せます。今も遺構が良好な状態で残され、2013年と2014年の発掘調査では、伝本丸跡の周囲に高石垣がめぐっていたと推定されています。

岐阜

東美濃の要衝であった古い山城跡
美濃金山城
みのかねやまじょう

続日本100名城

築城は美濃の国主・斎藤道三《さいとうどうさん》の命を受けた斎藤正義で、烏峰《からすがみね》城と名付けました。正義が討たれたのちは織田信長の家臣・森可成が城主となり、金山城と改称。関ケ原の戦い後には石川《いしかわ》貞清《さだきよ》の所有となり、このとき城は解体され、犬山城に移築されたと伝えられています。現在は曲輪跡に石垣や礎石が残されています。

季節ごとにバージョンが変わるのがうれしい

右・中央の字…美濃金山城跡
家紋…森家「鶴丸」
右の印…国史跡・続日本百名城
絵…アサガオ(季節により変わる)

☞主力である森家の「鶴丸紋」が目を引く御城印。季節に合わせて台紙の模様も変わります

☞出丸石垣は城内に現存する最古の石垣。ここからの眺望も抜群です

オススメ
立ち寄りスポット

市内に点在する山城の歴史や特徴がわかる

明治時代の小学校の建物を改修した3階建てのミュージアム。地域の各城跡の紹介や、江戸以降、商業の町として栄えた旧兼山町の資料を展示。御城印もこちらで購入できます。

可児市戦国山城ミュージアム《かにしせんごくやまじろ》

☎0574-50-8443 住岐阜県可児市兼山675-1 交名鉄明智駅からYAOバス八百津町ファミリーセンター前行きで11分、元兼山町役場前下車、徒歩1分 時9時〜16時30分 休月曜(祝日の場合は翌日) 料210円

DATA 美濃金山城

山城　天文《てんぶん》6年(1537)
斎藤正義《さいとうまさよし》　斎藤正義、森可成《もりよしなり》、石川氏

御城印
料金…300円
頒布場所…可児市戦国山城ミュージアム

住 岐阜県可児市兼山
交 名古屋鉄道明智駅からYAOバス八百津町ファミリーセンター前行きで11分、元兼山町役場前下車、徒歩15分
時 休 見学自由 料 無料

+α メモ
2代目城主となった森家には、森蘭丸(もりらんまる)として知られる成利(なりとし)も名を連ね、城主を務めています。また、破城されたことで、築城当時の土木工事の技術や、解体後の痕跡が見られるのも注目です。

静岡

月と日が同数の日限定の御城印
久野城
くのじょう

今川家家臣の久野宗隆が小高い丘陵の南端に築いた平山城。曲輪や竪堀、土塁跡などを当時の姿のまま残すため、地元の人々が40年以上にわたり保存活動に取り組んできました。2020年2月2日に初めて御城印が発売され、さらに12月までの月と日が同数の日には限定版が発売される予定です。

豊富なバリエーションの御城印が揃う

右の字……登城記念
中央の字…久野城
家紋……久野家「瓜に左三つ巴」

☞季節の植物などを押印したゾロ目の日の限定版(右・上・左上)のほか、4種の書体が揃う通常版(左)を販売

☞南に東海道が走っており、街道を監視する役割を担っていたことがわかります

☞堀跡に囲まれた大手付近。大手門は掛川城に移築されたと伝わっています

DATA 久野城

平山城　明応《めいおう》年間(1492〜1501)
久野宗隆《くのむねたか》　松下之綱《まつしたゆきつな》、北条氏重《ほうじょうううじしげ》

御城印
料金…各300円
頒布場所…久野城址保存会事務局(袋井北コミュニティセンター) 時 9〜17時 休 月曜 ※祝日の場合は翌日

住 静岡県袋井市鷲巣1135ほか
交 JR袋井駅から秋葉バス気多行きで6分、上久能・小早川整形リウマチクリニック前下車、徒歩20分
時 休 見学自由 料 無料

+α メモ
初代城主の久野宗隆は今川家の家臣でしたが、桶狭間の戦いののちに城主となった宗能(むねよし)は、徳川の旗本となったという歴史的背景のある城。その後は城主がたびたび入れ替わり、正保元年(1644)に廃城になったと伝えられています。

② 色鮮やかなカラフル御城印

鮮やかな色彩が目を引く御城印は見ているだけで楽しくなるもの。特別な存在感を放つカラフルな一枚を探しました。

☞2、3階には華頭窓、3階には高欄付きの廻縁がめぐる美しい天守

ココにも注目！

☞廊下橋を中央に左右対称の櫓が立つ天秤櫓は彦根城だけの形式

☞屋形船の定期便が堀を巡り、桜の季節には夜間の運航も実施

☞元禄時代に建てられた馬屋。城内に馬屋が残るのは彦根城だけ

滋賀 国宝

彦根城《ひこねじょう》

現存する国宝天守と最強の縄張

日本100名城 現存12天守

国宝5城に名を連ねる彦根城は、井伊家の居城としても有名な城。戦国武将ファンも多く訪れます。

徳川四天王の一人、井伊直政《いいなおまさ》の長男の直継が築城を始めたとされています。彦根藩と近畿7カ国が築城を手伝ったという天下普請の城で、当時の井伊家の力の強さがうかがえます。小ぶりの三重天守ながら破風と華頭窓《かとうまど》の数も現存12天守のなかで最多を誇ります。

実践的な防衛機能の高さから、日本城郭史上最強の縄張と評される鐘の丸と天秤櫓《てんびんやぐら》周辺は、ここにしかない立体交差の登城道を見ることができます。

井伊の赤備《あかぞな》えにちなんだ朱色の台紙が印象的

右の字……月明 彦根の古城
中央の字……国宝 彦根城
家紋…………井伊家「橘」
右上の印……井伊家の旗印「井桁」
右下の印……当主の通字「直」

☞井伊家当主の通字である「直」の印は18代目当主の井伊直岳(なおたけ)氏の署名を基に作成

ひこにゃんスタンプ版は誕生日のみの限定版

☞ひこにゃんのスタンプ版は毎年4月13日のひこにゃんの誕生日にのみ販売される限定版

DATA 彦根城

平山城
慶長《けいちょう》9年(1604)
井伊直継《いいなおつぐ》
井伊氏

御城印
料金…各300円
頒布場所…国宝・彦根城運営管理センター
(時 休 彦根城に準ずる)

住 滋賀県彦根市金亀町1-1
交 JR彦根駅から徒歩15分
時 8時30分～17時
休 無休 料 800円

オススメ立ち寄りスポット

優雅な庭園を眺めながら茶室でほっとひと息

かつて藩主が客人をもてなす茶屋に使用されていた鳳翔台。開放的な空間で、美しく整備された庭園を眺めながら優雅に薄茶を味わえると好評です。

☞薄茶お菓子付き500円

鳳翔台《ほうしょうだい》 ☎0749-22-2742 住 滋賀県彦根市金亀町3-40(玄宮園) 交 JR彦根駅から徒歩15分 時 9～16時 休 無休

+α メモ

近隣の古城を解体して再利用した彦根城。その利用の仕方も、天守は京極氏の大津城、本丸正門の太鼓門は佐和山城、天秤櫓は長浜城の大手門といった伝説が残っており、各所に権力の推移を象徴するように移築されているのです。

岡山

岡山城

●おかやまじょう

3城主の家紋と秀吉の家紋が並ぶ

日本100名城

豊臣秀吉に寵遇された宇喜多秀家が新築した天守閣は、豊臣時代を代表する絢爛なものでした。昭和20年（1945）の空襲で焼失しましたが、昭和41年（1966）に外観が復元。また、宇喜多秀家、小早川《こばやかわ》秀秋《ひであき》、池田忠雄《いけだただかつ》と3城主が各時代に築いた石垣が今も残されており、各時代の特徴がわかるところもみどころです。

秀吉から許された五七桐紋が目を引く御城印

☜秀吉の家紋を囲むように宇喜多家の家紋と旗印、小早川家、池田家の家紋がきれいに並びます

右の字……登城記念
中央の字……岡山城
家紋……豊臣秀吉「五七桐」（中央）、宇喜多秀家「剣片喰」（右上）、池田家「立ち揚羽蝶」（右下）、宇喜多家の旗印「兒」（左上）、小早川秀秋「左三つ巴」（左下）

☜岡山城の北側に広がる後楽園の庭園越しに眺める天守閣も必見です

☜金箔瓦に黒漆塗りの下見板が張られていたことから烏城と称された

☜二重一階地下一階の優美な月見櫓は池田忠雄時代に築かれたもの

注目したい城TOPIC

城内でグルメや備前焼体験を満喫

天守閣1階には備前焼体験が楽しめる備前焼工房のほか、岡山県特産の白桃やブドウをふんだんに使ったお城パフェが味わえるお城茶屋などがあります。

DATA 岡山城

平山城　天正《てんしょう》19年(1591)
宇喜多秀家《うきたひでいえ》
宇喜多《うきた》氏、小早川《こばやかわ》氏、池田《いけだ》氏

御城印
料金…300円
頒布場所…岡山城天守閣内1階御みやげ処（時 休 岡山城に準ずる）

住 岡山県岡山市北区丸の内2-3-1
交 JR岡山駅から岡山電気軌道（路面電車）東山行きで4分、城下下車、徒歩10分
時 9時〜17時30分
休 無休 料 320円

+α メモ　天守や廊下門などは戦後の再建ですが、本丸の月見櫓と、西の丸の西手櫓は池田氏時代に築かれ現存する建物。純粋に月見を楽しむためだけに築かれたという月見櫓は、岡山城と松本城でのみ見られる貴重な建物です。

富山

増山城

●ますやまじょう

名将たちが戦った大規模な山城

続日本100名城

砺波平野の東、標高120mの緑に囲まれた丘陵全体に広がる広大な山城で、松倉城・守山城と並び、越中三大山城のひとつ。越中守護代の神保《じんぼう》家の居城で、神保慶宗《よしむね》や長尾能景《ながおよしかげ》、上杉謙信らの名将たちが戦いを繰り広げた舞台でもあります。屋敷跡、土塁、堀切、井戸など当時の遺構が多く残り、国の史跡に指定されています。

4家の家紋と蕭姫《しょう》の法印をデザインした御城印

☜中央の蕭姫の法印は白の通常版のみにあります。赤の限定版は在庫がなくなり次第販売終了

右の字……国史跡 続日本百名城
中央の字……増山城
家紋……上杉謙信「竹に飛び雀」（右上）、前田家「加賀梅鉢」（右下）、佐々成政「角立四つ目結」（左上）、神保家「丸に縦二引」（左下）
中央の印……蕭姫（中川光重〈宗半〉の妻で前田利家の次女）の法印

☜増山城跡は和田川ダムのダム湖に面しており自然豊かな場所です

☜駐車場から徒歩でダムを渡ると冠木門があり、登城口になります

☜見応えのある二ノ丸と安室（あぢち）屋敷の間にある大堀切

DATA 増山城

山城　貞治《じょうじ》元年(1362)以前
二宮円阿《にのみやえんあ》(諸説あり)
桃井《ももい》氏、斯波《しば》氏、神保長職《じんぼうながもと》、佐々成政《さっさなりまさ》

御城印
料金…各300円 ※限定版は在庫完売次第終了
頒布場所…砺波市埋蔵文化財センター（時 9〜17時 休 月曜、第3日曜、祝日）

住 富山県砺波市増山
交 JR砺波駅から車で20分／北陸自動車道砺波ICから車で20分 時 休 見学自由 料 無料

+α メモ　「城ポジ 増山城 - 謙信の秘刀-」はスマホ向けの無料アプリ。増山城跡で使うと戦国時代の増山城の3Dマップが画面に現れ、自分のいる位置がわかる仕組み。歴史を学びながらスタンプラリーもできる楽しいアプリです。

岐阜

土岐高山城

城を支配した一族の家紋印がずらり

ときたかやまじょう

源氏の流れをくむ土岐源氏一族の高山秀頼が築いた、遠山十八支城のひとつ。武田信玄・勝頼《かつより》親子と、織田信長の領土争いの舞台となりました。城は元和《げんな》元年（１６１５）に廃城となり、現在は城跡公園として整備され、周辺では元屋敷陶器窯跡などを見ることができます。高台の城跡には物見櫓が建てられ、土岐市街を見渡せるほか、梅や桜、花桃の季節には美しい景色が楽しめます。

梅や桜、花桃の季節の絶景や、夜景スポットとしても人気の城跡公園

火縄銃の実演や演武などみどころ満載の土岐高山城戦国合戦まつり

第一砦であった頂上に再現された物見櫓は見晴らしも抜群です

領土を競った歴代4城主の家紋が並ぶ

右の字…土岐市指定史跡美濃国土岐源氏ゆかりの城／中央の字…土岐高山城跡／左の字…高山城高山宿史跡保存会／家紋…平井家「三つ柏」（右上）、織田家「織田木瓜」（右下）、土岐家「桔梗」（左上）、武田家「武田菱」（左下）／左下の印…高山城高山宿史跡保存会之印

手触りの良い和紙に色とりどりの4つの家紋が並ぶカラフルな御城印です

注目したい城TOPIC

土岐高山城戦国武将隊

武将隊と姫隊、足軽ダンサーズらで構成される土岐高山城戦国武将隊。土岐高山城戦国合戦まつりを中心に周辺イベントでも活躍中。

DATA 土岐高山城

山城　承久《じょうきゅう》3年(1221)ごろ
高山秀頼《たかやまひでより》　平井光行《ひらいみつゆき》・頼母《たのも》

御城印
料金…300円
頒布場所…株式会社 大竹醤油醸造場
(時 9時～18時30分 休 月曜、第3火曜)

住 岐阜県土岐市土岐津町高山181-1
交 JR土岐市駅から徒歩15分
時 休 見学自由 料 無料

+α メモ　実は隠れた夜景スポットとしても人気の土岐高山城跡。高台に位置するため、土岐市の夜景を一望できます。昼間とは違うロマンチックな雰囲気をぜひ味わってみて下さい。

宮城

岩出山城

色鮮やかで〝伊達な〟御城印が話題

いわでやまじょう

伊達政宗が米沢から転封され、家臣や町人とともに移り、約10年間居城としていた城。それに先立って奥州《おうしゅう》仕置《しお》きのため奥州入りした徳川家康が当時の岩手沢城を修復し、政宗の居城としました。政宗がここに入城すると、岩出山城と改めました。政宗が慶《けい》長《ちょう》８年（１６０３）に仙台へと移ったのちは、四男を初代とする岩出山伊達家の居城となり、明治維新までこの地を治めることになります。

伊達政宗立像が立つ城山公園は、桜の名所としても知られています

岩出山城の北側に立つ、岩出山伊達家の学問所だった有備館（ゆうびかん）

伊達家伝承の陣羽織の意匠をイメージ

伊達家の陣羽織をもとにデザインされた斬新で華やかな御城印

右の字……大崎が誇る中世城郭 伊達政宗公 居城
中央の字…岩出山城
左の字……登城記念
家紋………伊達家「竹に雀」

注目したい城TOPIC

勇壮な武者行列が圧巻

毎年9月の第2土・日曜に開催される政宗公まつり。かつて3000人もの多勢を率いて上洛した政宗公と武者行列が再現されます。

DATA 岩出山城

山城　応永《おうえい》年間(1394～1428)
氏家詮継《うじいえあきつぐ》　氏家氏、伊達氏、岩出山伊達氏

御城印
料金…300円
頒布場所…シャディサラダ館大崎岩出山店
(時 10～17時 休 不定休)

住 宮城県大崎市岩出山城山42-2(城山公園)
交 JR有備館駅から徒歩10分
時 休 見学自由 料 無料

+α メモ　城山公園の北側にある有備館は史跡および名勝に指定されています。延宝5年(1677)に隠居所として建てられ、のちに学問所の一部として使われました。2011年の東日本大震災で損壊しましたが、2016年に修復されました。

愛知

黄緑色の台紙に船の印が目を引く

船形山城

●ふながたやまじょう

三河と遠江《とおとうみ》の境目にあり、今川《いまがわ》氏が西進の足掛かりにした城。今川《いまがわ》氏親《うじちか》の家臣、多米又三郎が築城し、のちに家康も遠江攻めの拠点として使った歴史があります。標高276mの船形山の上に本丸があり、その

ゆるやかな稜線が弧を描いて船底の形に見えることからその名がついたといわれます。遺構はほとんどなく、北東の隅に大きな空堀が見られます。

☝山の緑をイメージした黄緑色の台紙に、先代住職が墨書きした御城印

城と関わりの深い普門《ふもん》寺《じ》の瓦文字をデザイン

右の字……参遠の砦
中央の字……船形山城
中央の印……普門寺の屋根瓦に刻まれた「船」の文字

☞船形山城の御城印を考案した普門寺は今川家や徳川家とも関係の深い寺院 ☜豊橋のもみじ寺とよばれ、秋には紅葉に包まれる絶景の普門寺 ☝三遠の国境に築かれ、戦略上の重要拠点として存在した船形山城 ⓒ豊橋市文化財センター

DATA 船形山城

山城 明応《めいおう》元年(1492)ごろ
多米又三郎《ためまたさぶろう》 多米《ため》氏、小笠原《おがさわら》氏

御城印
料金…300円
頒布場所…普門寺
(時 9〜16時 休 無休)

住 愛知県豊橋市雲谷町ナベ山下7(普門寺)
交 JR新所原駅から車で15分
時 休 見学自由 料 無料

注目したい 城 TOPIC

普門寺でいただける切り絵の御朱印

普門寺では墨書きの御朱印3種のほか、切り絵の御朱印もいただくことができます。

☝大黒天(右)と不動明王(左)。各500円

+α メモ 普門寺の切り絵御朱印越しに空や風景、花などを透かして撮影し、SNSにアップする人続出！ いただいたら、ぜひとも写真を撮って素敵な一枚をアップしてみましょう。

群馬

銀箔押しの迫力ある特別版も発売

中山城

●なかやまじょう

後北条氏が真田攻めの拠点とするため、沼田と岩櫃《いわびつ》の間に築いた城。舌状の台地に築かれた城ですが、通常は先端に置かれる本丸が付根のほうに位置し、深く大きな堀が残るなど、激しい覇権争いの地としての歴史をうかがわせる遺構がよく残り、見ごたえがあります。要害堅固な城でしたが、秀吉の小田原征伐により、後北条氏の滅亡とともに廃城になったと伝えられています。

☞中山城本丸跡。主郭を取り囲む土塁や堀が明確に残っています ☝田畑に囲まれた国道145号沿いに立つ中山城跡の石碑と説明板

後北条家の家紋「北条鱗」とルーツである伊勢家の「対い蝶」が並ぶ

右の字……楔を打ち込む境目の城
中央の字…中山城
家紋……伊勢家「対い蝶」(上)、後北条家「北条鱗」(下)

☝☜白地の通常版と、黒地に銀箔文字の2種類の御城印。黒地版には中山城の夜景をデザイン

DATA 中山城

平山城
天正《てんしょう》10年(1582)ごろ
後北条《ごほうじょう》氏 後北条氏

御城印
料金…300円(白地)、500円(黒地)
頒布場所…道の駅 中山盆地 直売所
(時 9〜18時※11〜3月9時30分〜17時30分 休 12〜3月毎月10日※10日が土・日曜、祝日の場合は翌平日)

住 群馬県高山村中山城内
交 JR中之条駅からたかやまバスで25分、高山温泉下車、徒歩10分
時 休 見学自由 料 無料

+α メモ 御城印を頒布する道の駅 中山盆地は、雄大な三並山や田園風景を眺めたり、夜は露天風呂で満天の星を楽しめる滞在型の道の駅。敷地内には日帰り温泉施設「高山温泉ふれあいプラザ」もあり、疲れを癒やしてくれます。

3 城郭が印象的な御城印

城郭の堂々たる姿が描かれた御城印は、城好きにはたまらない一枚。思わず飾りたくなるような、とっておきの御城印をご紹介。

秋から春の早朝には朝靄に浮かび、天空の城と化す越前大野城

福井

越前大野城

城と雲を配した迫力のデザイン

えちぜんおおのじょう

続日本100名城

雲海に浮かぶ幻想的な姿から「天空の城」としても人気の城。城をじっくり味わったあとは、情緒ある城下町を歩くのもおすすめです。

織田信長の命で原《はら》政茂《まさしげ》とともに大野郡の一向一揆を収束した金森長近が、その恩賞として得た大野郡の3分の2の領地に築いた平山城。築城から明治に入って城の一部が払い下げられるまで、19人もの人物が城主を務めました。標高249mの亀山にそびえ立ち、秋から春にかけ周囲に雲海が広がることから「天空の城」としても知られています。

昭和43年(1968)に絵図や同時代の城を参考に再建された天守

築城440年記念の限定版は2021年5月まで

右の字……築城四百四拾年記念
中央の字…天空の城 越前大野城
左の字……登城記念
家紋………金森長近「亀甲裏梅鉢」
絵…………龍と越前大野城(右)
龍と雲(下)

金森長近の兜の飾りにちなんだ龍を背景に金森長近の「亀甲裏梅鉢紋」の朱印を押印。城と雲の2種を用意

ココにも注目!

櫓が前に突き出す形で立っていたことを連想させる天守台南西側の石垣

中央の字……天空の城 越前大野城
左の字………登城記念
家紋…………土井家「丸の内水車」
絵……………越前大野城(左)、雲(左下)

越前大野城と雲の2種のデザインに、土井家の「丸の内水車紋」が押印された通常版

DATA 越前大野城

- 平山城
- 天正《てんしょう》8年(1580)ごろ
- 金森長近《かなもりながちか》
- 金森氏、松平《まつだいら》氏、土井《どい》氏ほか

御城印
料金…各300円
頒布場所…越前大野城(時 休 越前大野城に準ずる)
※冬季休館中は武家屋敷旧内山家で頒布

住 福井県大野市城町3-109
交 JR越前大野駅から徒歩30分
時 9〜17時(10・11月は〜16時)
休 12〜3月 料 300円

注目したい 城 TOPIC

歴史の名所を訪ねる越前・若狭御城印巡り

越前大野城、丸岡城、一乗谷城、国吉城、金ケ崎城の5城を巡る御城印の旅。5城のうち3城の御城印を購入すると記念台紙がもらえます(なくなり次第終了)。

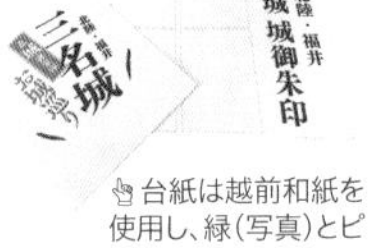

台紙は越前和紙を使用し、緑(写真)とピンクから選べます

+α メモ

明治5年(1872)に縄張内の建物の一部が入札によって商人など20人以上に払い下げられました。このとき鳩門(櫓門)は光明寺に山門として移築され、今も見ることができます。

高知

本丸の建物が完存する南海の名城

高知城

●こうじょう

日本100名城
現存12天守

徳川の命で土佐24万石を襲封した山内一豊が慶長6年（1601）に着工、10年の歳月を経て、息子の忠義《ただよし》の代で全容が整いました。現存する12天守のなかで唯一、本丸にある15棟の建造物がすべて残されている、南海の名城として知られています。また、安土桃山時代に活躍した近江の石工技術者集団・穴太衆《あのうしゅう》が築いた野面積の石垣もみどころです。

大胆な天守のシルエットが目を引く登城記念符

右の字……登城記念
中央の字…南海の名城 高知城 鷹城
家紋………山内家「丸三葉柏」
絵…………高知城

☝城のシルエットを背景に、山内家の「丸三葉柏」、別名の「鷹城」の文字をデザイン

☝本丸には天守につながる「懐徳館」（かいとくかん）とよばれる本丸御殿があります

☝山内一豊の銅像。桂浜の坂本龍馬像も手がけた本山白雲の手によるもの

DATA 高知城

平山城　慶長《けいちょう》6年（1601）
山内一豊《やまうちかずとよ》　山内氏

御城印　料金…200円　頒布場所…高知城天守窓口（時 休 高知城に準ずる）

住 高知県高知市丸ノ内1-2-1
交 JR高知駅からとさでん交通バスで10分、高知城前下車すぐ
時 9〜17時 休 無休 料 420円

オススメ 立ち寄りスポット

山内神社《やまうちじんじゃ》

歴代藩主と初代一豊夫人を祀る神社

山内一豊とその夫人をはじめ歴代藩主を祀った神社。江戸時代後期から明治にかけて流行した藩祖を祀った神社のひとつ。境内には杯を手に座る15代藩主・山内容堂の銅像もあります。

☎088-872-3333 住高知県高知市鷹匠町2-4-65 交JR高知駅からとさでん交通バスで12分、県庁前下車、徒歩5分 時休境内自由 料無料

+α メモ　追手筋に2017年に開館した高知城歴史博物館の展望ロビーは、天守と追手門を同時にアングルに収められる撮影スポットとして人気。追手門前からも天守を収められますが、こちらは城の高さも感じられるところがおすすめです。

埼玉

豊臣軍の水攻めに耐え抜いた名城

忍城

●おしじょう

続日本100名城

室町時代に関東で活躍した成田氏が築城した関東七名城のひとつです。天正18年（1590）、秀吉の小田原攻めの折に石田三《いしだみつ》成《なり》軍が水攻めを試みるも、粘り強く籠城戦を続け、ついに城は落ちませんでした。この一件で、「忍の浮き城」としてのちに有名になりました。この「忍城水攻め」が映画『のぼうの城』で描かれ、再び脚光を浴びています。

☝本丸の復興天守は、本来は三の丸に建てられていたという御三階櫓

☝「忍城水攻め」で石田三成が本陣を置いた丸墓山古墳は桜の名所

城を背景に歴代城主の家紋が並ぶ

右の字……来城記念
中央の字……忍城
家紋………（上から順に）成田家「丸に三つ引両」、大河内松平家「丸に三蝶の内十六菊葉」、阿部家「丸に違い鷹の羽」、奥平松平家「丸に三つ葉葵」
絵…………忍城御三階櫓

☝成田家、大河内松平家、阿部家、奥平松平家の家紋が並ぶ

DATA 忍城

平城
文明《ぶんめい》年間（1469〜87）ごろ
成田《なりた》氏　成田氏、松平《まつだいら》氏ほか

御城印
料金…200円
頒布場所…行田市郷土博物館受付、観光情報館ぶらっと♪ぎょうだ
（時 休 各施設に準ずる）

住 埼玉県行田市本丸17-23
交 JR行田駅から市内循環バスで23分、忍城址・郷土博物館前下車すぐ
※行田市郷土博物館は
時 9時〜16時30分
休 月曜（祝日の場合は開館）、祝日の翌日（土・日曜は開館）、第4金曜（テーマ展・企画展開催中は開館）料200円

注目したい城TOPIC

成田家の武将が活躍！忍城おもてなし甲冑隊

成田家の武将をモデルに結成された忍城おもてなし甲冑隊。忍城址でのパフォーマンスや周辺のガイドなどで活躍中です。

+α メモ　石田三成が水攻めの際に本陣を張った丸墓山古墳をはじめ、9基の古墳が点在する「さきたま古墳群」は、埼玉の県名発祥の地。古墳散策のあとには県立さきたま史跡の博物館に足を運んで、古代と戦国時代のロマンを楽しんで。

京都

田辺籠城戦の城として歴史に登場

田辺城

たなべじょう

『古今和歌集』の秘事口伝の伝承者でもある細川幽斎が築城。関ヶ原の合戦の前哨戦で東軍に属していた幽斎は、西軍に囲まれ籠城。死を覚悟した幽斎が、和歌に古今伝授の証明状を添えて皇室に送ると、後陽成天皇《ごようぜい》は幽斎を惜しみ、講和を命じて籠城戦は終結。籠城で田辺攻めの軍が関ヶ原に間に合わず、勝敗に影響を与えたといわれています。

彰古館とよばれる隅櫓は昭和17年（1942）に復元されました

1992年に再建された城門2階にある田辺城資料館

天守の存在は確認されておらず、天守台の石垣だけが残されています

牧野氏時代に造園された心種園。幽斎の古今伝授の石碑も

隅櫓のシルエットに4つの家紋

二層の隅櫓と、歴代城主と幽斎が足利将軍家から拝領した家紋を配置

右の字……御登城記念
中央の字……丹後國 田辺城
家紋……京極家「隅立四ツ目」（右上）、細川藤孝（幽斎）「五三桐」（右下）、牧野家「丸に三ツ柏」（左上）、細川忠興「九曜」（左下）
中央の絵……隅櫓「彰古館」

DATA 田辺城

平城　天正《てんしょう》10年代（1582～92）　細川藤孝《ほそかわふじたか》（幽斎《ゆうさい》）
細川氏、京極《きょうごく》氏、牧野《まきの》氏

御城印
料金…300円
頒布場所…田辺城資料館
（時 9～17時 休 月曜※祝日の場合は翌々日）

住 京都府舞鶴市南田辺地内（舞鶴公園）
交 JR西舞鶴駅から徒歩7分
時 休 見学自由
料 無料（田辺城資料館は200円）

+α メモ　田辺城の近くにある明倫小学校では、牧野氏時代に建てられた藩校「明倫館」の正門が今も使用されているほか、外堀にも当時の風情を見ることができます。

千葉

御三階櫓と桜のデザインが美しい

佐倉城

さくらじょう

日本100名城

佐倉千葉氏によって築城が開始され、江戸期に老中・土井利勝が完成させた広大な城。石垣を用いない近世城郭として知られ、干拓以前の印旛沼を外堀に利用するなど、地形を生かした築城が特徴。建物のほとんどは明治の廃城で撤去されましたが、多くの郭の形状が広大かつ良好な状態で残り、巨大な馬出空堀などがみどころです。

春が訪れると50品種、1100本の桜が咲きます

桜のアーチが続く三の門付近は散策に最適

椎木曲輪跡に立つ国立歴史民俗博物館

堀田家の家紋と再現された御三階櫓

江戸時代に城主を務めた堀田家の家紋と、シンボルである御三階櫓をデザイン

右の字……堀田家歴代の居城
中央の字……佐倉城
左の字……日本百名城 日本遺産 訪城記念
家紋……堀田家「縦木瓜」
絵……佐倉城御三階櫓

DATA 佐倉城

平山城　天文《てんぶん》年間（1532～55）
鹿島親幹《かしまちかもと》　鹿島親幹、千葉邦胤《ちばくにたね》、土井利勝《どいとしかつ》、堀田氏

御城印
料金…300円
頒布場所…京成佐倉駅前観光案内所、JR佐倉駅前観光情報センター、佐倉ふるさと広場「佐蘭花」売店、レイクピアウスイ内LIBRO
（時 休 各施設に準ずる）

住 千葉県佐倉市城内町官有無番地（佐倉城址公園）
交 京成電鉄京成佐倉駅から徒歩20分 時 休 見学自由 料 無料

オススメ 立ち寄りスポット

竹林の古径・ひよどり坂を侍気分で歩く

武家屋敷通りに隣接したサムライの古径ひよどり坂。江戸時代からほとんど変わらない美しい竹林が見られ、坂の上には武家屋敷群が現存し、3棟は一般に公開されています。

ひよどり坂《ざか》　☎043-484-6145（佐倉市産業振興課） 住 千葉県佐倉市城内町5-23 交 JR佐倉駅から徒歩15分 時 休 見学自由 料 無料

+α メモ　北西の出丸には、水堀の脇に佐倉城内にあったと伝えられている城門が見られます。唯一の現存建造物でありながら、どこの門であったのかは不明。当時を偲ぶ建物として、ぜひ見ておきたいものです。

千葉

安房《あわ》を支配した里見氏最後の居城

館山城《たてやまじょう》

戦国時代に安房に勢力を拡大し、『南総里見八犬伝《なんそうさとみはっけんでん》』のモデルとなった里見氏最後の居城。江戸初期に廃城になり、城のほとんどが破却されました。太平洋戦争時に海軍の陣地となったことから山頂部分が7mほど削られましたが、現在その山頂部分に模擬天守が再建され、八犬伝博物館となり、里見八犬伝に関する読本や絵草紙など貴重な資料を展示しています。

☞館山城跡の城山公園一帯は梅や桜、椿、ツツジの名所でもあります

里見氏170年の歴史を物語る家紋と天守

右の字……里見義頼公築城
里見氏最後の居城
中央の字…館山城
左の字……ご登城記念
家紋………里見家「二つ引両」
下の絵……模擬天守

☞里見家の家紋「二つ引両」と昭和57年（1982）に再建された模擬天守をデザイン

天文の内訌以前の里見氏の本拠を鳥瞰図で

右の字……里見義通公
義豊公居城
国史跡
里見氏城跡
中央の字…稲村城跡
左の字……訪城記念
家紋………里見家「二つ引両」
下の絵……城跡鳥瞰図

☞同じ館山市内に残る稲村城跡は、里見義通・義豊が居城とした城。こちらは城郭の鳥瞰図をシルエットにしています

ここだけの御城印帳

☞花の公園の異名をもつ館山城らしく、桜をモチーフにしたポケットタイプのオリジナル御城印帳2750円も好評。

DATA 館山城

▲平山城 ☽天正《てんしょう》15年（1587）以前
里見義頼《さとみよしより》 里見氏

御城印
料金…各300円
頒布場所…館山城・館山市立博物館
（時 休 各施設に準ずる）
（館山城・館山市立博物館共通）

住 千葉県館山市館山351-2 城山公園内
交 JR館山駅からJRバスまたは日東バスで10分、城山公園前下車、徒歩5分
時 9時～16時45分
休 月曜（祝日の場合は翌日） 料 400円
（館山城・館山市立博物館共通券。特別展会期中は500円）

+α メモ 稲村城は、15世紀後半に築城され、天文の内訌で里見義堯（よしたか）に滅ぼされるまで約80年間、里見氏の本城でした。天文の内訌で嫡流が変わり、後期里見氏が始まります。城址には戦国時代前後の貴重な遺構が残されています。

栃木

将軍家の日光社参《にっこうしゃさん》の宿城を担う

壬生城《みぶじょう》

江戸時代、徳川将軍家が日光東照宮参詣の折に宿城としていた城。文明年間に築城され、壬生氏4代の居城となりましたが、その後城主が目まぐるしく代わり、正徳《しょうとく》2年（1712）からは鳥居氏の居城となりました。

現存する遺構はほとんどなく、土塁や堀に合わせて城址公園が整備されています。

☞復元門ながら堂々としたたたずまいが魅力的な二の丸門

☞水堀や石垣が復元された公園で、往時に想いを馳せ散策してみては

☞城址公園周辺は資料館や図書館などが立ち並ぶ市民の憩いの場です

壬生城のシンボル大手門をイラストで復元

右の字……鳥居元忠公顕彰
鳥居家歴代の居城
中央の字…壬生城
左の字……ご訪城記念
家紋………鳥居家「鶴の丸」（右）・「鳥居」（中央）・「竹に雀」（左）
下の絵……大手門

☞大手門と丸馬出の情景を背景に、鳥居家の3種類の家紋で構成された御城印

DATA 壬生城

▲平城
☽文明《ぶんめい》年間（1469～86）
壬生綱重《みぶつなしげ》 壬生氏、鳥居《とりい》氏

御城印
料金…300円
頒布場所…壬生町観光協会、道の駅みぶ「みらい館」、壬生町歴史民俗資料館（時 休 各施設に準ずる）

住 栃木県壬生町本丸1-8-33
交 東武鉄道壬生駅から徒歩15分
時 休 見学自由 料 無料

オススメ 立ち寄りスポット

鳥居元忠を祀る神聖な精忠神社へ

鳥居家の先祖・元忠を祀る神社。関ヶ原の合戦に先立ち、家康の命で石田三成から伏見城を守るため討ち死にしました。境内には自刃の際に血に染まった畳が埋められたと伝わる畳塚があります。

精忠神社《せいちゅうじんじゃ》 ☎0282-82-8544（壬生町歴史民俗資料館） 住栃木県壬生町本丸1-9-13 交東武鉄道壬生駅から徒歩15分 時9～17時 休月曜、火曜の午前 料無料

+α メモ 御城印に描かれている大手門は、元禄（げんろく）7年（1694）、城主であった松平輝貞（まつだいらてるさだ）が大改修を行った際に建造。『壬生領史略』に「雪の降った朝には、朝日に輝き一入の眺め」と称される眺望と記されています。

戦国武将が描かれた御城印

城とともに動乱の時代をたくましく生きた戦国武将。強者たちの雄姿が描かれた御城印からは特別なパワーがもらえそうです。

「我に七難八苦を与えたまえ」と祈る山中鹿介

天然の地形を利用した要塞城でした

島根

急峻な月山にそびえた難攻不落の城

月山富田城《がっさんとだじょう》

日本100名城

断崖絶壁を砦とし、最強の城として恐れられていた月山富田城。城主である尼子氏に忠義を尽くした山中鹿介の逸話も有名です。

室町時代には歴代の守護の居館でしたが、のちに守護代から下克上を果たした尼子家が6代にわたりここを居城としました。現存建造物は残っていないものの、月山の東側尾根から谷筋には尼子時代の遺構が見られるほか、山中御殿跡から本丸にかけての石垣、二の丸と本丸の間の深い堀切も必見です。花の壇の曲輪には主屋と侍所《さむらいどころ》が復元されています。

月に祈る山中鹿《やまなかしかの》介《すけ》のシルエットが印象的

右の字……国指定史跡 日本百名城
中央の字……富田城
家紋……尼子氏「四ツ目結」(上)、吉川氏「丸に三つ引き両」(中央)、堀尾氏「分銅」(下)
絵……月(右上)、山中鹿介(左下)

歴代城主の家紋と、尼子氏の復興を目指して三日月に祈る山中鹿介の姿をデザイン

中腹に広がる山中御殿跡には、石垣など数多くの遺構が残ります

七曲とよばれる山中御殿と本丸をつなぐ唯一の登山道

DATA 月山富田城

山城　保元・平治《ほうげんへいじ》(1156〜59)ごろ
平《たいらの》 景清《かげきよ》(諸説あり)　尼子《あまご》氏、吉川《きっかわ》 広家《ひろいえ》、堀尾《ほりお》 吉晴《よしはる》

御城印
料金…300円
頒布場所…広瀬絣センター(時10〜17時 休 水曜)、安来市立歴史資料館(時 9時30分〜17時 休 火曜)

住 島根県安来市広瀬町富田 交 JR安来駅から車で20分
時 休 見学自由 料 無料

オススメ 立ち寄りスポット

尼子経久が眠る洞光寺

守護代の地位から戦国大名として独立を果たした尼子《あまご》経久《つねひさ》が、父・清定《きよさだ》の菩提を弔うために開いたとされる洞光寺。清定と経久の墓所のほか、尼子氏歴代の追悼碑が立てられています。

洞光寺《とうこうじ》
☎0854-32-2328 住 島根県安来市広瀬町広瀬1431
交 JR安来駅から車で20分 時休 境内自由 料 無料

+α メモ
永禄9年(1566)、月山富田城をめぐる戦いで毛利家に敗れて滅びた尼子家。太鼓壇の曲輪には、再興を図って戦った尼子十勇士の一人、山中鹿介の銅像が立っています。

岐阜

土岐一族の久々利氏が築いた山城

久々利城

●くくりじょう

応 永年間に、室町幕府の奉公衆であった土岐氏が築城。標高236mの丘陵を背に、石垣を用いず自然地形を利用して構築された、典型的な中世山城です。城跡に整備された土塁や切岸などには当時の姿が見られます。また、城主は初代康貞から百数十年もの間、「土岐《とき》三河守《みかわのかみ》」「悪五郎《あくごろう》」の名を世襲していたことでも知られています。

弓を射る悪五郎のシルエットが目を引く

右の文字……美濃 戦国山城
中央の文字…久々利城跡
家紋………土岐家「桔梗」(左上)
中央の印……久々利城跡
右下の印……久々利城主悪五郎
右上の絵……弓の名手悪五郎

桔梗の紋や、城主悪五郎の印、そして弓の名手「悪五郎」の絵が入っています

土岐家の家紋が引き立つシンプル版

右の字……美濃 戦国山城
中央の字…久々利城跡
家紋………土岐家「桔梗」
右下の印…久々利城跡

土岐家の家紋「桔梗紋」のみが大きく押印されたバージョンは通常版の予備として用意

城の登城口。ここから虎口、横矢、切岸を経て本丸へと進みます

DATA 久々利城

山城　応永《おうえい》年間(1394～1428)

土岐康貞《ときやすさだ》(土岐悪五郎康貞《ときあくごろうやすさだ》)　土岐氏、久々利《くくり》氏

御城印　料金…1枚につき300円以上の協力金で提供
頒布場所…久々利地区センター
時 8時30分～22時 休 無休

住 岐阜県可児市久々利
交 JR可児駅から車で14分 時 休 見学自由 料 無料

+α メモ　初代城主であった土岐康貞こと悪五郎は、弓の名手だったと伝わります。昔は、剛の者、強い人といった意味合いで「悪」や「鬼」の字を名前に用いることがあったといいます。

千葉

千葉宗家の本拠地と伝えられる

猪鼻城

●いのはなじょう

源 頼朝の挙兵に参陣し、鎌倉幕府の樹立に貢献した千葉《ちば》常胤《つねたね》の父・常重が大治《だいじ》元年(1126)にこの地に本拠を構えたと伝えられています。現在残されている遺構は戦国時代のもので、土塁や堀切など郭の一部が残り、城跡北側台地下には千葉常胤ゆかりとも伝えられる井戸跡などがあります。城址に立つ城郭風建物は千葉市立郷土博物館です。

千葉常胤公の勇壮な姿が迫力あり

右の字……登城記念
中央の字…猪鼻城址
家紋………千葉家「九曜」(右)・「月星」(左)
中央の絵…千葉常胤

千葉宗家の九曜紋と月星紋、千葉常胤像をモチーフにデザイン

千葉城の別名で親しまれている天守は千葉市立郷土博物館

千葉常胤が源頼朝に献じた「お茶の水」と伝わる井戸跡

DATA 猪鼻城

平山城　不明

不明　千葉一族

御城印　料金…300円
頒布場所…いのはな亭

住 千葉県千葉市中央区亥鼻
交 千葉都市モノレール県庁前駅から徒歩7分／JR本千葉駅から徒歩15分
※千葉市立郷土博物館は 時 9～17時
休 月曜(祝日の場合は翌日) 料 無料

オススメ 立ち寄りスポット

いのはな亭《てい》

城跡を望みながら休める風雅な茶店・いのはな亭

亥鼻公園内にある和風の甘味処。庭園にあずま屋もあり、模擬天守を眺めながら味わうヨモギとみたらしの団子セット「いのはな団子」がおすすめ。御城印の購入もここでできます。

☎043-224-7428 住 千葉県千葉市中央区亥鼻1-6 交 千葉都市モノレール県庁前駅から徒歩7分／JR本千葉駅から徒歩15分 時 10時～16時30分 休 無休

+α メモ　千葉市立郷土博物館では千葉市の歴史や千葉氏に関する常設展示のほか、さまざまなイベントを開催しています。千葉市街地や千葉港が一望できる展望室もおすすめです。

5 モチーフがユニークな御城印

城にまつわるモチーフをしたためたユニークな御城印。なじみのある城の新たな一面に出合えるのも、御城印めぐりの醍醐味です。

日本一短い手紙をモチーフにした御城印

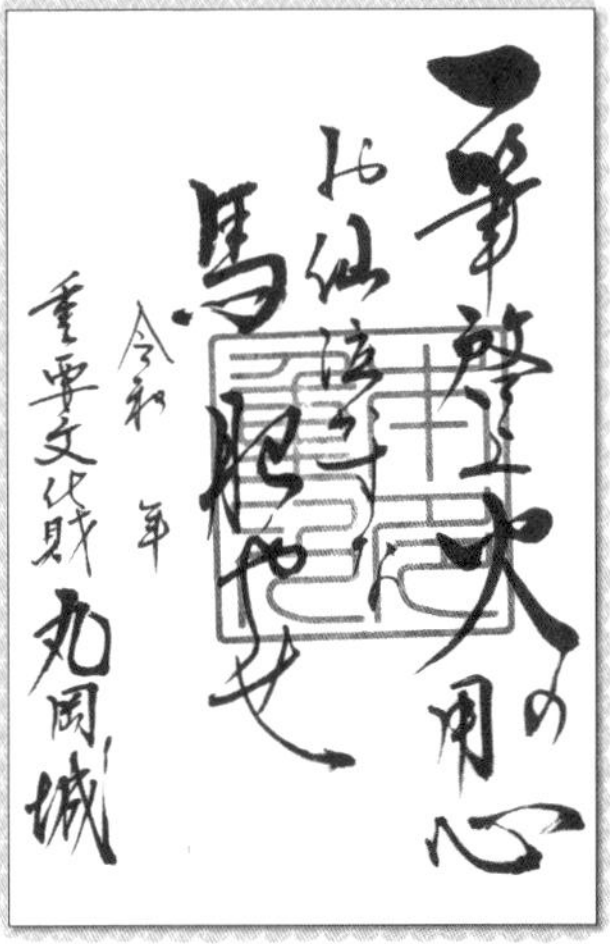

中央の字…一筆啓上 火の用心 お仙泣かすな 馬肥やせ
左の字……重要文化財 丸岡城
中央の印…本多重次
絵…………霞(別名霞ケ城にちなんだもの)

☝日本一短い手紙の文面と、「霞ケ城」の霞がモチーフ

ココにも注目！

☝のちに城主となる本多成重(なりしげ)の父・重次が妻に宛てた手紙の碑

城を囲む五角形の内堀をかたどった印がユニーク

右の字……国重要文化財
中央の字…丸岡城
家紋………柴田家「丸に二つ雁金」(右上)、有馬家「有馬瓜」(中央下)、本多家「本多立葵」(左上)
印…………丸岡城を囲む五角形の内堀、桜

☝かつて丸岡城を囲んでいた五角形の内堀をデザイン

福井

日本一短い手紙で有名
丸岡城

まるおかじょう

日本100名城　現存12天守

春には満開の桜に囲まれ、幻想的な姿を現す別名「霞ケ城」。本多《ほんだ》重次《しげつぐ》が妻に宛てたという手紙にも心が揺さぶられます。

北陸方面の一向一揆に対抗するため天正4年(1576)に、織田信長からこの地に封じられた柴田勝《しばたかつ》家《いえ》の甥・勝豊が築城。長年、現存天守では最古の建築と思われてきましたが、学術調査の結果、江戸時代初期の建造であることがわかりました。北陸唯一の現存天守や、「一筆啓上」で始まる日本一短い手紙の碑など、みどころ豊富です。

☝往時は五角形の内堀や城下町が広がっていました

☞希少な石瓦葺きの天守と、野面積の石垣

オススメ
立ち寄りスポット

心温まる手紙が見られる一筆啓上日本一短い手紙の館

毎年開催される「日本一短い手紙 一筆啓上賞」に寄せられる多様な作品をはじめ、企画展なども開いています。3階の展望楼からは季節ごとに姿を変える美しい丸岡城の眺めも楽しめます。

一筆《いっぴつ》啓上《けいじょう》 日本《にほん》一《いち》短《みじか》い手紙《てがみ》の館《やかた》

☎0776-67-5100 住福井県坂井市丸岡町霞町3-10-1
交JR丸岡駅から車で15分 時9～17時 休無休 料200円

DATA 丸岡城

平山城　天正《てんしょう》4年(1576)
柴田勝豊《しばたかつとよ》　柴田氏、青山《あおやま》氏、本多《ほんだ》氏、有馬《ありま》氏

御城印 料金…各300円　頒布場所…丸岡城券売所窓口
(時8時30分～16時30分 休 丸岡城に準ずる)

住 福井県坂井市丸岡町霞町1-59 交 JR福井駅から京福バス丸岡線ほかで50分、丸岡城下車すぐ 時 8時30分～17時
休 無休 料 450円

+α メモ

丸岡城には「霞ケ城」という別名があります。合戦の時に城内にある井戸から大蛇が現れ、霞を吐いて城を覆い隠したという伝説から、いつしかこうよばれるようになったそうです。

愛媛

家紋を大胆に用いた御城印

湯築城《ゆづきじょう》

日本100名城

伊予国を支配していた河野氏が14世紀前半に築いた城。現在も残る城郭が築かれたのは、築城からおよそ200年後の天文《てんぶん》4年（1535）のこと。しかし、天正《てんしょう》13年（1585）に秀吉の四国征伐で敗れ、河野氏の約400年にわたる伊予支配は終わりを迎えました。城の縄張がほぼ完全に残り、復元された居住区や土塁も必見です。

☞庭付きの屋敷や排水溝なども復元されています

☞御城印に用いられている猫の足跡付きの皿も公開

家紋の横に猫の足跡がついた土器を印刷

右の字……登城記念
中央の字……湯築城跡
左の字……国史跡 日本百名城八十番
家紋……河野氏「折敷に三文字」
右下の写真…湯築城出土のかわらけ（猫の足跡付き）

☞大胆に配した河野氏の家紋と、発掘調査で出土した「猫の足跡」付きの土器がポイント

DATA 湯築城

平山城　不明（14世紀）
河野氏《こうの》　河野氏

御城印
料金…300円
頒布場所…湯築城資料館
（時 9〜17時 休 月曜※祝日の場合は翌平日）

住 愛媛県松山市道後公園　交 JR松山駅前から伊予鉄道市内電車道後温泉行きで23分、道後公園駅下車すぐ
時 休 見学自由 料 無料

オススメ 立ち寄りスポット

道後温泉《どうごおんせん》

松山藩主が整備した歴史ある道後温泉へ

湯築城から徒歩5分のところにある、日本三古湯のひとつ、道後温泉。街のシンボルでもある明治27年（1894）建造の道後温泉本館の堂々とした風格漂う3層楼は圧巻です。

☎089-921-5141 住愛媛県松山市道後湯之町5-6 交JR松山駅前から伊予鉄道市内電車道後温泉行きで25分、道後温泉駅下車すぐ 時休料HPを確認

+α メモ　湯築城を築いた河野氏は、平安時代の源平合戦で武名を轟かせた河野水軍の一族。源氏に味方したことから鎌倉幕府の御家人となり、西国武士ながら力をつけ、伊予を支配します。瀬戸内最大規模の水軍となった時期もありました。

滋賀

徳川家光の宿館として築かれた城

水口城《みなくちじょう》

江戸時代、3代将軍家光が上洛時に使う宿館として築きました。本丸には京都の二条城を模した豪華な御殿がありましたが、実際に使われたのは一度きり。天和《てんな》2年（1682）に加藤明友《かとうあきとも》が2万石で入城し、水口藩が成立したのちは、加藤氏の居城となりました。現存する堀や石垣の一部と、再現された二層櫓周辺がみどころです。

十字形洋剣のシルエットが珍しい

中央の字…水口城
家紋………徳川家「徳川葵」（上）、加藤家「下り藤」（下）
左下の印…巖谷一六（巖谷修）の落款
絵…………十字形洋剣「レイピア」（右）、水口城（左下）

☞徳川家と加藤家の家紋の横には、加藤家に伝わった十字形洋剣をデザイン

☞二層櫓と御成門に往時の美観が蘇ります

甲賀市教育委員会提供

DATA 水口城

平城　寛永《かんえい》11年（1634）
徳川家光《とくがわいえみつ》　加藤氏

御城印
料金…300円
頒布場所…水口城資料館、甲賀市ひと・まち街道交流館
（時 休 各施設に準ずる）

住 滋賀県甲賀市水口町本丸
交 近江鉄道水口城南駅から徒歩5分
※水口城資料館は 時10〜17時
休 木・金曜 料 100円

オススメ 立ち寄りスポット

水口歴史民俗資料館《みなくちれきしみんぞくしりょうかん》

所蔵先：藤栄神社、甲賀市水口歴史民俗資料館提供

400年前に作られた貴重なレイピア

水口曳山祭の曳山をはじめ、水口の歴史や民俗資料を展示している資料館。およそ400年前に国内で制作されたとされる十字形洋剣「水口レイピア」を保管しています。

☎0748-62-7141 住滋賀県甲賀市水口町水口5638 交近江鉄道水口城南駅から徒歩2分 時10〜17時 休木・金曜　料150円

+α メモ　水口城の本丸は将軍専用に建てられた御殿であったため、のちに入城した加藤明友は二の丸に別の御殿を建ててそこを居城としました。将軍の御殿は、正徳3年（1713）には取り壊されてしまったそうです。

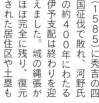

大阪

伝説にちなんだタコの絵柄の御城印
岸和田城
きしわだじょう

続日本100名城

現在の城より東の野田町に建武《けんむ》元年（1334）、和田高《わだたか》家《いえ》が築城したという伝承があります。また、当時この一帯が「岸」とよばれており「岸の和田氏」から岸和田となったという説もあります。江戸時代には五層の天守がありましたが文政《ぶんせい》10年（1827）に落雷で焼失。遺構は堀と石垣のみで、天守は昭和29年（1954）に再建されました。

城を守った蛸地蔵をモチーフに

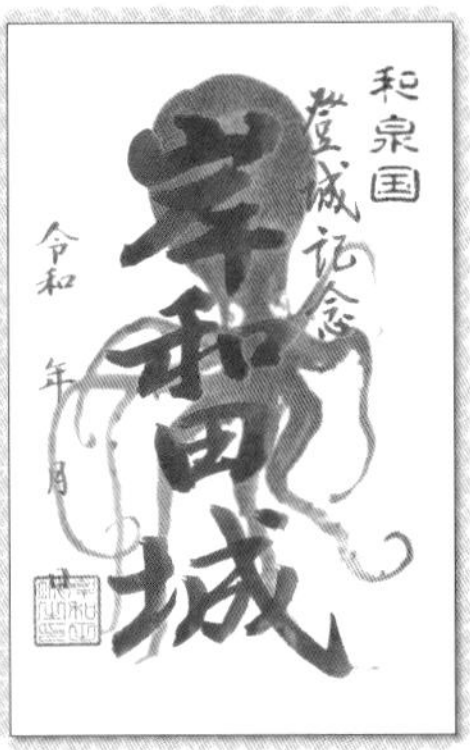

右の字……和泉国　登城記念
中央の字……岸和田城
左下の印……岸和田城之印
絵……タコ（蛸地蔵伝説や名物の泉タコにちなんだもの）

☞岸和田城の内部では城の歴史資料を展示。望楼からの眺望も抜群です

☞「オクトパス＝置くとパス」の幸せをもたらす御城印

☞作庭家の重森三玲（しげもりみれい）の手による岸和田城庭園（八陣の庭）は国指定名勝になっています

DATA 岸和田城

平城　不明
信濃《しなの》泰義《やすよし》（諸説あり）
小出《こいで》氏、岡部《おかべ》氏

御城印
料金…300円
頒布場所…天守閣受付
（時 休 岸和田城に準ずる）

住 大阪府岸和田市岸城町9-1
交 南海電鉄蛸地蔵駅から徒歩10分
時 10〜17時
休 月曜（祝日およびお城まつり期間中は開場） 料 300円

オススメ立ち寄りスポット

岸和田《きしわだ》だんじり会館《かいかん》

迫力のだんじり祭を体感

有名な「岸和田だんじり祭」をテーマに幅広く紹介する施設。古い岸和田の街並みが再現された館内に最古のだんじりから近代のものまでを展示。登城の際にはぜひ足をのばしてみては。

☎072-436-0914 住 大阪府岸和田市本町11-23 交 南海電鉄岸和田駅から徒歩13分 時 10〜17時 休 月曜（祝日の場合は開館） 料 600円

+α メモ
紀州根来の連合軍が岸和田城に攻め込んだ際に、タコに乗った法師（地蔵菩薩）が現れ追い払ったという蛸地蔵伝説。それ以前の津波の際にも、蛸地蔵が人びとを救ったといわれています。蛸地蔵は今も天性寺に祀られ親しまれています。

滋賀

甲賀《こうか》五十三家《ごじゅうさんけ》・三雲《みくも》氏が築いた城
三雲城
みくもじょう

八丈岩とよばれる巨岩の背後にそびえる標高334mの山頂にある城。観音《かんのん》寺城《じじょう》の六角《ろっかく》氏の重臣で、甲賀五十三家に数えられる三雲氏の居城でした。観音寺城の奥《おく》城《じょう》ともいわれ、永禄《えいろく》11年（1568）に織田信長に攻められた際に六角承禎《じょうてい》・義弼《よしすけ》の亡命拠点に用いられた逸話は有名。石垣造りの枡《ます》形《がた》虎口《こぐち》など大規模な縄張が見られます。

受験生の合格祈願に人気の八丈岩《はちじょういわ》版

右の文字……三雲城合格祈願石
中央の文字……八丈岩
家紋……佐々木六角氏「隅立て四つ目」（左上）、三雲家「軍配団扇に一文字」（右下）
左下の絵……八丈岩

☞「落ちそうで落ちない岩」の八丈岩を金色でデザインした御城印

猿飛佐助《さるとびさすけ》のシルエットが入る御城印

右の文字……登城記念
中央の文字……三雲城址
家紋……佐々木六角氏「隅立て四つ目」（左上）、三雲家「軍配団扇に一文字」（右下）
左下の絵……猿飛佐助のシルエット

☞八丈岩は猿飛佐助の修行の場だったという説もあり、佐助バージョンも販売

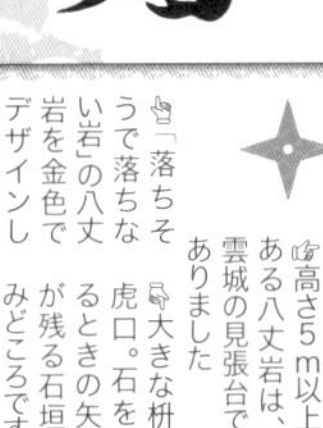

☞大きな枡形虎口。石を割るときの矢穴が残る石垣がみどころです

☞高さ5m以上もある八丈岩は、三雲城の見張台でもありました

DATA 三雲城

山城　長享《ちょうきょう》元年（1487）
三雲《みくも》典膳《てんぜん》（諸説あり）　三雲氏

御城印
料金…各300円　頒布場所…長谷商店（時 9〜18時 休 無休）、旧青少年自然道場（三雲城址展示会場）（時 10〜16時 休 平日）

住 滋賀県湖南市吉永城山251
交 JR三雲駅から車で15分
時 休 見学自由 料 無料

注目したい城TOPIC

忍者・猿飛佐助の故郷としても話題に

猿飛佐助の出身地プロジェクトでは、キャラクター制作やコミック出版も推進中です。スタンプラリーなどのイベントも開催予定です。

+α メモ
猿飛佐助の実在は証明されていないものの、司馬遼太郎の小説『風神の門』に登場したことで一躍有名になりました。三雲城にある八丈岩は佐助が修行していたと伝わる岩。ロマンに想いを馳せてみるのも楽しそうです。

栃木

飛山城《とびやまじょう》

土塁や空堀が美しい城跡

鬼

怒川左岸の台地先端部に築かれた平山城。平安時代末期から宇都宮《うつのみや》氏の郎党として従った芳賀氏が鎌倉時代に築城し、300年にわたって拠点としました。城は北から西へと鬼怒川が流れる地形を利用して築かれ、南北朝時代以降拡大を繰り返し、戦国期に現在の規模になりました。城跡にみられる直線に延びた大きな空堀や土塁が豪快で、見ごたえがあります。

手作りの紙に出土品の獅子の印

右の字……国指定史跡
中央の字……飛山城跡
家紋……芳賀氏「左三つ巴」
中央の印……出土した水瓶の蓋つまみ・獅子鈕
左下の印……芳賀高名の花押

発掘された水瓶のつまみにあしらわれていた「獅子」の御城印

城の歴史紹介などをする、とびやま歴史体験館

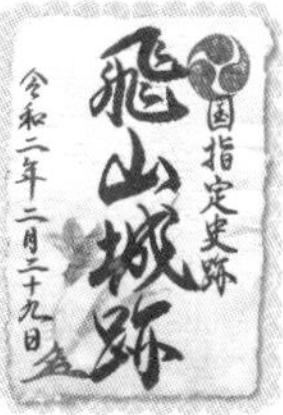

右の字……国指定史跡
中央の字……飛山城跡
家紋……芳賀氏「左三つ巴」
左下の印……芳賀高名の花押
左下の花……季節の押し花

土塁がきれいに残る城跡には将兵の詰め所も復元されています

牛乳パックを再利用して漉いた手作りの紙に、季節の押し花が付きます

DATA 飛山城

▲平山城 🌙永仁《えいにん》元～6年(1293～98)
芳賀高俊《はがたかとし》 芳賀氏

御城印 料金…300円(通常版)、400円(カラー版)、500円(押し花版) 頒布場所…とびやま歴史体験館(時 9～17時 休 月曜※祝日の場合は翌日、祝日の翌日※土・日曜の場合は開館)

住 栃木県宇都宮市竹下町380-1(飛山城史跡公園)
交 JR宇都宮駅からJRバス道場宿経由茂木行きで22分、JA清原支所前下車、徒歩8分
時 9～17時(11～3月は～16時30分)
休 とびやま歴史体験館に準ずる 料 無料

+α メモ とびやま歴史体験館では、戦国時代の衣装でお館様や奥方様、お姫様の扮装を楽しめたり、古代の土器や埴輪、勾玉作りから火おこしまで、大人も子どもも楽しめる歴史体験が満載です。

福井

金ヶ崎城《かねがさきじょう》

敦賀湾を望む歴史的合戦の大舞台

平

安末期の源平合戦の折、敦賀湾の金ヶ崎に平通盛が砦を築いたのが始まり。南北朝時代には新田軍と足利軍の激戦が行われ、戦国時代には朝倉氏との戦いで織田信長が窮地を脱した「金ヶ崎の退き口」の地として知られます。新田軍と足利軍の戦いで自害した尊良《たかよし》親王を祀った金崎宮や、敦賀湾を一望できる本丸跡の月見御殿などがみどころ。

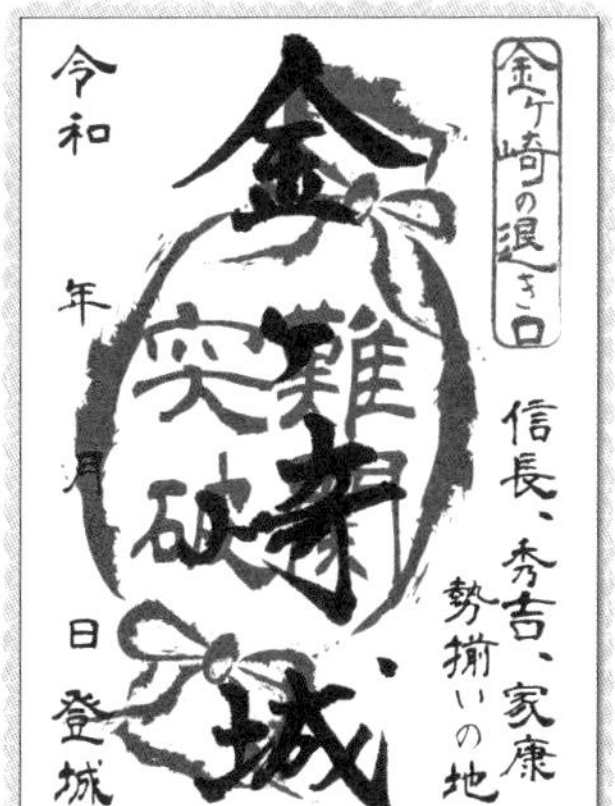

お守り代わりの難関突破にちなむ御城印

右の字……金ヶ崎の退き口 信長、秀吉、家康勢揃いの地
中央の字……金ヶ崎城
中央の印……「難関突破」と書かれた「小豆袋」

金ヶ崎の戦いで危険を教えた小豆袋と、「難関突破」の文字が入る

尊良親王を祀る金崎宮。妻との恋物語から「恋の宮」の別名も

金ヶ崎城の石碑から海道沿いに約200mの花換の小道が続く

DATA 金ヶ崎城

▲山城 🌙不明
平 通盛《たいらのみちもり》 気比《けひ》氏、甲斐《かい》氏、朝倉《あさくら》氏

御城印 料金…300円
頒布場所…金崎宮授与所(時 9～17時 休 無休)

住 福井県敦賀市金ヶ崎町
交 JR敦賀駅からぐるっと敦賀周遊バスで8分、金崎宮下車、徒歩5分
時 休 見学自由 料 無料

注目したい城TOPIC

縁結び祈願で訪れる人も多い

金ヶ崎の戦いでの難関突破の逸話が残り、「恋の宮」の花換祭が行われる金崎宮は、強力な縁結びのパワースポットとしても人気があります。

桜が描かれたえん結び守500円

+α メモ 金崎宮で桜の季節に行われる「花換祭」。明治のころには神社で受け取った桜の小枝を手に「花換えましょう」と声をかけ男女が想いを告白しました。花換えをしたカップルは将来幸せに恵まれるといわれたのです。

かわいいキャラクターがポイント

重厚なデザインの多い御城印ですが、なかにはかわいいキャラクターを配したポップなものも。ゆるキャラたちの表情に心が和みます。

愛知

丹《に》羽《わ》氏《うじ》次《つぐ》の生誕記念版を頒布

岩崎城

いわさきじょう

激動の時代を生きた丹羽氏の歴史を物語る城。徳川軍と羽柴(のちの豊臣)軍が戦いを繰り広げた「岩崎城の戦い」の舞台としても有名です。

織田信長の父・信秀が、尾張の国境守備のために築いたとされる支城です。天《てん》文《ぶん》年間(1532～55)からはこの地方の土豪であった丹《に》羽《わ》氏《うじ》清《きよ》が移り、4代の居城となりました。小牧・長久手の戦いでは岩崎城も戦場となり、一族を犠牲にしながらも戦った歴史があります。中世城郭の土塁や空堀が良い状態で残り、模擬天守も建造されています。

☞日進市や岩崎城の歴史、出土品などを紹介する歴史記念館

ココにも注目!

☞かつての馬出と思われる場所に造られた苔の美しい二の丸庭園

☞昭和62年(1987)に住民の寄付により建設された展望塔・岩崎城

岩崎城のマスコットキャラが人気の御城印

☞マスコットキャラの「にわさきくん」の名前は、城主の丹羽氏の「にわ」と、岩崎城の「さき」をとって命名されました。登城記念証として販売されています

右の字……登城記念
中央の字……岩崎城
家紋……丹羽家「丹羽扇」
右下の印……にわさきくん
左下の印……岩崎城歴史記念館印

丹羽氏次生誕470年記念版 武将印を限定頒布

☞丹羽氏次のイラストと花押。2020年12月27日まで頒布

右の文字……岩崎城主
中央の文字…丹羽氏次
左の文字……生誕四七〇年記念
右下の印……丹羽氏次の花押
家紋……丹羽家「丹羽扇」
左下の絵……丹羽氏次のイラスト

DATA 岩崎城

平山城
室《むろ》町《まち》時代後期
織《お》田《だ》信《のぶ》秀《ひで》か
丹羽氏

御城印
料金…各200円(通常版・武将印)
頒布場所…岩崎城歴史記念館受付
(時 休 岩崎城に準ずる)

住 愛知県日進市岩崎町市場67
交 地下鉄星ヶ丘駅から名鉄バストヨタ博物館前または五色園行きで20分、岩崎おんたけ口下車、徒歩5分
時 9～17時 休 月曜(祝日の場合は開館) 料 無料

+α メモ 丹羽氏といえば織田信長の宿老・丹羽長秀(ながひで)が有名ですが、丹羽氏次は小牧・長久手の戦いや関ヶ原の戦いで活躍し、1万石の大名となった武将。丹羽長秀は良岑丹羽氏、丹羽氏次は一色丹羽氏で互いに血縁はないようです。

愛知

信長の弟・有楽斎が築いた幻の城 大草城

●おおくさじょう

織田信長の弟・長益（有楽斎）が築城しようとして、途中で断念した「幻の城」。堀や土塁、石垣まで築いたところで信長が本能寺で討たれ、のちに長益も摂津に転封されたために、天守や櫓の建立には至りませんでした。本丸・二の丸とその周囲の土塁や堀などの大部分が、ほぼ完全な状態で残されています。

☞大草公園の本丸跡には天守を模した展望台が築かれています

武将と茶人の2つの顔をもつ有楽斎の御城印

右の文字……尾張國知多郡
中央の文字…大草城
左の文字……大草城主 有楽斎
家紋…………織田家「織田木瓜」
左上の印……天下布武
絵……………織田有楽斎のキャラクター（右上・左下）

☞戦国時代を生き抜き茶人としても大成した有楽斎をかわいくデザイン。イラストなしのものもあります

DATA 大草城

平城

ー

織田《おだ》長益《ながます》（有楽斎《うらくさい》）

織田氏、山澄《やまずみ》氏

御城印
料金…300円
頒布場所…慈光寺（時 8～17時 休 無休）、地蔵寺（時 7～17時 休 無休）、知多市観光協会（時 9～17時 休 月曜※祝日の場合は翌日）、縄文堂商会（時 10～18時 休 土・日曜、祝日）

住 愛知県知多市大草東屋敷110-1
交 名古屋鉄道大野町駅から徒歩10分
時 休 見学自由 料 無料

買って帰りたい 城みやげ

※いずれも、縄文堂商会で販売

有楽斎ふんどし １６５０円

☞知多木綿を使用した粋なふんどし

大草城御城印ステッカー 各３００円

☞御城印と同じデザインのステッカーも販売

+αメモ 織田長益はのちに「有楽斎」と名乗り、茶人・千利休に茶湯を学んで「利休七哲」の一人となりました。「有楽流茶道」の創始者であり、国宝茶室「如庵」を建てるなど、晩年は茶人として過ごしました。

岩手

仙台藩との藩境に築かれた山城 鍋倉城

●なべくらじょう

阿曽沼氏が天正年間（１５７３～９２）に築城。豊臣秀吉の奥州仕置によって４００年にわたる阿曽沼氏の支配から南部氏へと代わり、寛永《かんえい》４年（１６２７）より遠野南部氏の居城となりました。本丸のほか家臣団の住居があった二ノ丸、三ノ丸の曲輪が残っており、本丸周辺には土塁、本丸と二の丸では礎石を見ることができます。

2つの家紋と清心尼公のキャラクター

右の文字……遠野南部
中央の文字…鍋倉城
家紋…………遠野南部家「向鶴」（上）・「九曜」（下）
左下の印……女殿様遠野南部氏21代 清心尼公

☞根城（遠野）南部21代当主であった南部氏唯一の女殿様のかわいらしいスタンプが人気

©遠野市立博物館

☞天守風のなべくら展望台から望む遠野市街の景色も必見

☞城跡からは離れていますが、市内には清心尼公の碑も建てられています

DATA 鍋倉城

山城

天正《てんしょう》年間（1573～92）

阿曽沼広郷《あそぬまひろさと》

遠野南部《とおのなんぶ》氏

御城印
料金…300円
頒布場所…遠野市立博物館（時 休 遠野市立博物館に準ずる）

住 岩手県遠野市遠野町
交 JR遠野駅から徒歩15分
時 展望台8時～18時30分（9～12月は8時30分～17時30分）
休 展望台1～3月 料 無料

オススメ 立ち寄りスポット

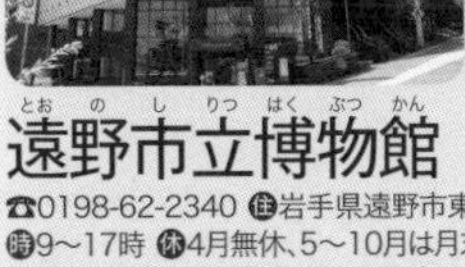

遠野《とおの》市《し》立《りつ》博《はく》物《ぶつ》館《かん》

『遠野物語』の世界が広がる

日本で最初の民俗専門博物館・遠野市立博物館に立ち寄って、作家・柳田國男の『遠野物語』の世界を体験してみましょう。

☎0198-62-2340 住 岩手県遠野市東舘町3-9 交 JR遠野駅から徒歩9分 時 9～17時 休 4月無休、5～10月は月末日、11～3月は月末日・月曜（月曜が祝日および月末日が日曜・祝日の場合は開館） 料 310円

+αメモ 公園として整備されている城跡には、麓から頂上までおよそ1000本もの桜が植えられ、遠野一の桜の名所としても知られています。桜祭りが開催される春にぜひ訪れたいものです。

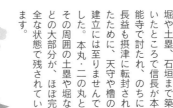

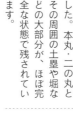

⑦ 筆さばきが美しい御城印

城に個性があるように、揮毫にもそれぞれ異なる趣があります。歴史上の人物や地元の書家による、美しい書に注目しましょう。

天守の上にある鯱鉾の高さは2・08mもあり、現存する木造のものでは最大です

島根 国宝 町並みを一望する絶景天守 松江城《まつえじょう》

日本100名城 現存12天守

現存12天守のひとつに数えられ、国宝5城でもある松江城。実戦に強い質実剛健な、戦国時代の城の様相を今に伝えています。

本丸にある四重五階地下一階造の天守は、全国に現存する12天守のひとつです。桃山時代の様式を継承し、華やかさを排した実戦本位の唯一の正統天守といわれています。天守内では特徴的な構造が見学でき、籠城を想定した設備や工夫もみどころです。最上階は360度展望のきく望楼式で、松江市街や宍道湖を一望できます。

ソメイヨシノやヤエザクラなど約200本の桜が咲き誇ります

ココにも注目！

神在月の10月にはライトアップが行われ、松江水燈路が開催されます

歴代城主の家紋がデザインされた通常版

右の字……登閣記念
中央の字…国宝天守 松江城
家紋………松平家「三つ葉葵」(上)、堀尾家「分銅」(中央)、京極家「四ツ目結」(下)

揮毫は堀尾但馬(ほりおたじま)の直筆を『堀尾古記』より引用しています

世界にひとつだけのオリジナル御城印

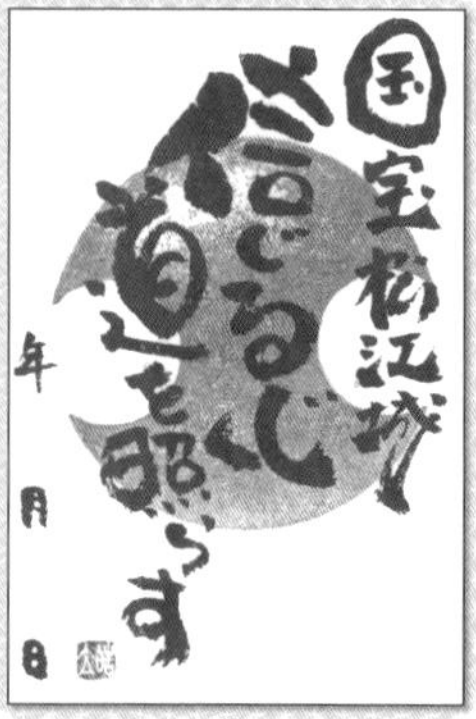

右の字……国宝松江城
中央の字…信じる心 道を照らす
家紋………堀尾家「分銅」／左下の印……皓太

揮毫は路上詩人こーた氏によるもの。一枚一枚が手書きのため、文字の風合いやメッセージも異なります。地元の出雲和紙を使用しています

DATA 松江城

平山城　慶長《けいちょう》12年(1607)
堀尾吉晴《ほりおよしはる》　堀尾《ほりお》氏、京極《きょうごく》氏、松平《まつだいら》氏

御城印
料金…350円(松江城版)、500円(路上詩人こーた版)
頒布場所…松江城天守内受付(松江城版のみ)、ぶらっと松江観光案内所(時 8時30分〜17時 休 無休)

住 島根県松江市殿町1-5
交 JR松江駅からぐるっと松江レイクラインバスで10分、国宝松江城大手前下車すぐ
時 8時30分〜18時30分(10〜3月は〜17時)
休 無休 料 680円

オススメ 立ち寄りスポット

江戸時代の雰囲気が残る塩見縄手の街並み

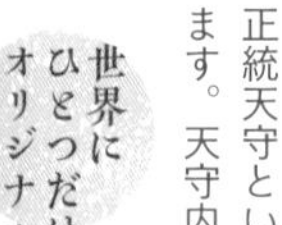

松江城の北側の塩見縄手地区は、今でも江戸時代の城下町の街並みが残り、「日本の道100選」にも選ばれています。周辺には武家屋敷や小泉八雲旧居など、歴史を感じる観光施設が軒を連ねます。

塩見縄手《しおみなわて》 ☎0852-55-5214(松江市観光文化課) 住 島根県松江市北堀町 交 JR松江駅からぐるっと松江レイクラインバスで15分、塩見縄手または小泉八雲記念館前下車すぐ 時休 見学自由 料 無料(周辺観光施設は有料)

+α メモ　松江城山公園は日本の「さくら名所100選」に選ばれており、毎年開花に合わせて「お城まつり」が開催され、露店のほか武者行列など各種イベントが行われます。

京都

細川ガラシャが過ごした城

勝龍寺城《しょうりゅうじじょう》

細川忠興《ただおき》とガラシャ夫人が新婚時代を過ごし、山崎の戦いでは明智光秀が本陣を構えた城として有名です。瓦や石垣には当時の最新技術が使われ、二重の堀をめぐらせた城は京都の西側の重要な防衛拠点でした。現在は都市公園として整備され、「日本の歴史公園100選」にも選定。園内の展示室では光秀やガラシャの資料も見られます。

☞本丸内にある忠興とガラシャ夫人の銅像

☞勝竜寺城公園の堀沿いに咲くキリシマツツジ

勝龍寺住職の揮毫を使用した通常版

右の文字…細川ガラシャゆかりの城／中央の文字…勝龍寺城／家紋…細川家「九曜」／左下の印……勝龍寺城御登城記念之印

☞細川忠興に明智光秀の娘・玉(細川ガラシャ)が嫁いだ時の城であったため、ガラシャゆかりの城として知られています

城主・細川藤孝の文字が書かれた書状版

右の字…登城記念／中央の字…勝龍寺城／左下の字…細川藤孝の花押／家紋…細川家「九曜」

☞朱印は細川家の家紋「九曜紋」。揮毫は細川藤孝の書状の文字を写したものです

注目したい城TOPIC

「長岡京ガラシャ祭」では光秀の娘・玉の輿入れを再現

毎年11月第2日曜に「長岡京ガラシャ祭」を開催。玉(のちのガラシャ)の輿入れを再現した行列も行われます。(2020年は中止)

DATA 勝龍寺城

平城　暦応《りゃくおう》2年(1339)

細川頼春《ほそかわよりはる》(諸説あり)　細川《ほそかわ》氏、永井《ながい》氏

御城印　料金…各300円　頒布場所…長岡京市観光案内所(バンビオ1番館2階、阪急長岡天神駅西口、阪急西山天王山駅東口。時 9〜17時 休 水曜 ※4〜6・11月は無休)

住 京都府長岡京市勝龍寺13-1

交 JR長岡京駅から徒歩10分

時 9〜18時(11〜3月は〜17時)

休 無休 料 無料

青森

300年間続いた中世の城館

根城《ねじょう》

日本100名城

南部師行が建武元年(1334)に築城し、約300年間八戸地方の中心として栄えました。昭和53年(1978)から始まった発掘調査ののち、史跡根城の広場として整備されました。主殿や工房、板蔵など安土桃山時代の建物を再現し、内部では正月の儀式の様子や、当時の道具類などが展示されています。無料のガイドも常駐しています。

☞1994年、本丸跡に中世の主殿や工房などが復元されました

☞八戸市博物館の前にある、馬にまたがった南部師行の銅像

画像提供:八戸市博物館

南部家の家紋「向鶴紋」が印象的な御城印

右上の字…来城記念 南部八戸／右下の字…国指定史跡 日本百名城／中央の字…根城／家紋…南部家「向鶴」

☞南部家第36代当主南部日實の揮毫による、史跡根城跡石碑の文字を使用しています

DATA 根城

平山城

建武《けんむ》元年(1334)

南部師行《なんぶもろゆき》

根城南部《ねじょうなんぶ》氏

御城印　料金…300円
頒布場所…史跡 根城の広場 本丸、八戸市博物館
受付時間…9〜17時

住 青森県八戸市根城47

交 JR八戸駅から市営・南部バス田面木方面行きなどで12分、根城(博物館前)下車すぐ

時 9〜17時

休 月曜(第1月曜、祝日の場合は開館)、祝日の翌日

料 250円

オススメ立ち寄りスポット

八戸市博物館の展示で根城南部氏の活躍を知ろう

史跡根城の広場に隣接した博物館。館内は、考古・民俗・歴史・無形資料の4つの展示室から構成され、八戸の郷土の歴史と文化をわかりやすく紹介しています。

八戸市博物館《はちのへしはくぶつかん》

☎0178-44-8111 住青森県八戸市東構35-1 交JR八戸駅から市営・南部バス田面木方面行きなどで12分、根城(博物館前)下車、徒歩1分 時9〜17時 休月曜(第1月曜、祝日の場合は開館)、祝日の翌日(土・日曜の場合は開館) 料250円(史跡 根城の広場との共通券400円)

+αメモ　体験工房では、八戸地方の暮らしから生まれた郷土玩具である八幡馬の絵付けやえんぶりミニミニ烏帽子作りなどの体験が気軽にできます。毎年10月には、史跡根城まつりが開かれ、郷土芸能や中世の歴史にふれることができます。

愛知　国宝

現存最古の様式の天守が残る 犬山城《いぬやまじょう》

日本100名城　現存12天守

木曽川のほとりに立つ犬山城は、現存最古の様式の天守をもつとされる貴重な城。殿様気分に浸れる天守閣からの絶景も必見です。

尾張国と美濃国の境に位置し、木曽川沿いの断崖に築かれた天然の要塞として名を馳せました。徳川家康と羽柴（のちの豊臣）秀吉が争った小牧《こまき》・長久手《ながくて》の戦いで、秀吉が本陣を置いたことでも知られています。関ヶ原の戦い以前の石垣の一部が残り、高さ約24ｍの望楼型三重天守は現存最古の様式といわれています。２００４年まで成瀬家の個人所有だったという珍しい城です。

江戸時代初期に入城した成瀬正成（なるせまさなり）により現存する姿に整備されました

ココにも注目！

天守の東に立つ杉の大木はご神木「大杉様」の名で祀られています

美濃和紙の台紙に織田家、豊臣家、徳川家、成瀬家の家紋が並びます。地元の書家・松浦白碩氏の揮毫

令和改元を記念して頒布が開始された御城印

字……国宝 犬山城
家紋……徳川家「三葉葵」（上）、織田家「織田木瓜」（中右）、成瀬家「丸に酢漿草」（中左）、豊臣家「五七桐」（下）
左下の印…日本最古国宝犬山城

天守最上階からは木曽川や濃尾平野、名古屋市街、岐阜城まで一望できます

犬山城下町には江戸時代当時の区画が今も残り風情ある街並みが楽しめます

DATA 犬山城

平山城　天文《てんぶん》6年（1537）
織田信康《おだのぶやす》
織田氏、豊臣氏、成瀬《なるせ》氏ほか

御城印
料金…300円
頒布場所…犬山城前観光案内所
（時 9時～16時30分 休 無休）

住 愛知県犬山市犬山北古券65-2
交 名鉄犬山駅から徒歩20分
時 9～17時
休 無休 料 550円

注目したい 城TOPIC

車山《やま》が城下町を練り歩く迫力ある犬山祭

毎年４月の第１土・日曜に開催される犬山祭。３層の車山13輌《りょう》が桜満開の城下町を練り歩き、華やかなからくり人形が披露されます。夜には提灯が灯され幻想的な光景に。（２０２０年は中止）

+αメモ　桜の名所でもあり、毎年4月上旬には敷地内を埋めつくすように約400本の桜が美しく咲き誇ります。また、別名「白帝城」という名のごとく、木曽川の対岸から眺める犬山城もひときわ美しいです。

愛知

池田輝政《いけだてるまさ》が基礎を造った名城

吉田城

よしだじょう

続日本100名城

戦国時代初期の三河の要衝として、今川《いまがわ》氏や松平《まつだいら》氏らが争奪戦を繰り広げた平城です。天正《てんしょう》18年（1590）に城主となった池田輝政が当時の最新技術を使い大城郭に改造。現在は石垣や堀などが残され、本丸には天守に相当する復興鉄櫓《くろがねやぐら》が建てられています。周辺は豊橋公園として整備され、豊橋市美術博物館や三の丸会館もあり、市民の憩いの場となっています。

☞鉄櫓の内部では吉田城の歴史資料を展示。4階は展望室です

優雅な朱印と躍動感あふれる書が特徴

右の字……続日本百名城
中央の字…吉田城
家紋…池田輝政「丸に揚羽蝶」

☞揮毫は豊橋市のデザイン書道家・鈴木愛氏によるもの

右の字……続日本百名城
中央の字…吉田城
家紋…酒井忠次「丸に片喰」

☞徳川家康の命により城主となった酒井忠次の家紋が入った令和2年版

DATA 吉田城

平城
永正《えいしょう》2年(1505)
牧野古白《まきのこはく》　酒井《さかい》氏、小笠原《おがさわら》氏など

御城印
料金…各300円
頒布場所…豊橋市美術博物館、豊橋市役所東館1階じょうほうひろば（時 10～12時、13～15時 休 閉庁日）

住 愛知県豊橋市今橋町3
交 豊鉄市内線市役所前駅から徒歩5分
時 10～15時（外観は見学自由）
休 月曜（祝日の場合は開館） 料 無料

オススメ 立ち寄りスポット

吉田城の関連資料を見学

吉田城をはじめとする歴史資料や郷土ゆかりの作家の作品、考古・民俗資料を展示。新旧の名作を紹介する企画展や講演会も行われています。休憩ができるカフェもあります。

豊《とよ》橋《はし》市《し》美《び》術《じゅつ》博《はく》物《ぶつ》館《かん》

☎0532-51-2882 住愛知県豊橋市今橋町3-1 交豊鉄市内線豊橋公園前駅から徒歩3分 時 9～17時 休月曜（有料企画展開催中は月曜が祝日の場合は開館、翌日休） 料 無料（企画展は有料の場合あり）

+α メモ 本丸南側にある石垣には、築城工事を分担したさまざまな大名の家紋が刻まれた石が60個ほどあり、石垣刻印とよばれています。これは名古屋城の築城で使った石を利用したためといわれています。

佐賀

青銅製の巨大な鯱《しゃち》が鎮座する門

佐賀城

さがじょう

日本100名城

戦国大名・龍造寺《りゅうぞうじ》隆信《たかのぶ》の村中《むらなか》城を、鍋島直茂・勝茂親子が拡張・整備し、江戸時代に居城としていた平城。周囲は幅70ｍの堀で囲まれ、幕末まで佐賀藩の拠点とされました。藩政期に2度の火災に見舞われ、焼失してしまった天守は再建されず、国の重要文化財の鯱《しゃち》の門《もん》と続《つづき》櫓《やぐら》が残っています。門扉に残された佐賀の乱の弾痕も必見です。

鍋島家の家紋「杏葉紋」と力強い書の御城印

右上の字…登城記念
中央の字…佐賀城
家紋……鍋島家「杏葉」

☞佐賀城の御城印は「城郭符」とよばれ、揮毫は佐賀出身の書家・江島史織氏によるものです

ココにも注目！
☞重要行事を行う外御書院は一之間から四之間まで4部屋ありました

☞佐賀城本丸歴史館は天保期の本丸御殿の一部を復元して公開

☞天保9年（1838）に本丸の出入りの門として建てられた鯱の門

DATA 佐賀城

平城　慶長《けいちょう》16年(1611)
鍋島直茂《なべしまなおしげ》・勝茂《かつしげ》　鍋島氏

御城印
料金…300円
頒布場所…佐賀城本丸歴史館ミュージアムショップ（時 9時30分～17時45分 休 無休）

住 佐賀県佐賀市城内2-18-1
交 JR佐賀駅から佐賀市営バス佐賀城跡行きなどで15分、佐賀城跡下車すぐ 時 9時30分～18時
休 無休（臨時休館あり） 料 無料

+α メモ 周囲には図書館や体育館、博物館、美術館があり、市民の憩いの場として親しまれています。桜やツツジなどが咲く散策コースもあり、堀端に立つ県の天然記念物の樹齢300年を超える大楠もみどころのひとつです。

⑧ 歴代城主の家紋がずらりと並ぶ御城印

歴代城主の家紋が並ぶ御城印は、その城が激動の時代を生き抜いた証し。錚々たる顔ぶれにドラマチックな歴史が浮かび上がります。

天守は発掘調査に基づき2011年に赤瓦に葺き替えられました

福島

赤瓦の天守がそびえる会津の名城 鶴ヶ城

●つるがじょう

日本100名城

国内唯一とされる赤瓦が優美な城。幕末期には、新政府軍の攻撃に1カ月もの間耐えた難攻不落の城としても知られています。

蘆名直盛が至徳《しとく》元年（1384）に東黒川館を築いたのが発祥。その後天正《てんしょう》18年（1590）に蒲生氏郷が会津領主として入城し、大改修によって北日本最大級の天守を築き鶴ヶ城と命名。明治維新まで松平《まつだいら》氏の居城となり、幕末の戊辰《ぼしん》戦争の舞台にもなりました。現在の天守は昭和40年（1965）に再建されたもので、内部は博物館になっています。

歴代城主の家紋が並んだ豪華な御城印

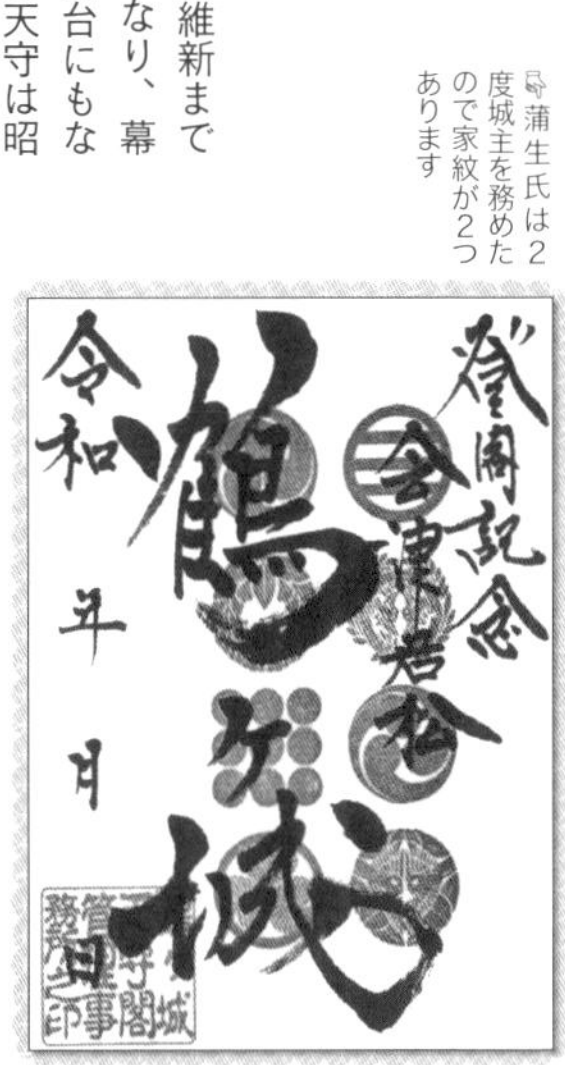

右の字……登閣記念 会津若松
中央の字……鶴ヶ城
家紋……（右上から下へ）蘆名家「丸に三引両」、伊達家「竹に二羽飛雀」、蒲生家「三つ巴」、上杉家「竹に二羽飛雀」、（左上から下へ）蒲生家「三つ巴」、加藤家「下がり藤」、保科家「九曜」、松平家「三葉葵」
左下の印……鶴ヶ城天守閣管理事務所之印

蒲生氏は2度城主を務めたので家紋が2つあります

ココにも注目！

本丸と二の丸を結ぶ廊下橋は会津産の朱色の漆が塗られています

干飯櫓（ほしいやぐら）と鉄門（くろがねもん）を結ぶ南走（みなみはしり）長屋は武器庫だったといわれています

買って帰りたい 城みやげ

会津藩主手ぬぐい 572円

歴代藩主の家紋入りの手ぬぐいは、鶴ヶ城の定番みやげとして人気があります。

オススメ 立ち寄りスポット

千利休の子・少庵ゆかりの茶室でひと休み

千利休が豊臣秀吉から切腹を命じられたとき、蒲生氏郷によってかくまわれた千利休の子・少庵が建てたとされる茶室です。このことが千家茶道の復興につながりました。

茶室《ちゃしつ》麟閣《りんかく》

☎0242-27-4005（鶴ヶ城管理事務所） 住 鶴ヶ城に準ずる 交 JR会津若松駅からまちなか周遊バスで25分、鶴ヶ城入口下車、徒歩5分 時休 鶴ヶ城に準ずる 料 210円

DATA 鶴ヶ城

- 平山城
- 至徳《しとく》元年(1384)
- 蘆名直盛《あしななおもり》
- 伊達政宗、蒲生氏郷《がもううじさと》、上杉景勝《うえすぎかげかつ》

御城印
料金…300円
頒布場所…鶴ヶ城観光案内所
（時 休 鶴ヶ城に準ずる）

住 福島県会津若松市追手町1-1
交 JR会津若松駅からまちなか周遊バスで25分、鶴ヶ城入口下車、徒歩5分
時 8時30分〜17時
休 無休 料 410円

+α メモ
戊辰戦争の末期、新政府軍の会津侵攻で、藩主・松平容保（かたもり）は鶴ヶ城に籠城し抵抗しましたが、1カ月後に降伏。このとき白虎隊の悲劇が生まれたのです。飯盛山にはここで自刃した白虎士中二番隊の十九士の墓があります。

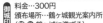

岐阜

緑深き山に映える白亜の天守閣

郡上八幡城

●ぐじょうはちまんじょう

続日本100名城

奥 美濃の天空の城として知られる城で、鎌倉時代から郡上を支配していた東氏を討つために遠藤盛数が陣を置いたことに始まります。築城後は稲葉氏、井上氏、金森氏、青山氏と歴代城主によって整備されましたが、廃城令で破却となりました。昭和8年（1933）に再建された四重五階の天守は、木造再建の城としては日本最古といわれています。

山城の荒々しさと清流の流れを表現した書

☞歴代城主5家の家紋が並び、発行料の一部は熊本城の復興支援に寄付されます。限定版（↓P17）もあります

右の字……登城記念
中央の字……郡上八幡城
家紋……遠藤家「亀甲に花菱」（右上）、井上家「井上鷹の羽」（右中央）、青山家「青山菊」（右下）、稲葉家「折敷に三文字」（左上）、金森家「裏梅鉢」（左中央）
左下の印……郡上藩積翠城

☞郡上市街を流れる吉田川の北岸に立つ、町のシンボル的存在です

☞天守閣からは美しい城下町や奥美濃の山並みを一望できます

DATA 郡上八幡城

平山城
永禄《えいろく》2年（1559）
遠藤盛数《えんどうもりかず》
遠藤氏、稲葉《いなば》氏、井上《いのうえ》氏、金森《かなもり》氏、青山《あおやま》氏

御城印
料金…300円（通常版）
頒布場所…郡上八幡城入城受付
（時 休 郡上八幡城に準ずる）

住 岐阜県郡上市八幡町柳町一の平659
交 長良川鉄道郡上八幡駅からまめバス青ルートで14分、城下町プラザ下車、徒歩15分
時 9～17時（11～2月は～16時30分、6～8月8～18時）
休 12月20日～1月10日 料 320円

オススメ 立ち寄りスポット

風情ある古い町並みを眺めてそぞろ歩き

江戸時代には郡上藩の中心として栄え、職人町や鍛冶屋町といった町名が今も残ります。家の前には宝暦《ほうれき》のころ殿町の御用用水から分流された用水が今も流れています。

郡《ぐ》上《じょう》八《はち》幡《まん》の町《まち》並《な》み

☎0575-67-0002（郡上八幡観光協会）
住 岐阜県郡上市八幡町職人町、鍛冶屋町
交 長良川鉄道郡上八幡駅からまめバス青ルートで14分、城下町プラザ下車、徒歩3分 時 休 散策自由

+α メモ 初代城主・遠藤盛数の娘に生まれた千代は尾張の山内一豊（やまうちかずとよ）に嫁ぎました。織田信長、豊臣秀吉、徳川家康に仕えた一豊が土佐藩24万石の大名に出世したのも千代の内助の功のおかげ。城下町を見守るように立つ銅像は必見です。

福島

7家21代の大名に愛された奥州関門の名城

白河小峰城

●しらかわこみねじょう

日本100名城

東 北地方では珍しい総石垣造の壮麗な城は、東北三大石垣名城に数えられ、丹羽《にわ》家、阿部《あべ》家、本多家、松平家など7家21代が居城としました。三重櫓は戊辰《ぼしん》戦争の際に焼失しましたが、1991年に貴重な木造三重櫓として復元。2011年の東日本大震災では石垣が崩落したものの、復旧工事が行われ、2015年に公開が再開されました。

☞江戸時代の絵図に基づき伝統工法で復元された木造の前御門

ココにも注目！

☞丘陵に立つ白河小峰城。完成度の高い総石垣造で知られています

歴代城主7家の個性豊かな家紋をデザイン

☞朱色に縁取られた光沢のある和紙に白河市出身の書家・根本みきさんの揮毫が美しい

右の字……奥州白河
中央の字……小峰城
左の字……登城記念
家紋……（右上から下へ）結城松平家「五三桐」、久松松平家「梅鉢」、阿部家「違鷹羽」、（左上から下へ）丹羽家「筋違」、榊原家「源氏車」、本多家「立葵」、奥平松平家「九曜」
右下の印……白河小峰城三重櫓

☞三重櫓には戊辰戦争時の弾痕が残り、当時の激しい戦闘が偲ばれます

DATA 白河小峰城

平山城 寛永《かんえい》9年（1632）
丹羽長重《にわながしげ》
丹羽氏、松平《まつだいら》氏（榊原《さかきばら》）、本多《ほんだ》氏、松平氏（奥平《おくだいら》）、松平氏（結城《ゆうき》）、松平氏（久松《ひさまつ》）、阿部氏

御城印
料金…200円
頒布場所…二ノ丸茶屋（時 白河小峰城に準ずる 休 11～3月は水曜）

住 福島県白河市郭内1
交 JR白河駅から徒歩5分
時 9時30分～17時（11～3月は～16時）
休 無休 料 無料

+α メモ おとめ桜伝説が残る白河小峰城。その昔、石垣が何度も崩れて人柱を立てることになり、藩士の娘が犠牲となりました。その娘を悼んで植えられた「おとめ桜」は、毎年春には美しい花を咲かせています。

佐賀

唐津城

玄界灘を望む優雅な海城

からつじょう

続日本100名城

海に突き出た満頭《まんとう》山《ざん》に慶長13年（1608）、寺沢志摩守広高により築城されました。城の左右に延びる松原が翼を広げた鶴のように見えることから別名「舞鶴城」ともよばれています。築城当時に天守はなく、昭和41年（1966）に文化観光施設として天守が建てられ、5階からは玄界灘と虹の松原の絶景が見られます。舞鶴公園からのライトアップされた天守も必見です。

☞樹齢100年を超える藤棚には、春には5万もの花房が咲きます

☞スマートフォン向けのアプリ・ARパノラマビューもおすすめです

早稲田佐賀中学校・高等学校の書道部による揮毫

☞御城印の収益の一部は熊本城の復興支援のために寄付されます

右の字……登城記念
中央の字…唐津城
家紋………（右上から下へ）寺沢家「陣幕」、大久保家「大久保藤」、松平家「蔦」、（左上から下へ）土井家「水車」、水野家「沢瀉」、小笠原家「三階菱」
下の印……唐津城天守閣之印

買って帰りたい 城みやげ

松露饅頭（10個入り）1080円

こし餡を薄いカステラ生地で包んだ饅頭

DATA 唐津城

平山城
慶長《けいちょう》13年(1608)
寺沢《てらざわ》志摩守《しまのかみ》広高《ひろたか》
寺沢氏、大久保《おおくぼ》氏、松平《まつだいら》氏ほか

御城印
料金…200円
頒布場所…唐津城天守閣1階売店
(時 休 唐津城に準ずる)

住 佐賀県唐津市東城内8-1
交 JR唐津駅から徒歩20分
時 9〜17時(季節により変動あり)
休 無休 料 500円

+α メモ 日本三大松原のひとつ「虹の松原」は、築城当時から唐津湾沿いに植林されてきた防風林です。約100万本の黒松は潮風を防ぎ、唐津に豊かな農地をもたらしました。虹の松原から見る唐津城もおすすめです。

鳥取

米子城

米子随一のパノラマ絶景を堪能

よなごじょう

続日本100名城

☞まさに海を望む天空の城だったことがわかる米子城の全景

天正19年（1591）吉川広家により築城が始まり、関ヶ原の戦いのあと中村一忠により完成。四重五階と三重四階の天守をもつ山陰随一の名城と謳われました。今は建物は失われていますが、石垣などは残り、往時の姿をとどめています。天守のあった標高90mの湊山《みなとやま》からは、米子市街から日本海まで360度の絶景が楽しめます。2006年に国史跡に指定されました。

城主3代の家紋が配置された通常版

右の字……国指定史跡
中央の字……米子城
家紋………吉川家「丸に三つ引き両」(上)、中村家「立ち沢瀉」(中央)、加藤家「蛇の目」(下)

ココにも注目！

☞立派な石垣が往時の面影を残しています

☞米子まちなか観光案内所では、御城印のほか、城ゆかりの武将印も頒布しています

城を管理した2氏の家紋を加えた限定版

右の字…登城記念／中央の字…米子城／家紋…吉川氏「丸に三つ引き両」(右上)、加藤氏「蛇の目」(右中央)、荒尾氏「九曜」(右下)、中村氏「立ち沢瀉」(左上)、池田氏「揚羽蝶」(左下)

DATA 米子城

平山城
天正《てんしょう》19年〜慶長《けいちょう》7年(1591〜1602)
吉川広家《きっかわひろいえ》、中村一忠《なかむらかずただ》
吉川広家、中村一忠、加藤貞泰《かとうさだやす》ほか

御城印
料金…各300円
頒布場所…米子市立山陰歴史館(時 9時30分〜18時 休 火曜※祝日の場合は翌日)、米子まちなか観光案内所(時 9〜17時 休 水曜)
※限定版は米子まちなか観光案内所のみで頒布

住 鳥取県米子市久米町1
交 JR米子駅から徒歩20分
時 休 見学自由 料 無料

+α メモ 江戸時代から明治時代にかけて商人の町として栄えた米子は、今も昔の面影があちこちに多く残っています。地元を知り尽くした「城下町米子観光ガイド」の案内で街歩きを楽しんでみては。

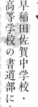

新潟

大坂冬の陣の直前に築かれた平城

高田城

たかだじょう

続日本100名城

徳川家康の六男・松平忠輝の居城として、13名の大名により天下普請で築城されました。築城期間が短かったため、天守は建てられず、石垣もなく土塁のみ、湖のような広い堀が特徴です。

現在は高田城址公園として整備され、市民の憩いの場となっています。広大な園内には、三重櫓が復元されていて、1、2階にある展示室では、高田藩ゆかりの貴重な資料を見ることができます。

☞三重櫓の3階は展望室になっていて、公園内を一望できます

☞7月に高田城址公園観蓮会が開催。外堀を埋め尽くす蓮は東洋一と謳われています

☞高田城址公園観桜会では三重櫓のライトアップも行われます

時代順に並んだ8家の大名の家紋が壮観

中央の字……高田城
家紋……(右上から下へ)松平忠輝「三葉葵」、酒井家次「丸に片喰」、松平忠昌「丸に三葵」、松平光長「丸に三葵」、(左上から下へ)稲葉正通「折敷に三文字」、久松松平家「六星」、戸田忠昌「星梅鉢」、榊原家「源氏車」

☞台紙には美濃和紙を使用しています。和紙の風合いと家紋の配色が美しく調和しています

DATA 高田城

- 平城
- 慶長《けいちょう》19年(1614)
- 松平忠輝《まつだいらただてる》
- 酒井家次《さかいいえつぐ》、松平忠昌《まつだいらただまさ》、稲葉正通《いなばまさみち》

御城印
料金…300円
頒布場所…上越市歴史博物館受付
(時 9～17時※12～3月10～16時
休 月曜※祝日の場合は翌日)

住 新潟県上越市本城町6-1
交 えちごトキめき鉄道高田駅から徒歩30分
時休料 見学自由
※三重櫓は 時9～17時 休月曜(祝日の場合は翌日)、祝日の翌日 料 310円

+α メモ 高田城址公園には約4000本のソメイヨシノが植えられており、「日本三大夜桜」のひとつに数えられています。毎年4月には「高田城址公園観桜会」が開催され、ぼんぼりの灯りに照らされた幻想的な美しい景観が広がります。

新潟

日本海を一望する高石垣の城

村上城

むらかみじょう

続日本100名城

戦国時代に本庄氏の居城として上杉謙信との籠城戦などが繰り広げられました。慶長《けいちょう》3年(1598)、村《むら》上《かみ》頼《より》勝《かつ》が入封し、以降は歴代藩主の居城となり、北越後の拠点として城下町が整備されました。建造物は明治初期までに取り壊されましたが、江戸時代に築かれた高石垣が残っています。標高135mの臥牛山にある本丸跡からの眺望も抜群です。

©村上市教育委員会

☞臥牛山頂までは約20分で登ることができます

城主10家が並ぶ朱印と手書きの書が迫力満点

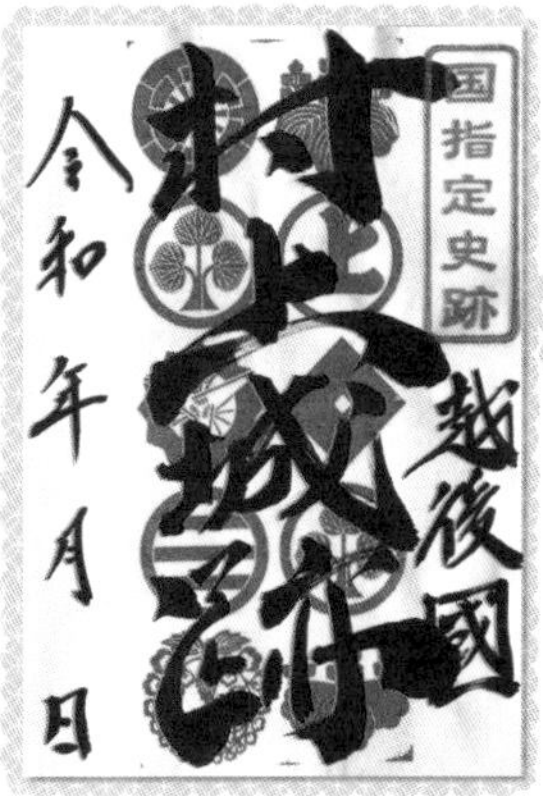

☞書き置きのほか、御城印帳に直書きもしてくれます

右の字……越後國
中央の字……村上城跡
家紋……(右上から下へ)本庄家「五七桐」、村上家「丸に上」、堀家「釘抜き」、本多家「本多立ち葵」、松平家「松江桐」、(左上から下へ)榊原家「源氏車」、本多家「本多立ち葵」、松平家「三つ雁木扇」、間部家「丸に三つ引き」、内藤家「岩船下がり藤」
右上の印……国指定史跡

DATA 村上城

- 平山城
- 不明(16世紀)
- 本庄《ほんじょう》氏
- 本庄氏、堀《ほり》氏、内藤《ないとう》氏

御城印
料金…300円
頒布場所…藤基神社社務所
(時 9～17時 休 無休)

住 新潟県村上市二之町
交 JR村上駅から徒歩25分
時 休 見学自由 料 無料

ココにも注目!
☞藤基神社は三ノ丸に位置し、遺構も多く境内全域が国指定史跡に

注目したい城TOPIC

村上城内にある藤基神社

約170年続く神社で、村上城の御城印のほかに、藤基神社の御朱印や「藤絵馬」500円などを購入することができます。

+α メモ 2020年に藤基神社で行われた「村上藩主内藤家 立藩300周年記念事業」の一環で、御神宝である内藤家の肖像画の公開準備中に、肖像画の下から、隠されていた新たな肖像画が発見され注目を浴びました。

9 独創的な花押が目を引く御城印

花押とは署名の代わりに用いられる記号や符号のことです。お気に入りの武将の花押が入った御城印に注目してみましょう。

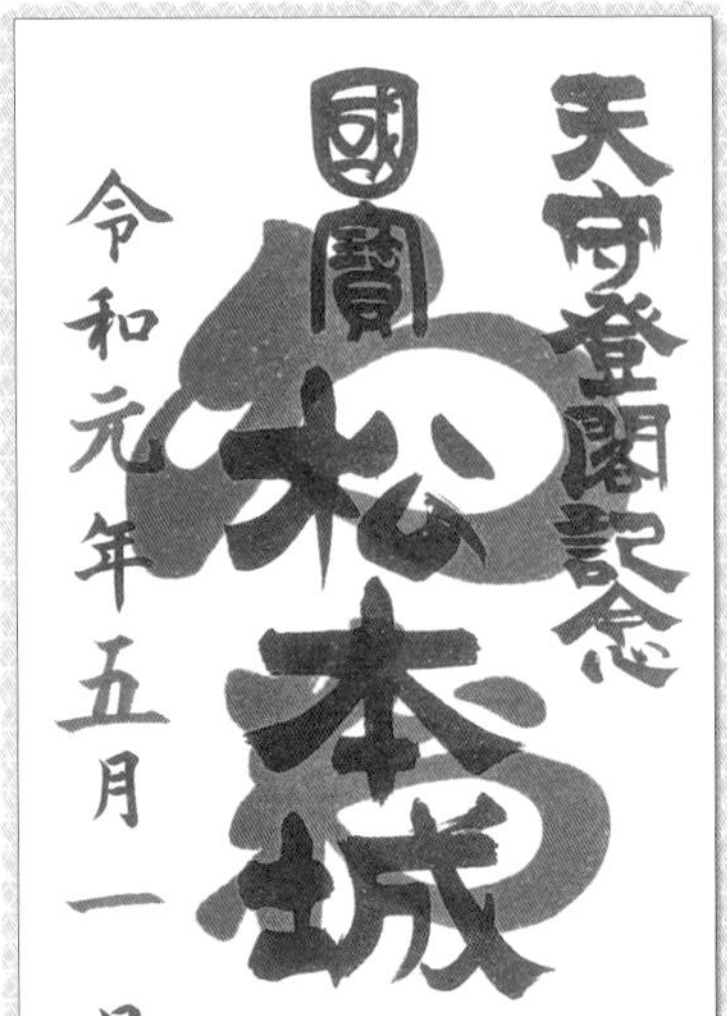

戸田家2代の城主の花押が押された御城印

右の字……天守登閣記念
中央の字…國寶 松本城
中央の印…戸田光則の花押(上)、戸田光行の花押(下)

江戸時代に、徳川家光のために造られたという珍しい月見櫓

長野 国宝

漆黒に輝く戦国城郭建築 松本城

まつもとじょう

日本100名城 現存12天守

五重六階の天守がそびえる国宝・松本城。白と黒のコントラストが生み出す凛としたたたずまいが人気です。

前身となる深志《ふかし》城《じょう》は、府中を治めていた小笠原氏の一族により戦国期前半に築城されました。天《てん》正《しょう》18年（1590）に城主となった石川数正とその息子・康長の時代に、現在まで残る天守や城下町一帯が整備されました。戦国期の堅牢な天守と、江戸期に増築された優雅な櫓という連結複合式の城で、天守の下見板には黒漆が塗られています。

第3代城主・小笠原秀政《ひでまさ》の朱印

右の字……天守登閣記念
中央の字…國寶 松本城
中央の印… 弌剣平天下

戸田光行(みつゆき)は第20代、戸田光則(みつひさ)は第23代の城主

小笠原秀政の印は、馬の蹄をかたどった枠内に「弌剣平天下」の文字

天守6階の梁にある二十六夜神の神棚

現存する五重六階の天守としては日本最古といわれています

注目したい城TOPIC

お城まつりで見られる古式砲術演武

まつりの一環として二の丸御殿跡で行われる、松本・愛知・静岡の鉄砲隊の砲術演武。甲冑をまとった武士が発射する火縄銃に圧倒されます。（2020年は開催未定）

DATA 松本城

平城　永正《えいしょう》年間(1504～20)
島立右近《しまだちうこん》、石川数正《いしかわかずまさ》・康長《やすなが》
小笠原氏、石川氏、戸田《とだ》氏

御城印
料金…各300円(2種類セットで500円)
頒布場所…松本城管理事務所
(時 休 松本城に準ずる)

住 長野県松本市丸の内4-1 交 JR松本駅から徒歩20分
時 8時30分～17時 休 無休 料 700円

+α メモ 松本城の天守の外壁に黒漆が塗られたのは、小笠原氏のあとに入城した石川数正・康長親子の時代です。当時、豊臣秀吉の大坂城が黒だったことから、秀吉への忠誠心の表れとされています。

滋賀

秀吉が初めて築いた出世城

長浜城

ながはまじょう

羽柴（豊臣）秀吉が、浅井攻めの功績で織田信長から浅井氏の領地の大部分を与えられ、城の主となりました。当時、今浜とよばれていた地名を、信長の一字をとって長浜と改名したといわれています。江戸時代に廃城となり、わずかな石垣と井戸だけが残されましたが、昭和58年（1983）に模擬天守が建てられ、内部は長浜城歴史博物館となっています。

金色の秀吉の花押に注目

右の字……秀吉の出世城
中央の字…長濱城
家紋……秀吉「五七桐」
右下の印…秀吉の朱印
左下の印…秀吉の花押

☞揮毫は長浜城歴史博物館所蔵の「羽柴秀吉書状」から文字を引用。家紋は豊臣家の「五七桐」です

☞三層五階の天守は、犬山城や丸岡城をモデルに再興されました

☞館内の展示では戦国時代における長浜の重要性がよくわかります

☞5階の展望台からは琵琶湖が一望できます。春の桜も必見です

DATA 長浜城

平城　天正《てんしょう》2年(1574)
羽柴秀吉《はしばひでよし》　羽柴秀吉、山内一豊《やまうちかずとよ》、内藤信成《ないとうのぶなり》

御城印
料金…300円
頒布場所…長浜城歴史博物館ミュージアムショップ
(時 休 長浜城に準ずる)

住 滋賀県長浜市公園町10-10 交 JR長浜駅から徒歩7分
時 9～17時 休 年数回休館日あり
料 410円

+α メモ　江戸時代の廃城の折、資材の大部分は彦根城の築城に流用されました。長浜城の大手門は長浜城下の大通寺（だいつうじ）に移築され、台所門として現在でも見ることができます。

滋賀

浅井家の悲劇の舞台となった山城

小谷城

おだにじょう

日本100名城

長浜市の小谷山に築かれた中世三大山城のひとつで、戦国武将・浅井氏3代の居城です。中山道と北陸道をつなぐ交通の要衝で、険しい自然の地形を利用した堅牢な山城でした。現在、建造物はなく石垣や土塁などが残っています。小谷城戦国歴史資料館では、御城印の頒布のほか、小谷城の詳しい解説が書かれた縄張図がもらえます。

☞麓にある長政の巨大兜は人気の記念写真スポット

☞山王丸の大石垣は高さ約3mもあり、状態もよく残っています

悲劇の武将・浅井長政《ながまさ》の迫力ある花押

右の字……登城記念　日本百名城　日本五大山城
中央の字…江州小谷城
家紋……浅井家「三盛亀甲花菱」
右下の印…浅井長政の花押
左下の印…小谷城址保勝会 会長印

☞浅井家家紋「三盛亀甲花菱」と江州小谷城の文字がデザインされた一枚

DATA 小谷城

山城　大永《たいえい》5年(1525)ごろ
浅井亮政《あざいすけまさ》　浅井氏、羽柴秀吉《はしばひでよし》

御城印
料金…300円
頒布場所…小谷城戦国歴史資料館
(時 9～17時 休 火曜)、河毛駅コミュニティハウス(資料館休館日のみ)

住 滋賀県長浜市湖北町伊部
交 JR河毛駅から徒歩40分／車で10分
時 休 見学自由 料 無料

オススメ 立ち寄りスポット

浅井氏と城を中心とした資料館

小谷城跡内にある「戦国大名浅井氏と小谷城」をテーマにした資料館です。浅井長政やお市の方の肖像（複製）や小谷城跡絵図、小谷城から出土した遺物など、貴重な資料を展示しています。

小谷城戦国歴史資料館《おだにじょうせんごくれきししりょうかん》

☎0749-78-2320 住滋賀県長浜市小谷郡上町139 交JR河毛駅から徒歩30分 時9～17時 休火曜（祝日の場合は翌日） 料300円

+α メモ　浅井長政の正室は織田信長の妹・お市の方です。天正（てんしょう）元年（1573）、織田勢の攻撃により落城し、長政はここで自害しました。その後、浅井家三姉妹の長女・茶々は豊臣秀吉の側室となりました。

⑩ 手ざわりがいい貴重和紙の御城印

貴重な和紙を用いた御城印は、独特の風合いや手ざわりが楽しめ、その土地に根ざした伝統工芸や、職人の技を感じられます。

☞昭和34年（1959）に外観が復元された四重天守

岐阜

大垣城《おおがきじょう》

風光明媚な水都のシンボル

続日本100名城

水の豊富な地質を生かし、かつては水堀をめぐらせた強固な城であった大垣城。関ヶ原の戦いの舞台として知られています。

「水の都」とよばれた東西交通の要所に築かれた城で、豊富な水源を生かして水堀を三重や四重にめぐらせていました。関ヶ原の戦いでは、石田《いしだ》三《みつ》成《なり》が入城して西軍の本拠地となり、激しい攻防戦が繰り広げられました。戦災で焼失した四重四階の天守は戦後に復元され、城内には戦国武将たちの資料や実際に使用された甲冑が展示されています。

☞東門は城の惣構（そうがまえ）にあった七口之門のひとつ「内柳門」を移築したものです（上）

☞城内には当時の生活や戦いの様子がわかる展示品が並んでいます（下）

☞大垣城を背に立つ美濃大垣藩戸田家初代藩主・氏鉄（うじかね）の騎馬像

職人が手《て》漉《す》きで作る岐阜特産の美濃和紙を使用

右の字……登城記念
中央の字…大垣城
家紋………戸田家「九曜」
右下の印…石田三成の旗印「大一大万大吉」

☞幕末まで藩主を務めた戸田家の家紋「九曜」と石田三成の旗印「大一大万大吉」が特徴

注目したい城TOPIC

水の都おおがきたらい舟に乗ろう

春には、外堀である水門川をたらい舟でのんびりと下るイベントが開催されています。「おあむ」の伝説に基づいたイベントです。（2020年は中止）

DATA 大垣城

平城　天文《てんぶん》4年（1535）ごろ
宮川安定《みやがわやすさだ》（諸説あり）　竹越《たけこし》氏、織田《おだ》氏、戸田《とだ》氏

御城印
料金…300円
頒布場所…大垣城天守1階受付　（時 休 大垣城に準ずる）

住 岐阜県大垣市郭町2-52 交 JR大垣駅から徒歩7分 時 9～17時
休 火曜（祝日の場合は翌日）、祝日の翌日 料 200円（郷土館と共通）

+α メモ　関ヶ原の戦いの際、落城寸前の大垣城から脱出した山田去暦（やまだきょれき）の娘「おあむ」は、松の木から堀に浮かぶたらいへ飛び乗って逃げたそう。その松は「おあむの松」とよばれ、籠城戦の様子を語った「おあむ物語」が伝えられています。

愛媛

古き櫓と新しい復元天守が共存

大洲城《おおずじょう》

日本100名城

清流・肱川《ひじかわ》を望む丘陵に立つ平山城で、大洲藩の藩庁が置かれていました。江戸時代の建造物として台所櫓や高欄櫓、三の丸南隅櫓など4棟の櫓が現存。2004年には市民の寄付等によって四重四階の木造天守が復元され、櫓と連結されました。その際の木材はすべて国産材が使用され、天守内部の城郭建築特有の迫力ある木組みは必見です。

伝統工芸品の大洲和紙に丁寧に手書きされる

右の字……登城記念
中央の字…大洲城
家紋………加藤家「蛇の目」(右)・「上り藤」(左)

横並びの2つの家紋が印象的。通常版と、その約2倍の特大版サイズ(A5程度)が販売されています

明治期の古写真や天守雛形をもとに復元された

高欄櫓は2階に縁と高欄があり、城内が一望できます

大洲城の櫓のなかで最大級の台所櫓。煙出し用の格子窓が付いています

注目したい城TOPIC

のぼり旗で大洲城歓迎はたふり

JR四国の観光列車「伊予灘ものがたり」が鉄橋を渡る際、大洲城本丸でのぼり旗を振って歓迎します。観光客でも気軽に参加できます。

DATA 大洲城

- 平山城
- 元弘《げんこう》元年(1331)
- 宇都宮豊房《うつのみやとよふさ》
- 藤堂高虎《とうどうたかとら》、脇坂安治《わきざかやすはる》、加藤貞泰《かとうさだやす》

御城印
料金…各300円
頒布場所…大洲城受付横のグッズコーナ(時 休 大洲城に準ずる)

住 愛媛県大洲市大洲903
交 JR伊予大洲駅から徒歩25分
時 9〜17時
休 無休 料 550円

+αメモ 天守の展望室からは、肱川の清流や大洲の町並みが一望でき、四季折々に変化する美しい景色を楽しめます。また、甲冑を身につけて戦国武将姿で写真撮影ができる「武将なりきり体験」(1人500円)も人気です。

鳥取

独特な球状石垣と美しい洋館

鳥取城《とっとりじょう》

日本100名城

羽柴秀吉の三大城攻めのひとつ「渇《かつ》え殺《ごろ》し」で知られ、凄惨な兵糧《ひょうろう》攻めを受けた鳥取城。山頂に立つ山上の丸(本丸)と山麓の居館があり、戦国時代の城郭と近世城郭が混在しているのが特徴。城郭の博物館と称されるにふさわしく、亀の甲羅のごとく球状に石を積み上げた唯一無二の「天球丸《てんきゅうまる》の巻石《まきいし》垣《がき》」や堅固な高石垣は見ごたえ抜群です。

鳥取市青谷産の因州和紙に陶印の文字が光る

特徴のある揮毫は、鳥取の書家・柴山抱海氏によるもの

右の字……国指定史跡
中央の字…鳥取城
家紋………池田家「丸に揚羽蝶」(右)・「角輪」(左)
左下の印…鳥取城印(オリジナルの陶印)

DATA 鳥取城

- 平山城
- 16世紀中頃
- 但馬山名氏《たじまやまな》
- 吉川経家《きっかわつねいえ》、池田長吉《いけだながよし》・光政《みつまさ》

御城印
料金…300円
頒布場所…仁風閣(時 9〜17時 休 月曜※祝日の場合は翌日、祝日の翌日)
※仁風閣休館日は
鳥取市文化財団事務局で受付
(時 9〜17時 休 土・日曜、祝日)

住 鳥取県鳥取市東町2
交 JR鳥取駅から100円循環バスくる梨「緑コース」で7分、仁風閣・県立博物館下車、徒歩5分
時 休 見学自由 料 無料

「天球丸の巻石垣」は鳥取城でしか見られない珍しい形の石垣

唯一の城門「中仕切門」は台風で倒壊し、昭和50年(1975)に復元したもの

注目したい城TOPIC

季節によって色を変える仁風閣

宮廷建築の第一人者・片山東熊《かたやまとうくま》が明治期に建築した、フランスのルネサンス様式を基調とした白亜の洋館は、国の重要文化財に指定されています。

+αメモ 童謡『ふるさと』や『もみじ』『春の小川』の作曲者で知られる岡野貞一(おかのていいち)は鳥取市出身。鳥取城の入口には『ふるさと』の歌碑が立てられ、ボタンを押すと実際に曲が流れるので、しばし名曲に耳を傾けてみては。

石碑のある本郭や三の郭が現在も原型をとどめています

二の郭と三の郭の間に防衛力を高めた食い違い虎口がありました

群馬

秀吉の小田原征伐を招いた城

名胡桃城

なぐるみじょう

続日本100名城

室町時代に沼田一族の名胡桃氏が名胡桃館を築いたのが始まりで、天正《てんしょう》7年（1579）に武田勝頼《たけだかつより》の命を受けて家臣の真《さな》田昌幸《だまさゆき》が名胡桃館を攻略し、沼田城を奪取するための前線基地として名胡桃城を築きました。三方を崖に囲まれた連郭式の山城です。

秀吉が仲裁した沼田領に関する真田氏との和議を北条氏が反故にしたことで、秀吉の小田原征伐となりました。

真田家の六文銭をあしらった和紙の御城印

みなかみ町の「たくみの里・和紙の家」の楮（こうぞ）和紙を使用。日展入選の地元書家による揮毫

右の字……歴史を変えた
中央の字……名胡桃城
左の字……登城記念
家紋……真田家「六文銭」

DATA 名胡桃城

山城　天正《てんしょう》7年（1579）
真田《さなだ》氏　鈴木《すずき》氏（真田家家臣）

御城印
料金…300円
頒布場所…名胡桃城址案内所
（時 9～16時 休 無休）

住 群馬県みなかみ町下津3462-2
交 JR後閑駅から徒歩45分／車で8分
時 休 見学自由 料 無料

+α メモ　現在は、群馬県指定史跡「名胡桃城址」として整備され、曲輪や堀切などが残っています。名胡桃城址案内所には、歴史ガイドが常駐しており、名胡桃城の悲劇の歴史を聞くことができます。

埼玉

自然の断崖を利用した広大な城

菅谷城

すがやじょう

続日本100名城

鎌倉時代初期の御家人・畠山重忠《はたけやましげただ》の館跡との伝承をもつ場所に造られた、戦国時代の城跡。関東管領の山内上杉顕定《あきさだ》が居城し、のちに小田原北条氏が利用しました。川の断崖など自然の地形を利用した城で総面積は約13万㎡。現在は5つの郭と土塁、空堀などの遺構を見ることができ、国指定史跡に選ばれています。7月ごろには城跡全域にヤマユリが見事に咲き誇ります。

嵐山町（らんざんまち）を流れる都幾川（ときがわ）の河岸段丘上にあり、自然の地形を生かした連郭式の平城です

戦国時代末期に考案された防御の要・枡形土塁も見られます

ユネスコ無形文化遺産「細川紙」を使用

右の字……国指定史跡
比企城館跡群菅谷館跡
続日本百名城
関東管領
上杉顕定居城
中央の字…武州 菅谷城
左の字……登城記念
家紋……山内上杉家
「竹に二羽飛雀」（上）、
小田原北条家
「三つ鱗」（下）

細川紙は小川町や東秩父村で生産される高級手漉き和紙。素朴な光沢をもった和紙に山内上杉家と小田原北条家の家紋が映えます

DATA 菅谷城

平城　不明
不明　山内上杉《やまうちうえすぎ》氏、小田原北条《おだわらほうじょう》氏

御城印
料金…200円
頒布場所…埼玉県立嵐山史跡の博物館 展示室受付
（時 9時～16時30分 休 月曜※祝日の場合は開館）

住 埼玉県嵐山町菅谷757
交 東武鉄道武蔵嵐山駅から徒歩15分
時 休 見学自由 料 無料（展示室は100円）

オススメ 立ち寄りスポット

戦国期城郭の最高傑作のひとつ 杉山城を歩いてみよう

嵐山町にある戦国時代の山城跡で、15世紀末から16世紀前半に山内上杉氏によって築城されました。丘陵の尾根に10の郭を配置し、強い攻撃力と防衛力をもった名城でした。

杉《すぎ》山《やま》城《じょう》

☎0493-62-0824（嵐山町教育委員会事務局生涯学習担当） 住 埼玉県嵐山町杉山513ほか 交 東武鉄道武蔵嵐山駅から徒歩40分／車で10分 時 休 見学自由 料 無料

+α メモ　三ノ郭跡に「埼玉県立嵐山史跡の博物館」があります。県内の遺跡から出土した資料などを展示する中世に特化した考古系の博物館です。

広島

新高山城

にいたかやまじょう

小早川隆景の本拠だった山城

続日本100名城

小早川氏の居城は、もともと沼《ぬ》田《た》川《がわ》の対岸にあった高《たか》山城《やまじょう》ですが、天文21年（1552）、小早川隆景によって山頂にあった砦を改修し新高山城を築き、三原城《みはらじょう》へ移るまでここで45年間過ごしました。小早川家の菩提寺である匡真寺《きょうしんじ》跡も残っています。標高約200mの山頂にある本丸からは、対岸の高山城跡や眼下に広がる沼田川と本郷の街が見渡せます。

竹の和紙に左三つ巴の家紋と重厚な文字

小早川氏に関わりのある竹原市特産の竹の和紙を使用

右の字……国指定史跡 続日本百名城
中央の字…安芸国 新高山城
左の字……沼田本郷
家紋………小早川家「左三つ巴」
左下の印…本郷町観光協会角印

四季ごとに出る銀箔和紙の御城印

右の字…国指定史跡 続日本百名城／中央の字…安芸国 新高山城／家紋…小早川家「左三つ巴」／左下の印…本郷町観光協会角印／右下・左上の印…桜の花

本丸の石垣の一部だったと思われる大石が現在も残っています

DATA 新高山城

山城　天文《てんぶん》21年(1552)
小早川隆景《こばやかわたかかげ》　小早川隆景

御城印
料金…各300円(2種類セットは500円)
頒布場所…三原観光協会うきしろロビー
(時 9～18時 休 無休)
頒布場所…本郷町観光協会
(時 9～12時 休 土・日曜、祝日)
頒布場所…山原印刷所
(時 9～17時 休 日曜)

住 広島県三原市本郷町本郷
交 JR本郷駅から徒歩20分
時 休 見学自由 料 無料

+α メモ　山の斜面に上から下へ掘られた堀を「竪堀」(たてぼり)といい、敵の兵の横移動を防ぐ効果があります。新高山城には、この竪堀が3本以上連続して築かれており「畝状竪堀」(うねじょうたてぼり)とよばれています。

三重

松阪城

まつさかじょう

高石垣が残る松阪のシンボル

日本100名城

蒲生氏郷が天正16年（1588）に築いた平山城。築城当時の石垣は野面積《のづらづみ》とよばれる工法で、近江の穴太衆《あのうしゅう》という石垣職人が請け負ったといわれています。その後、江戸時代に行われた石垣修復では、切り石を使った算木積《さんぎづみ》が用いられました。天守は現存していませんが、階段状に築かれた曲輪と要所に桝形虎口を配置した、堅固な城郭跡を見ることができます。

風合いの異なる3種類の和紙でいただける御城印

「対(むかい)鶴」の家紋を大きく配した躍動感あふれるデザインと和紙の手ざわりが魅力です

右の字……登城記念
中央の字…松坂城跡
家紋………蒲生家「対鶴」

加工された切り石で築かれた算木積は二の丸で見られます

注目したい城TOPIC

国内最大級の武士の長屋建築、御城番屋敷も見学しよう

松阪城を警護する「松阪御城番」の武士と家族が住んだ江戸時代の武家屋敷が残り、今も子孫の方が暮らしています。珍しい組長屋で、1軒は内部を公開。

御《ご》城《じょう》番《ばん》屋《や》敷《しき》

☎0598-26-5174 住三重県松阪市殿町1385 交JR松阪駅から徒歩15分 時10～16時 休月曜(祝日の場合は翌日) 料無料

DATA 松阪城

平山城　天正《てんしょう》16年(1588)
蒲生氏郷《がもううじさと》　蒲生氏郷、服部一忠《はっとりかずただ》、古田重勝《ふるたしげかつ》

御城印
料金…200円(伊勢和紙版)、500円(小津和紙版、因州和紙版※豪商のまち松阪 観光交流センターのみで購入可)
頒布場所…松阪駅観光情報センター(時 9～18時 休 無休)、松阪市立歴史民俗資料館(時 9時～16時30分※10～3月は～16時 休 月曜※祝日の場合は開館、祝日の翌日)、豪商のまち松阪 観光交流センター(時 9～18時※12～2月は～17時 休 無休)

住 三重県松阪市殿町 交 JR松阪駅から徒歩15分
時 休 見学自由 料 無料

+α メモ　御城印の台紙は3種類あります。伊勢神宮に和紙を提供している大豊和紙工業製の伊勢和紙(右)、東京・日本橋の老舗工房で手漉きした小津和紙(左)、鳥取県東部で生産されている手漉きの因州和紙です。

コラム
COLUMN
❷

個性あふれる 御城印帳カタログ

御城印を集めるときに欠かせない御城印帳。勇猛な武将や優雅な城が描かれたものからかわいらしいポップなものまで、多彩なデザインが揃っています。

国宝五城のオリジナルカードと表紙デザインの解説書入り
2400円

山上に立つ城郭と犬山焼がモチーフ

右下には犬山城、左上には御庭焼として有名な犬山焼が描かれています。

（ココで買える！）
犬山城…P60
販売場所 犬山城前観光案内所

御城印の収納タイプ
- ポケット型
- 貼り付け型

城オリジナルの御城印帳

かつての城主や城郭など、その城ならではのモチーフが描かれた御城印帳。お気に入りの城で見つけたら、即ゲットしたい一品です。

徳川家の家紋「三葉葵」にも注目してみて
各1500円

表紙（上）の色は家紋「黄紫紅《きむらご》」、裏面（左）の色は海をイメージ
3500円

相模国の名族・三浦一族がテーマ

三浦氏のお家芸・笠懸や九尾の狐が描かれた、三浦一族一色のデザイン。

（ココで買える！）
怒田城…P18
衣笠城…P18
浦賀城…P19
三崎城…P19
販売場所 Cool Clan URAGA（4城共通）

和柄モチーフのかわいい御城印帳

和柄モチーフがちりばめられたポップなデザイン。城ガールにも人気です。

（ココで買える！）
浜松城…P95
販売場所 天守閣入場券販売窓口

美しい障壁画に
彩られたデザイン。
専用ケース付き
2860円

金色地に躍動する虎を
描いた迫力あるデザイン

障壁画『竹林群虎図』がモチーフ。高級感あふれる仕様です。

（ココで買える！）
二条城…P81

販売場所 京都市観光協会
二条城売店

真田氏が主役の
勇ましいデザイン

猛然と向かってくる真田軍が印象的。裏面の「不惜身命」の文字も粋。

（ココで買える！）
沼田城…P16
名胡桃城…P70
岩櫃城…P84

販売場所 沼田市観光協会（沼田城）、名胡桃城址案内所（名胡桃城）、東吾妻町観光協会（岩櫃城）

「六文銭」が
大きく描かれた
裏面がインパクト大
2400円

明智氏の家紋
カラーである水色
が印象的
2000円

光秀のイラストが
迫力満点

躍動感にあふれる光秀と、その背景に桔梗紋がデザインされています。

（ココで買える！）
土岐明智城…P83

販売場所 大正村観光案内所

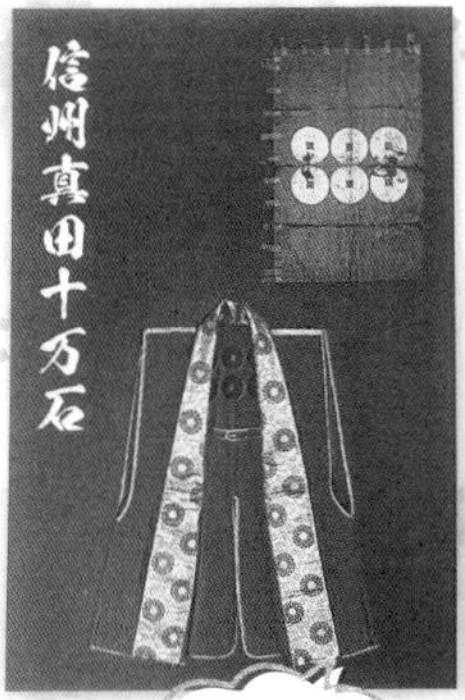

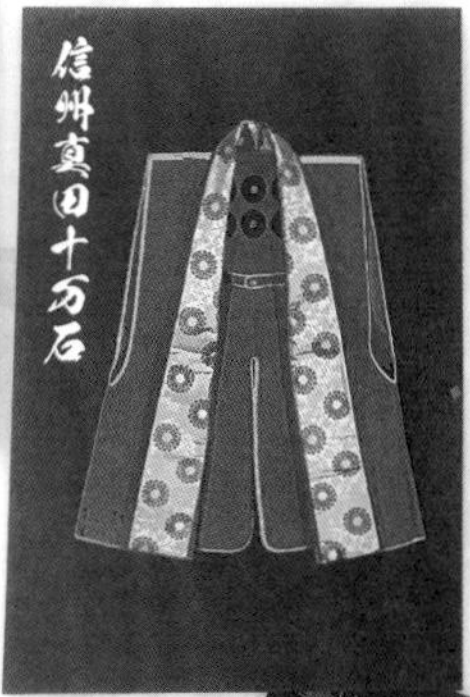

落ち着いた
雰囲気が魅力。
赤と黒の
2種類を用意
各2400円

真田氏ゆかりの
宝物がモチーフ

真田信之が所有していた陣羽織や鉄扇がモチーフの通好みなデザイン。

（ココで買える！）
松代城…P85

販売場所 信州松代観光協会

ネットで買える! 専門店の御城印帳

御城印帳はネットでも手に入ります。遠方の城の御城印帳が気軽にゲットできるのもうれしいポイント。

じゃばらの形をしていてポケットに入れるタイプなので使いやすい!

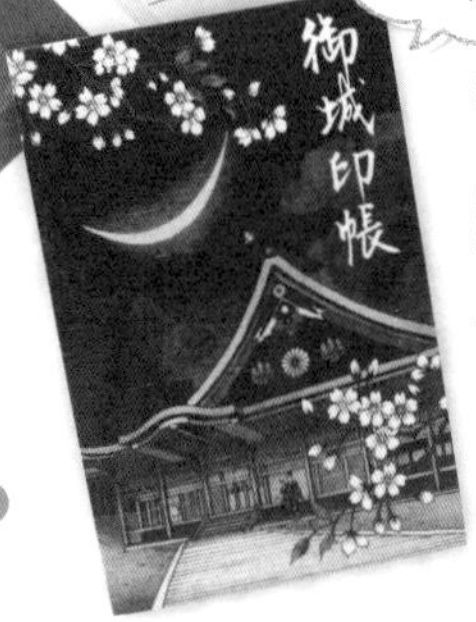

桜と月が城の風情と政宗、愛姫を感じさせます 2500円（送料別）

御城印帳 伊達政宗 仙台城 Ⓑ

仙台城にたたずむ伊達政宗が叙情的に描かれたデザイン。裏には家紋が入っています。

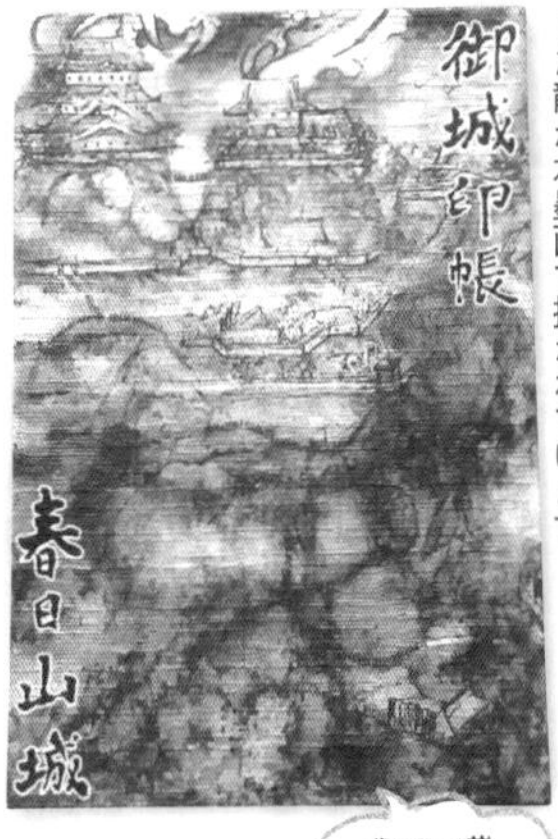

御城印帳 上杉謙信 春日山城 Ⓐ

表には春日山城が、裏には上杉謙信を模した龍が水墨画で描かれています。

難攻不落 春日山城の迫力が伝わります 2500円（送料別）

（ココで買える!）ⒶⒷ

奥州王

おうしゅうおう

戦国グッズを制作・販売する戦国オーダーメイド専門店。ほかにもアパレルグッズや雑貨など幅広く扱っています。

URL http://ousyuuou.webcrow.jp/

保護カバー付きなので汚れても安心! 各2750円（送料別）

城びとポケット御城印帳〈箔〉石垣 Ⓒ

石垣模様がデザインされたおしゃれな一冊。銀箔押しが高級感抜群です。

角度を変えると箔押しの石垣がキラリと輝きます 3300円（送料別）

（ココで買える!）ⒸⒹ

城びとストア

しろびとすとあ

お城情報WEBメディア「城びと」の公式ショップ。オリジナルのお城・歴史グッズを販売しています。

URL https://shirobito.stores.jp

城びとポケット御城印帳〈washi〉 Ⓓ

デザインは全部で3種類。ポップな「黄色」（左）と筆文字が渋い「ブルー」（右）のほか、大人っぽい「シロ」もあります。

こちらもCHECK お役立ち便利グッズ

城びと 測量野帳
748円（送料別）
表紙は固く、屋外でも書きやすいので城めぐりのメモに最適

城めぐリン
2420円
（送料別）
かわいいデザインのクマよけ鈴。山城めぐりのお供にどうぞ

第4章

名武将ゆかりの城の御城印

城は武将たちの拠点で、戦の舞台でもありました。ここでは、特に有名な武将に絞って、城と御城印をご紹介。名武将の歴史に思いを馳せてみましょう。

名武将…❶

織田《おだ》信長《のぶなが》

天下統一を目指した戦国時代の風雲児

尾張に生まれた信長は、桶狭間の戦いを契機に美濃、畿内と勢力を次々に拡大しますが、本能寺の変で志半ばに討たれてしまいます。領土拡大に伴い居城を移した信長は、城郭史にも大きな影響を与えました。

☞金華山一帯は2011年に「岐阜城跡」として国史跡に指定

☝天守台の石垣。近年、天守の西側の山上に信長時代の天守台石垣が発見されたことが大きな話題に

☝金華山の西麓の槻谷(けやきだに)には信長など歴代城主の居館跡があります

岐阜

斎藤家を破り、天下獲りを誓った拠点

岐阜城《ぎふじょう》

日本100名城

斎藤氏の居城であった稲葉山城《いなばやまじょう》を奪った信長は地名を岐阜、城を岐阜城と改めました。山頂の城で信長が抱いた野望を感じてみては。

織田信長は永禄《えいろく》10年(1567)、この城を攻略。美濃一帯を平定し、天下統一の本拠地としました。のちに信長は安土城へと移りますが、その後も嫡男の信忠《のぶただ》が居城するなど、信長にとって重要な拠点でした。昭和31年(1956)に現在の天守が復興されました。標高の高い場所にあり、最上階の望楼から眺める岐阜市街の眺めは必見です。

家紋に旗印、印判まで信長ずくめの御城印

右の字……登城記念
中央の字……岐阜城
家紋……織田家「織田木瓜」(左上)
中央の印……天下布武
左下の印……永樂通寶

☝通常版の御城印にはユネスコ無形文化遺産に登録されている手漉きの美濃和紙を使用。限定版(→P17)もあります

買って帰りたい 城みやげ

金華山岐阜城限定の戦国武将トランプ 500円

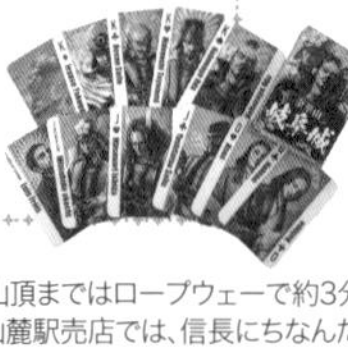

☞裏面には信長時代の岐阜城をイメージした絵が、J・Q・K・JOKERの表面には戦国武将が描かれています

DATA 岐阜城

山城

建仁《けんにん》年間(1201～04)

二階堂行政《にかいどうゆきまさ》

斎藤道三《さいとうどうさん》、織田信長

御城印
料金…300円(通常版)
頒布場所…ぎふ金華山ロープウェー山麓駅売店 (時 9～18時 ※冬期は～17時、季節により夜間営業あり 休 無休)

住 岐阜県岐阜市金華山天守閣18

交 JR岐阜駅から岐阜バス市内ループ線(左回り)などで15分、岐阜公園・歴史博物館前下車。徒歩3分の山麓駅から金華山ロープウェーで3分、山頂駅下車、徒歩8分

時 9時30分～17時30分(季節により変動あり)

休 無休 料 200円

+α メモ 岐阜公園から城がある金華山の山頂まではロープウェーで約3分。御城印袋は織田信長の花押に岐阜城が描かれたオリジナルです。ロープウェーの山麓駅売店では、信長にちなんだグッズがたくさん販売されています。

愛知

清洲城《きよすじょう》

戦国武将が集い会合し歴史を動かした城

那古野城で生まれたといわれる信長は、弘治《こうじ》元年（1555）に清須城へ入城。尾張平定の拠点としました。桶狭間の戦いのとき信長はここから出撃しています。松平信《まつだいらのぶ》康《やす》と同盟を結ぶ会合もこの城で開かれました。

信長が没したのちは織田家の後継を決める清須会議や関ヶ原の戦い直前に福島正則、細川《ほそかわ》忠興《ただおき》、黒田長政《くろだながまさ》らの集結の場となりました。

中央の大きな木瓜紋が織田家3代を表現

右の字……登城記念
中央の字…清洲城
家紋………織田家「織田木瓜」

☞清洲城の歴代城主7人のうち、基礎となる初代信長から3代信雄（のぶかつ）までの織田家の家紋を中央に配置

☞現在の天守は1989年に町制100周年記念で造られたものです（上）
清須越直前に存在していた本丸南側の石垣が復元されています（下）

©清須市

☞桶狭間の戦いの勝利祈願に熱田神宮に奉納した塀「信長塀」が再現されています

注目したい 城TOPIC

清洲城信長まつりの鉄砲隊は迫力満点

毎年10月に開催されている祭りで、秋の大茶会やマルシェなど企画が盛りだくさん。特に鉄砲隊による火縄銃演武が人気。（2020年は中止）

DATA 清洲城

平城
応永《おうえい》12年（1405）
斯波義重《しばよししげ》
織田信長、福島正則《ふくしままさのり》、徳川義直《とくがわよしなお》

御城印
料金…300円
頒布場所…清洲城受付
（時 休 清洲城に準ずる）、
清洲ふるさとのやかた
（時 9〜17時 休 月曜※祝日の場合は翌日）

住 愛知県清須市朝日城屋敷1-1
交 JR清洲駅から徒歩15分
時 9時〜16時30分
休 月曜（祝日の場合は翌日、イベント時は開館） 料 300円

愛知

小牧山城《こまきやまじょう》

続日本100名城

信長が初めて築いた城

山頂から濃尾平野が一望できる標高約86mの小牧山に、永禄6年（1563）、信長が初めて築城した城です。この城を拠点に美濃の斎藤《さいとう》氏を攻め落とし、岐阜城に入城しました。信長の死後、天正《てんしょう》12年（1584）の小牧・長久手の戦いでは、次男・信雄と同盟関係を結んだ徳川家康が信長の城跡に大改修を加えて本陣を構え、羽《は》柴秀吉《しばひでよし》と対峙しました。

©小牧山城史跡情報館提供

御城印の家紋は織田家と徳川家の2種類

右の字…続日本百名城／中央の字…小牧山城／左の字…登城記念／家紋…織田家「織田木瓜」／左下の印…國指定史跡小牧山

☞小牧山城ゆかりの2武将の家紋を中央に堂々と配しています

右の字…続日本百名城／中央の字…小牧山城／左の字…登城記念／家紋…徳川家「三葉葵」／左下の印…國指定史跡小牧山

©小牧市教育委員会

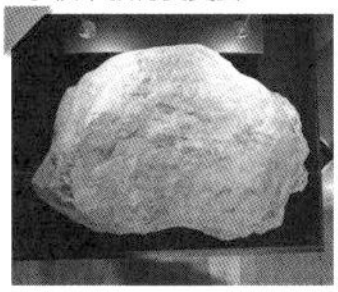

☞墨書のある石垣石材が発見され、山の麓の「れきしるこまき」で見られます

☞山頂の小牧市歴史館は昭和43年（1968）に建てられ、市に寄贈されました

DATA 小牧山城

平山城 永禄《えいろく》6年（1563）
織田信長 織田信長、織田信雄《おだのぶかつ》、徳川家康

御城印
料金…各300円
頒布場所…小牧市歴史館（時 9時〜16時30分 休 第3木曜※祝日の場合は翌日）、れきしるこまき（時 9〜17時 休 第3木曜※祝日の場合は翌日 料 100円）

住 愛知県小牧市堀の内1-1
交 名古屋鉄道小牧駅から名鉄バス岩倉駅行きなどで10分、小牧市役所前下車、徒歩10分 時 休 見学自由 料 無料

+α メモ

江戸時代に入った慶長（けいちょう）15年（1610）、徳川家康の命で、清洲の城下町は名古屋城下へ移転。これを清洲越しといいます。清洲城は名古屋城築城の資材として利用され、名古屋城の完成とともに廃城となりました。

名武将…❷

豊臣秀吉《とよとみ ひでよし》

農民から天下人に上り詰めた戦国一の出世頭

織田信長に仕えると知略と才覚で戦功をあげて頭角を現し、本能寺の変ののち、信長の天下統一事業を引き継いで成し遂げます。権威の象徴・大坂城のほか、役割に合わせて多くの城を築きました。

兵庫　世界遺産　国宝

姫路城《ひめじじょう》

日本100名城　現存12天守

400年前の姿を今に！ 現存天守のなかでも別格

2015年に完了した大修復を経て輝く白さを取り戻した名城は、まさに「日本初の世界文化遺産」にふさわしい美しく荘厳な姿に。戦国から江戸への過渡期の歴史が凝縮した一大スケール！

室町時代に赤松貞範が築いた砦が始まりとされています。その後、秀吉が軍師・黒田官兵衛から城を譲り受け、中国攻めの拠点としました。現在の広大な城郭は、徳川家康の次女・督姫《とくひめ》を妻とする池田輝政《いけだてるまさ》が、9年の歳月をかけて大改築を行い、慶長《けいちょう》14年（1609）に完成しました。高さ31・5mの五重六階の天守は、現存する天守のなかでも最大の規模を誇ります。

藩主の書を使用した御城印を特別公開時などに限定配布

右の字……世界遺産
中央の字…姫路城
家紋………酒井家「剣酢漿草（けんかたばみ）」
左下の印…酒井忠以の落款
模様………高砂染

☝現存する酒井家2代姫路藩主・酒井忠以（さかいただざね）の日記や描いた絵図等より抽出した文字や落款印を配置

買って帰りたい 城みやげ

紋瓦石鹸 2000円

☞羽柴秀吉（はしばひでよし）・池田輝政・酒井忠恭（さかいただずみ）の紋瓦をモチーフにした石鹸。家老屋敷跡公園内の特産品店「姫路の宝蔵」で販売

☝大天守と3つの小天守が渡櫓で連結された連立式天守という構造

☝ろの門からはの門（ともに国の重要文化財に指定）へと長く続く将軍坂

☟東の心柱は創建当時の樅の木。昭和大修理で根元を切り檜材で継いでいます

☜千姫（せんひめ）のために建てられた化粧櫓から続く約300mの百間廊下

DATA 姫路城

- 平山城
- 南朝：正平《しょうへい》元年／北朝：貞和《じょうわ》2年（1346）
- 赤松貞範《あかまつさだのり》
- 黒田《くろだ》氏、羽柴《はしば》（豊臣《とよとみ》）氏、池田《いけだ》氏、酒井《さかい》氏ほか

御城印 料金…300円
※2020年2月の特別公開時に初めて頒布。9月にも頒布実績あり。不定期につき要確認

住 兵庫県姫路市本町68
交 JR姫路駅から神姫バス西方面行きで3分、大手門前下車、徒歩5分
時 9～17時（夏期は～18時）
休 無休 料 1000円

+α メモ　天を舞う白鷺のように見えることから、別名白鷺城（はくろじょう）とよばれています。14代城主の黒田孝高（よしたか）（官兵衛）は、豊臣秀吉に中国攻めのための要所として姫路城を献上し、秀吉が城主となりました。

京都

聚楽第《じゅらくてい》

今は栄華を極めた痕跡もない幻の宮殿

秀吉が関白の政庁兼邸宅として築きました。『聚楽第行幸図屏風』に天守がある重層な建物が描かれていますが、残存する遺構は乏しく、いまだにその多くが謎に包まれています。完成から4年後、秀吉が家督と関白職を甥の秀《ひで》次《つぐ》に譲り、聚楽第も秀次の邸宅となりました。その4年後、秀次は謀反が疑われ切腹、秀次の居城である八幡山城とともに破却となりました。

越前和紙を使用し五七の桐をデザイン

右の字…長生不老の樂(うたまい)を聚(あつ)むるものなり／中央の字…聚楽第／家紋…豊臣秀吉「五七桐」

☞秀吉が関白就任後に用いたとされる「五七桐」をあしらっています

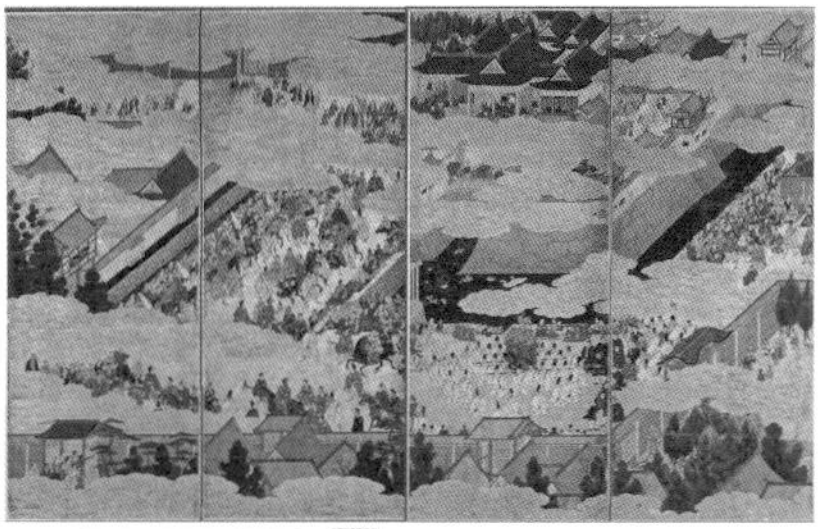

☞秀吉が天皇を聚楽第に招いた様子が描かれた『聚楽第行幸図屏風』 ©堺市博物館

☞晴明神社がある場所には、かつて秀吉が聚楽第を構えたころ、千利休(せんのりきゅう)の屋敷があったと伝えられています(右)
聚楽第の残存遺構は少ないですが、跡地にはいくつか石碑が立っています(左) ©攻城団

DATA 聚楽第

- 平城
- 天正《てんしょう》15年(1587)
- 豊臣秀吉
- 豊臣氏

御城印 料金…300円
頒布場所…京都市考古資料館
(時 9～17時 休 月曜 料 無料)

住 京都府京都市上京区中立売通(石碑「此附近聚楽第本丸西濠跡」)ほか
交 JR京都駅から市営バス立命館大学前行きで27分、智恵光院中立売下車すぐ
時 休 見学自由 料 無料

まだある! 秀吉ゆかりの城

秀吉の権威を世に示した名城

秀吉が安土城以上を目指し、壮大で絢爛豪華な城を築きましたが、大坂の陣で焼失。徳川家によって埋め立てられてしまいました。

☞江戸期に入り、徳川幕府によって新たな縄張で築城された大坂城も、天守が落雷により焼失。昭和6年(1931)に現在の復興天守が築かれました(上)。徳川期の千貫櫓(下)

DATA 大坂城《おおさかじょう》 日本100名城

住 大阪府大阪市中央区大阪城1-1 交 大阪メトロ谷町四丁目駅から徒歩10分 時 9～17時 休 無休 料 600円

岐阜

墨俣一夜城《すのまたいちやじょう》

秀吉の出世のきっかけとなった一夜城

秀吉による墨俣城の建造は、愛知県江南市で発見された古文書にのみ記載されており、創作だとする説もあります。しかし、墨俣が信長の美濃攻略のための重要な拠点であったことは事実です。古文書は、秀吉が美濃勢を撃退しながら砦城の建造準備を進め、雨で戦が中断しているなか、上流から流した材木を組み立てさせ、一夜にして見事に墨俣城を完成させたと伝えています。

秀吉出世の地にあやかった人気の御城印

右の字……登城記念
中央の字…墨俣一夜城
左下の印…秀吉出世の地
絵………瓢箪(秀吉の馬印に使われたことにちなんで)

☞手漉きの美濃和紙を使用。「秀吉出世の地」の朱印をあしらったシンプルなデザイン

☞1991年に歴史資料館として開館しました。展望室からの眺めも好評です

DATA 墨俣一夜城

- 平城 不明
- 木下藤吉郎《きのしたとうきちろう》(のちの豊臣秀吉)(諸説あり)
- 木下藤吉郎(諸説あり)

御城印 料金…300円
頒布場所…天守1階受付
(時 休 墨俣一夜城に準ずる)

住 岐阜県大垣市墨俣町墨俣1742-1
交 JR大垣駅から名阪近鉄バス岐阜聖徳学園大学行きで22分、墨俣下車、徒歩12分
時 9～17時
休 月曜(祝日の場合は翌日)、祝日の翌日
料 200円

+αメモ 墨俣一夜城がある犀川堤は桜の名所。開花時期には約800本の桜が堤沿いに約3.7kmにわたって咲き誇ります。毎年3月下旬から「すのまた桜まつり」を開催。夜間には天守がライトアップされ、幻想的な景観が楽しめます。

名武将…③

徳川《とくがわ》家康《いえやす》

戦国を生き抜き太平の世をつくった天下人

織田・今川家の人質として幼少期を過ごしますが、その後信長と同盟を結び、三河を平定。天下分け目の関ヶ原の戦いで勝利し、征夷大将軍となります。天下普請で次々と城を造らせ、260年余続く江戸幕府の礎を築きました。

東京

江戸城《えどじょう》

日本100名城

庶民の暮らしを優先し焼失天守は復興せず

現在の皇居は、かつて徳川将軍家の居城であり、江戸幕府の政庁でした。一般公開されている皇居東御苑では天守台や城門などが見られます。

長禄元年（1457）、太田道灌が江戸城を築城。その後、小田原攻めで秀吉が北条氏を破ると、家康が三河から関東へ移封となります。天下人となった家康は、大規模な拡張工事を行い、以後約260年幕府の政庁として機能し続けます。しかし、江戸の大半が失われた明暦《めいれき》の大火で天守は焼失。幕府は、町の復興を優先したため天守不在のまま幕末を迎えました。

江戸城の天守を再建するための活動の一環

手触りのいい和紙を使用。CGで復元した江戸城の画像も迫力があります

右の字……登城記念／中央の字……江戸城
左の字……江戸城天守を再建する会会長 太田道灌公第十八代子孫太田資暁
左下の印……太田資暁氏の印（上）、特定非営利活動法人江戸城天守を再建する会の印（下）
右下の写真…江戸城天守の復元CG画像（広島大学名誉教授・三浦正幸氏による）

日本最高だといわれた高さ51mの天守を支えた天守台は黒田長政（くろだながまさ）が築造

和田倉噴水公園西側の内堀通りを挟んだ向かい側に位置する桜田巽櫓

DATA 江戸城（皇居東御苑）

- 平山城
- 長禄《ちょうろく》元年（1457）
- 太田道灌《おおたどうかん》
- 太田氏、北条《ほうじょう》氏、徳川氏

御城印 料金…500円
※江戸城天守を再建する会の会員および同会主催の講演会やツアーなどの参加者のみに頒布

住 東京都千代田区千代田
交 JR東京駅または東京メトロ大手町駅から徒歩5分
時 9～17時（4月中旬～8月は～18時、10月は～16時30分、11～2月は～16時）
休 月・金曜（天皇誕生日を除く祝日は開園、月曜が祝日の場合は翌火曜休）
料 無料

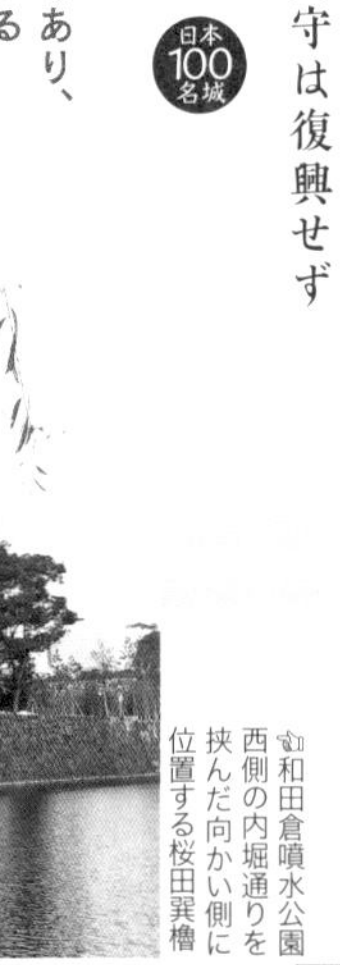

松之廊下跡地には石碑が立っています

オススメ 立ち寄りスポット

増上寺《ぞうじょうじ》

将軍が眠る徳川家の菩提寺

徳川家の菩提寺。現在、2代・秀忠《ひでただ》、6代・家宣《いえのぶ》、7代・家継《いえつぐ》、9代・家重《いえしげ》、12代・家慶《いえよし》、14代・家茂《いえもち》の6名の将軍のほか、各公の正室と側室の墓も設けられています。

☎03-3432-1431 住東京都港区芝公園4-7-35 交都営地下鉄御成門駅または芝公園駅から徒歩3分 ［本堂］時6～17時 休境内自由 料無料 ［徳川将軍家墓所］時10～16時※営業時間変更の場合あり 休火曜（祝日の場合は開館） 料500円

+α メモ 赤穂浪士の討ち入りのきっかけにもなった、松之廊下の場所や、井伊直弼（いいなおすけ）が暗殺された外桜田門など、歴史的に重要かつ有名な事件が起きた場所をそこかしこに見ることができます。

愛知

名古屋城

●なごやじょう

日本100名城

家康の命で築城された尾張徳川家62万石の巨城

慶長14年(1609)、家康が西国諸大名20家に普請を命じました。慶長17年(1612)に竣工し、尾張徳川初代藩主・義直《よしなお》が入城します。3代将軍・家光《いえみつ》が上洛のために本丸御殿に上洛殿を増築すると、義直は二之丸御殿へ移り、以後本丸御殿は将軍の宿舎として明治まで至ります。天守、本丸御殿ともに空襲で焼失してしまいますが、それぞれ戦後に再建されました。

☞昭和34年(1959)に鉄骨鉄筋コンクリート造りで再建。現在天守閣は閉館中

☞東南隅櫓は現存する隅櫓のひとつ。辰巳隅櫓とよばれていました

尾張徳川家の家紋の印をいただく

右の字……特別史蹟
中央の字……名古屋城
家紋……徳川家「三葉葵」

☞大きな三葉葵が迫力ある通常版。毎年1月1日から数量限定の限定版も頒布しています

☞本丸表二之門は当時の本丸大手の外門で、南二之門とよばれていました

注目したい 城TOPIC

名古屋おもてなし武将隊®

織田信長、豊臣秀吉、徳川家康、前田《まえだ》利家《としいえ》、加藤清正、前《まえ》田《だ》慶次《けいじ》の武将6名に陣笠(足軽)4名が観光客をおもてなし。スケジュールは公式サイトで確認できます。

©2009 Nagoya-Omotenashi Busho-Tai Secretariat

DATA 名古屋城

- 平城
- 慶長《けいちょう》20年(1615)
- 徳川家康
- 尾張徳川家《おわりとくがわ》

御城印

料金…300円(通常版)
頒布場所…正門横売店
(時 休 名古屋城に準ずる)、
内苑売店
(時 休 名古屋城に準ずる)

住 愛知県名古屋市中区本丸1-1
交 市営地下鉄市役所駅から徒歩5分
時 9時～16時30分(夏期は～17時30分)
休 無休 料 500円
※天守閣は閉館中

京都 世界遺産 国宝

二条城

●にじょうじょう

日本100名城

家康と豊臣秀頼《とよとみひでより》が会見した国宝の御殿が残る

現在の二条城は、慶長8年(1603)、家康の命で築かれ、御所の守護と将軍上洛の際の宿泊所でした。慶応《けいおう》3年(1867)には、15代将軍・慶喜《よしのぶ》が二の丸御殿の大広間で大政奉還の意思を表明し、江戸幕府の幕が下ろされました。この二の丸御殿が城内の最大のみどころです。国内の城郭に残る唯一の御殿群として国宝に指定されています。

☞江戸・大坂・名古屋城の御殿は現存していないため、非常に貴重な遺構となる二の丸御殿。国宝にも指定されています

☞二の丸御殿、大広間四の間『松鷹図』(狩野山楽作)は御殿のなかで最も有名な障壁画です

装飾金具に刻まれた葵紋を再現

右の字…世界文化遺産/中央の字…元離宮二条城/家紋…徳川家「三葉葵」

☞二条城では入城記念符として販売しています

買って帰りたい 城みやげ

屏風型台紙 1230円

☞入城記念符を貼って飾ることができる屏風型台紙を販売。表紙の題字は、二条城東大手門前の石碑に刻まれている文字を忠実に再現したもの(入城記念符は別途)

DATA 二条城

- 平城
- 慶長《けいちょう》8年(1603)
- 徳川家康
- 徳川氏

御城印

料金…300円(入城記念符)
頒布場所…元離宮二条城大休憩所内、京都市観光協会二条城売店
(時 休 二条城に準ずる)

住 京都府京都市中京区二条通堀川西入二条城町541
交 地下鉄二条城前駅からすぐ
時 8時45分～16時(7・8月8～17時、9月8～16時) 休 無休
料 1030円(二の丸御殿観覧料含む。展示収蔵館観覧料は別途)※本丸御殿は現在修理工事中

+α メモ 二条城の天守(寛永期)は5層の壮観なものでしたが落雷により焼失。本丸御殿も天明の大火で焼失しました。現在の本丸御殿は、桂宮(かつらのみや)家から明治27年(1894)に移築したものです。

名武将…④

明智《あけち》光秀《みつひで》

10日余りの天下で世を去った謎多き戦国武将

前半生の多くは不詳ですが、信長に仕官してからは多方面に活躍し、丹波平定後は福知山城主となるなど、大きく出世を遂げました。しかし、本能寺の変ののち、秀吉に敗れ、その生涯を終えました。

☞天守では光秀に関する資料や福知山地方の歴史・文化財を紹介

☞寺社等で使われていた石塔などが転用石として石垣に使われています

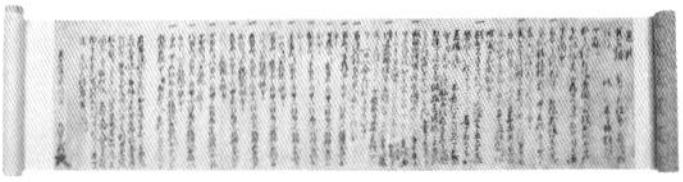

☞光秀が信長軍の軍規を記した直筆の『明智光秀家中軍法』などが展示されています。御霊神社所蔵／福知山市教育委員会提供

京都

福知山城《ふくちやまじょう》

続日本100名城

400年以上もその姿をとどめる強固な石垣

丹波の拠点として光秀が築いた城です。光秀は築城以外にも、城下町の整備や治水工事を行い、善政を布いた名君として慕われています。

室町時代に築かれた土豪の城・横山城を光秀が改修したものです。自然石をランダムに積み重ねた野面積の石垣は排水性に優れ、４００年以上経過した現在でも、往時の姿を見ることができます。廃城令で天守は取り壊されてしまいましたが、石垣と銅《あかがね》門番所だけが残され、番所は2度の移築を経て現在は本丸内にあります。天守は史料をもとに昭和61年（１９８６）に再建されました。

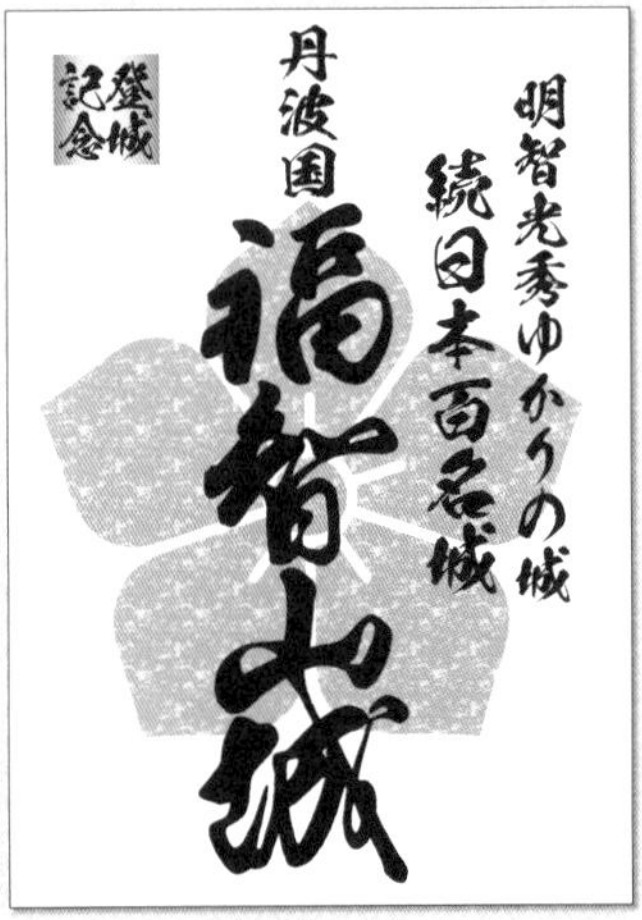

丹波国福智山城付郷村高帳の迫力ある文字

右の字……明智光秀ゆかりの城 続日本百名城
中央の字……丹波国 福智山城
家紋……明智家「桔梗」
左上の印……登城記念

☞揮毫は古文書『丹波国福智山城付郷村高帳』より抽出。大きな桔梗紋が美しいです

DATA 福知山城

平山城　天正《てんしょう》7年(1579)
明智光秀　明智氏、朽木《くつき》氏

御城印
料金…300円
頒布場所…天守閣
(時 休 福知山城に準ずる)

住 京都府福知山市内記5
交 JR福知山駅から徒歩15分 時 9～17時
休 無休 料 330円

オススメ 立ち寄りスポット

明智光秀公を祀るパワースポット

名君・光秀公を祀った神社です。光秀公ゆかりの貴重な品々を所蔵しているほか、本殿には明智家の家紋「桔梗紋」も施されています。

御霊神社《ごりょうじんじゃ》

☎0773-22-2255 住 京都府福知山市西中ノ町238 交 JR福知山駅から徒歩15分 時 休 境内自由 料 無料

+α メモ 現在の天守は、市民の瓦一枚運動などの熱意によって再建された、三層四階の天守閣です。京都府内で唯一の上れる天守閣がある城で、石垣の石材に用いられた多数の転用石にも注目です。

岐阜

光秀の生誕地という伝承が残る城

土岐明智城

●ときあけちじょう

落合砦、多羅《たら》砦ともよばれ、諸説ある光秀の生誕地のひとつとされている城です。本丸跡には桝形や虎口などの遺構が残り、三の曲輪跡には光秀が産湯に使ったとされる井戸跡も残っています。現在は緑豊かな千畳敷《せんじょうじき》公園として整備され、頂上からは明智町を一望できます。明智川を挟んで対岸に明知城跡や仲深山《なかのみやま》砦があるので、明智氏ゆかりの史跡を周遊してみてはいかがでしょうか。

明智氏の水色桔梗紋が爽やかに映える

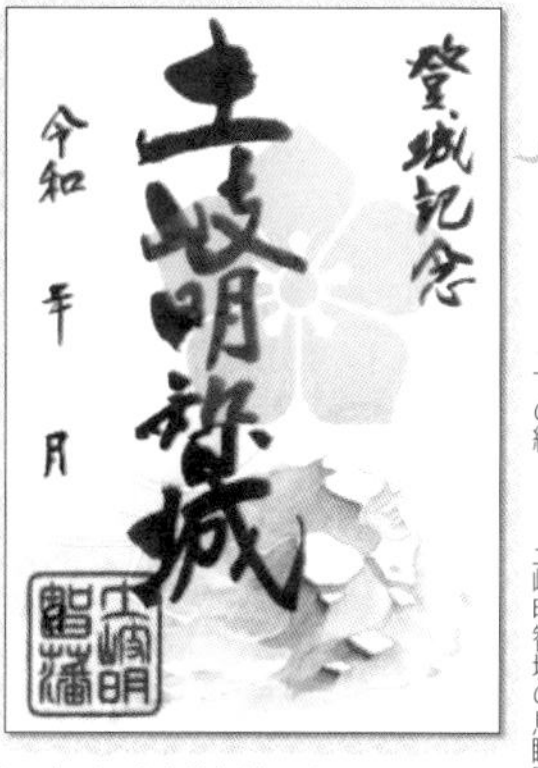

右の文字……登城記念
中央の文字…土岐明智城
家紋…………明智家「桔梗」
左下の印……土岐明智藩
下の絵………土岐明智城の鳥瞰図

明智氏の水色桔梗紋と、水墨画風に描かれた土岐明智城の鳥瞰図が印象的

光秀公産湯の井戸。光秀は享禄（きょうろく）元年（1528）にこの地に生まれたという言い伝えが残っています

DATA 土岐明智城

山城　不明
串原遠山《くしはらとおやま》氏（諸説あり）　串原遠山氏

御城印
料金…各300円
（土岐明智城、仲深山砦、明知城とも）
頒布場所…大正村観光案内所
（時 9〜17時※冬期10〜16時
休 無休）

住 岐阜県恵那市明智町947-10千畳敷公園内
交 明知鉄道明智駅から徒歩16分
時 休 見学自由 料 無料

注目したい城TOPIC

セットで揃えたい明智氏ゆかりの御城印

仲深山砦、明知城（白鷹城）の各御城印も同じ場所で購入できます。仲深山砦の御城印（右）には武田菱が、明知城の御城印（左）には遠山家の丸に二引両がデザインされています。御城印はシールになっています。

福井

朝倉氏の栄華と光秀の無名時代を偲ぶ

一乗谷城

●いちじょうだにじょう

日本100名城

一乗谷城は全国でも珍しい特別史跡・特別名勝・重要文化財と国の三重指定を受けた中世唯一にして最大の戦国城下町跡です。一説では光秀はもともと美濃国の守護・土岐《とき》氏の一族とされ、土岐氏を追放した斎藤道三《さいとうどうさん》に仕えるも、道三・義《よし》龍《たつ》父子の争いに巻き込まれた結果、越前に逃れました。浪人生活をしばらく送ったのちに朝倉義景《あさくらよしかげ》に仕え、しばらく一乗谷城で過ごしたと伝えられています。

明智光秀の桔梗紋が入った光秀御城印

右の字………明智光秀ゆかりの地
中央の字……越前朝倉 一乗谷城
家紋…………一乗谷朝倉家「三つ盛り木瓜」（中央）、明智家「桔梗」（右上）

明智の桔梗紋に「明智光秀ゆかりの地」の文字が配された光秀バージョン

信長と戦った朝倉義景館跡。三方向に堀と土塁が張りめぐらされています

館の入口にたたずむ唐門

代表的な朝倉氏の遺構・唐門のイラスト入り

右の字………国の三重指定 特別史跡・特別名勝・重要文化財
中央の字……越前朝倉 一乗谷城
家紋…………一乗谷朝倉家「三つ盛り木瓜」
下の絵………唐門

朝倉氏の三つ盛り木瓜（もっこう）紋を配し、最下部に唐門のイラストがデザインされています

DATA 一乗谷城（一乗谷朝倉氏遺跡）

山城
文明《ぶんめい》3年（1471）
朝倉孝景《あさくらたかかげ》
朝倉氏、桂田長俊《かつらだながとし》

御城印
料金…各300円
頒布場所…復原町並南入場口受付
（時 休 復原町並に準ずる）

住 福井県福井市城戸ノ内町
交 JR一乗谷駅から徒歩15分
時 休 見学自由 料 無料
※復原町並は 時 9〜17時
休 無休 料 220円

+α メモ

一乗谷城で発掘された復原町並では、武家屋敷・寺院・町家・職人屋敷や道路にいたるまでをほぼ完全な姿で見ることができます。当時の衣装に着替えて復原町並を歩けばタイムスリップしたかのような気分が楽しめます（有料）。

名武将…❺

真田幸村《さなだ ゆきむら》

大坂の陣で家康を追い詰めた日本一の兵

大坂冬の陣で出城・真田丸を築き、翌年夏の陣では徳川の本陣に迫る活躍で知られています。本名は真田信繁《のぶしげ》。父・昌幸が築いた難攻不落の上田城をはじめ、名だたる戦国大名と対峙した城が残っています。

ココにも注目！

☞岩櫃城は、標高802.6mの奇岩・怪石に覆われた岩櫃山の中腹にあります

☞岩櫃城本丸址。群馬県の沼田城、名胡桃城と合わせて上州真田三名城とよばれています

☞昌幸が勝頼のためにたった3日間で急造したとされる御殿跡

群馬

岩櫃城

真田一族の拠点となった上州の山城

いわびつじょう

続日本100名城

幸村の祖父・幸隆《ゆきたか》、父・昌幸《まさゆき》が城主を務めた、断崖絶壁の地形に立つ難攻不落の山城です。幸村が幼少期を過ごしたともいわれています。

岩櫃城は守りに強い山城で、真田昌幸・幸村父子が、徳川家康を恐れさせた上田城や大坂城の出城・真田丸の原型ともいわれています。織田信長による甲州征伐の際、昌幸は武田勝頼《たけだかつより》に新府城から岩櫃城に逃げるようすすめましたが、勝頼が小山田信茂《おやまだのぶしげ》の岩殿城を選んだことが武田氏滅亡を導きました。江戸幕府の一国一城令により廃城となりました。

関係する3氏の家紋と岩櫃山のイラストを配置

☞揮毫は書道家・高橋大榛氏によるものです。険しい岩肌の様子が描かれた岩櫃山が中央に配されています

右の字……国指定史跡
中央の字……岩櫃城
左の字……上州真田三名城
続日本百名城
家紋……真田家「六文銭」(右上)、斎藤家「六つ葉柏」(右下)、真田家「結び雁金」(左上)、武田家「武田菱」(左下)
中央の印……岩櫃城

DATA 岩櫃城

山城　不明

斎藤《さいとう》氏　斎藤氏、真田氏

御城印
料金…500円(岩櫃城、金剛院、密岩神社の御城印・御朱印の3点セット)
頒布場所…東吾妻町観光協会(時 9～17時 休 無休)、平沢登山口観光案内所(時 4～11月9～16時 休 期間中無休)

住 群馬県東吾妻町原町4392
交 JR群馬原町駅から岩櫃山平沢登山口駐車場まで車で10分、本丸址まで徒歩15分
時 休 見学自由(12～3月は冬期登山不可)
料 無料

注目したい城TOPIC

セットで手に入る御朱印もチェック

御城印は2種類の御朱印を合わせた3点セットが500円で購入できます。出陣前の必勝祈願をした金剛院(右)と、斎藤氏ゆかりの密岩神社(左)で、どちらも岩櫃に関わりが深い寺社です。

+α メモ

岩櫃城は、2019年10月に国史跡に登録。上田城と沼田城を結ぶ、真田街道の中間拠点として重要な役割を担ってきました。真田街道沿いの6城を巡るといただける御城印も頒布されています(→P16)。

長野

上田城

●うえだじょう

日本100名城

徳川大軍を二度にわたり退却させた名城

徳川が大軍で上田城に攻め込んだ天正13年(1585)、昌幸《まさゆき》は巧みな戦法でこれを撃退。その15年後、関ヶ原合戦で西軍についた昌幸と幸村は、中仙道を西進していた徳川秀忠《ひでただ》軍3万8000を足止めし、本戦への参戦を遅らせました。しかし西軍が敗れたため、昌幸と幸村は九度山へ流され、城も破却となりました。江戸期に仙石氏により再建され、現在は櫓3基と櫓門1基をみることができます。

一枚ずつ丁寧に書かれた直筆の御城印

☝真田氏、仙石氏、幕末までの藩主・松平氏の家紋を配置。春夏秋冬でデザインが変わります(写真は夏版)

右の字……登城記念
中央の字……上田城
家紋……真田家「六文銭」(上)、仙石家「永楽銭」(右)、松平家「五三桐」(左)
右下の絵……真田幸村
左下の絵……東虎口櫓門

☝1994年に復元された東虎口櫓門。石垣の大石・真田石は、信之が松代移封の際、父・昌幸の形見として運ぼうとしましたが、微動だにしなかったという伝承が残っています

DATA 上田城

▲平城
☽天正《てんしょう》11年(1583)
🔨真田《さなだ》昌幸《まさゆき》
真田氏、仙石《せんごく》氏、松平《まつだいら》氏

御城印 料金…300円
頒布場所…眞田神社社務所、上田市観光会館2階(いずれも時 9～16時 休 無休)
住 長野県上田市二の丸
交 JR上田駅から徒歩12分
時 休 見学自由 料 無料
※櫓内部は時 8時30分～17時 休 水曜、祝日の翌日、3月の平日、12～2月 料 300円

オススメ 立ち寄りスポット

赤備え兜が迎えるファン必訪の神社

上田城本丸跡に鎮座する眞田神社は真田父子をはじめ、歴代の上田藩主を祀っています。裏手には、抜け穴伝説が残る直径2m、深さ16.5mの大井戸・眞田井戸もあります。

眞田神社《さなだじんじゃ》 ☎0268-22-7302 住長野県上田市二の丸1-12 交JR上田駅から徒歩12分 時 休 境内自由 料 無料

長野

松代城

●まつしろじょう

日本100名城

10代250年、真田氏が城主となり城下町が繁栄

関ヶ原の戦いの際に、西軍の父・昌幸、弟・信繁(幸村)と対峙する東軍で戦った真田信之《のぶゆき》。元和《げんな》8年(1622)に松代に入封し、明治期に入るまで真田氏が治めました。歴代藩主は城下町を整備し産業振興にも尽力、松代の町の基礎を築きました。明治の廃城令で取り壊され、石垣だけとなりましたが、2004年に太鼓門や北不明門《きたあかず》、土塁などが復元されました。

☝太鼓門は本丸に存在した3カ所の櫓門のなかで最大規模の門

松代のオリジナル六文銭に注目

☝真田家の家紋や信之の正室・小松姫(こまつひめ)ゆかりの家紋などがデザインされた六文銭を配置

右の字……信州真田十万石
中央の字……松代城
左の字……登城記念
家紋……真田家「州浜」(右上)、松代オリジナル六文銭(中央)、「雁金」(左下)
右上の印……真田信之の花押
下の絵……松代城・日本百名城

通常の六文銭バージョンもあり

☝通常の六文銭を配したものもあります。各御城印ともに城門のイラストの色は紫と緑の2種類

右の字……信州真田十万石
中央の字……松代城
左の字……登城記念
家紋……真田家「州浜」(右上)、「六文銭」(中央)、「雁金」(左下)
右上の印……真田信之の花押
下の絵……松代城・日本百名城

DATA 松代城

▲平城 ☽永禄《えいろく》3年(1560)ごろ
🔨武田信玄 武田氏、森《もり》氏、真田氏ほか

御城印 料金…各300円 頒布場所…信州松代観光協会(時 8時30分～17時 休 無休)
住 長野県長野市松代町松代殿町 交 JR長野駅からアルピコ交通バス松代行きで30分、松代駅下車、徒歩5分
時 本丸内9～17時(11～3月は～16時30分)
休 無休 料 無料

オススメ 立ち寄りスポット

真田家にまつわる貴重な品を展示

松代城近くの真田宝物館は真田家伝来の大名道具を収蔵する博物館。貴重な書状や、真田昌幸所用の「昇梯子の具足」(写真)などが、年4回の展示替ごとに見られます。

真田宝物館《さなだほうもつかん》 ☎026-278-2801 住長野県長野市松代町松代4-1 交JR長野駅からアルピコ交通バス松代行きで30分、松代駅下車、徒歩3分 時 9～17時(入館は30分前まで) 休火曜(祝日の場合は開館) 料600円

+α メモ 上田城から北東へ約9kmにある「真田の郷」へも足をのばしてみましょう。真田一族の活躍を紹介する歴史館や、本城だったといわれる真田氏本城跡、かつての菩提寺などゆかりの史跡が点在しています。

名武将…❻

伊達《だて》政宗《まさむね》

独眼竜の異名をもつ奥州の名将

幼少期に右目を失明するも、奥州で次々と勢力を拡大。家康によって天下統一の夢は破れますが、仙台藩・初代藩主として礎を築きました。

明治時代の城絵図を墨絵でデザイン

右の字…登城記念／中央の字…米沢城　毘・龍／家紋…上杉家「竹に二羽飛び雀」／右の印…御歌頭（墨絵師の名前）／下の絵…米沢城絵図

☝明治までの272年間上杉氏の支配が続いた場所に今もシンボルとして残る、上杉軍の軍旗である「毘」「龍」の文字を配置

☞政宗生誕の地の石碑が立っています（上）。上杉謙信を祭神として建立された上杉神社の拝殿（下）

山形

名将たちの魂が息づく上杉家の本拠地

米沢城

●よねざわじょう

続日本100名城

【鎌】倉時代、長井氏の築城が始まりとされています。南北朝時代に伊達氏が侵攻。天文《てんぶん》17年（1548）に米沢に本拠を移します。その後、秀吉の命で伊達政宗は岩出山城に移ります。上杉氏の重臣・直江兼続《なおえかねつぐ》が慶長《けいちょう》3年（1598）に入城すると、上杉家の居城として本格的に近世城郭への大改修が行われ、江戸時代を通じて米沢藩庁として機能しました。

注目したい城TOPIC

米沢藩の基礎を築いた景勝と兼続の銅像

上杉景勝《かげかつ》とその右腕・直江兼続は本丸に御堂を造り、上杉謙信の遺骸を納めました。その後本格的に米沢城下の整備に着手、米沢の基盤を築きました。米沢城内には景勝と兼続主従の銅像があります。

DATA 米沢城

平城　暦仁《りゃくにん》元年（1238）
長井時広《ながいときひろ》　長井氏、伊達《だて》氏、蒲生《がもう》氏、上杉《うえすぎ》氏

御城印
料金…330円
頒布場所…米沢観光コンベンション協会観光案内所
（時9～17時 休 無休）

住 山形県米沢市丸の内1
交 JR米沢駅から市内循環バスで10分、上杉神社前下車すぐ
時 休 見学自由 料 無料

名武将…❼

上杉《うえすぎ》謙信《けんしん》

驚異の勝率を誇り、義を重んじた越後の龍

主要な戦では負けなし、軍神と称された名武将です。しかし戦の目的は領土拡大などの私利私欲のためでなく、乱世の平定など大義名分を重んじて臨んだものでした。

迫力ある上杉軍の旗印の「龍」の文字

中央の字…春日山城
背後の字…「懸り乱れ龍の旗」の龍の文字

☝総攻撃を命じるときにのみ本陣に立てられた「懸り乱れ龍の旗」の「龍」の一字を使用しています

新潟

謙信が生涯を過ごした山城

春日山城

●かすがやまじょう

日本100名城

【越】後守護・長尾為景《ながおためかげ》によって本格的な山城に拡大、その後上杉謙信により整備されました。山頂に本丸、山麓に居館を配した典型的な中世城郭で、山の裾野に約1.2kmにわたって築かれた堀と土塁による総構が大きなみどころです。上杉景勝が慶長《けいちょう》3年（1598）に会津へ転封すると堀秀治《ほりひではる》が入城し、さらに城の補強を行いました。

☞本丸は堀切により2区画に分断、南の曲輪が天守台と伝わります

☝中腹には昭和44年（1969）、大河ドラマの放送に合わせて建立された謙信像があります

DATA 春日山城

山城　南北朝《なんぼくちょう》時代
長尾《ながお》氏　長尾氏、上杉氏、堀《ほり》氏

御城印
料金…300円
頒布場所…上越市埋蔵文化財センター
（時9～17時 休 火曜※祝日の場合は翌日）

住 新潟県上越市中屋敷ほか
交 えちごトキめき鉄道・妙高はねうまライン春日山駅から頸城バス直江津駅前行きで5分、春日山荘前下車、徒歩15分
時 休 見学自由 料 無料

+α メモ　山頂の本丸は絶景スポットで、頸城（くびき）平野、直江津、日本海までが一望できます。本丸の南西には謙信の跡目を相続した景勝の屋敷跡があり、標高100m以上の高所にありながら水が枯渇しない不思議な大井戸が残っています。

名武将…⑧

黒田官兵衛《くろだかんべえ》

三英傑に重用された天才軍師

姫路城に生まれ、主に秀吉の軍師として功績をあげます。数々の築城を手がけた名手としても有名ですが、自らの居城として築いたのは中津城と福岡城の2つです。

福岡

福岡城

城の規模は九州一、加藤清正も評価

●ふくおかじょう

日本100名城

福岡城は黒田官兵衛・長政父子が築いた城で、江戸期を通じて福岡藩黒田氏の居城として知られています。九州一の巨城で、築城の名手・加藤清正もこの城を高く評価したといわれています。

現在、城跡の大半は舞《まい》鶴《づる》公園に、外堀は大濠《おおほり》公園として整備され、天守台、多聞櫓《たもん》、(伝)潮見櫓《しおみ》、下之橋御門《しものはしごもん》などが残されています。

提供:福岡市

☞天守が建設されなかったとされていますが、異説も多数あります

黒田長政直筆の花押を抽出

右の字……国史跡
中央の字…福岡城
家紋……黒田家「藤巴」
左下の印…黒田長政の花押
右下の絵…黒田長政所持の兜

☞イベント開催時限定で頒布(今後デザイン変更の場合あり)

DATA 福岡城

▲平山城 ☽慶長《けいちょう》6年(1601)

黒田官兵衛・長政《ながまさ》 黒田氏

御城印 ※イベント開催時限定で無償頒布していたが、有料での発売を検討中(デザイン変更の可能性あり)

㊟ 福岡県福岡市中央区城内
㊯ 地下鉄赤坂駅から徒歩8分
㊡㊋ 見学自由 ㊕ 無料

オススメ 立ち寄りスポット

黒田家歴代藩主とその一族が眠る

黒田家の菩提寺であった崇福寺《そうふくじ》の境内に隣接している歴代の墓所。崇福寺側からではなく、墓所の北門から入場できます。

提供:福岡市

黒田家墓所《くろだけぼしょ》

☎092-711-4666(福岡市文化財活用課) ㊟福岡県福岡市博多区千代4-7-79 ㊯地下鉄千代県庁駅から徒歩10分 ㊡10～16時 ㊋月～金曜(祝日の場合は開場) ㊕無料

大分

中津城

九州の諸大名を監視するために築城

●なかつじょう

続日本100名城

官兵衛は中津城築城を手がけるも完成させることなく、慶長《けいちょう》5年(1600)、筑前(福岡)に転封となりました。以後、城は細川家、小笠原家と新たな城主を迎え、築城と改修を繰り返しながら整備されていきました。その後、徳川家とゆかりの深い奥平《おくだいら》家が明治維新までの約150年間、中津藩主となります。長い歴史を持つ城です。

奥平家軍配紋と中津城のシルエット

右の字……登城記念 続日本百名城
中央の字…中津城
家紋……奥平家「軍配団扇」
下の印…中津城天守

☞越前和紙を使用し、文字はすべて手書き。限定版(→P23)もあります

☞天守は昭和39年(1964)に建てられ、内部は奥平家歴史資料館になっています

☞黒田期の石垣と細川期の石垣の境目が見られます

DATA 中津城

▲平城 ☽天正《てんしょう》16年(1588)

黒田孝高《くろだよしたか》(官兵衛) 黒田氏、細川《ほそかわ》氏

御城印 料金…300円
頒布場所…天守売店
(㊡㊋ 中津城に準ずる)

㊟ 大分県中津市二ノ丁本丸
㊯ JR中津駅から徒歩15分
㊡ 9～17時 ㊋ 無休 ㊕ 400円

買って帰りたい 城みやげ

黒官石 各1000円

☞一度も合戦で負けたことがなかった官兵衛にあやかっての勝ち守り

+α メモ 2013年、黒田官兵衛資料館が中津城天守の近くに開館。豊前国統治時(1587～1600)の官兵衛をテーマにした資料館です。官兵衛の兜「如水(じょすい)の赤合子(あかごうす)」のレプリカや、ドラマで使用された小道具などが見られます。

名武将…9

毛利《もうり》元就《もとなり》

一代で10国を治めた西国の覇者

周防の大内《おおうち》家、出雲の尼子《あまご》家を熾烈な争いを経て打ち破り、中国地方10国を掌握しました。当時としては長寿で、没年は75歳。息子たちに説いたとされる三矢《さんや》の訓《おしえ》の逸話でも知られています。

伝御蔵屋敷跡の下段を独立させた大小10段からなる大型の曲輪・勢溜（せだまり）の壇

有名な逸話「三矢の訓」を記念し昭和32年（1957）に建てられた石碑

©安芸高田市観光協会

広島

吉田郡山城

山全体を要塞とする巨大な城郭

●よしだこおりやまじょう

日本100名城

毛利家代々の居城です。天文《てんぶん》9年（1540）、尼子家の3万の軍に包囲されながらも籠城して撃退した、吉田郡山城の戦いが有名です。

吉田盆地を見渡す場所に築かれた中国地方で最大級の山城です。本丸を中心に放射状に広がる尾根を利用し、無数の曲輪が築かれています。築城時期は不明ですが、元就の時代に全山が城郭化されたといわれています。孫の輝元《てるもと》が修築や城下の整備を行い、天《てん》正《しょう》19年（1591）に本拠を広島城に移したのちも維持されていましたが、関ヶ原の戦い後、廃城となりました。

独特な毛利家の家紋を中央に大きくデザイン

右の字……国指定史跡
日本百名城
安芸国吉田荘
中央の字……郡山城
家紋……毛利家「一文字三つ星」

台紙には石州和紙を使用。家紋の形状は毛利家の承認を受けたものを忠実に再現しています

郡山城跡西麓に建てられた洞春寺（とうしゅんじ）跡に残る毛利元就墓所

DATA 吉田郡山城

山城　不明

毛利氏　毛利氏

御城印
料金…300円
頒布場所…安芸高田市歴史民俗博物館（時 9～17時 休 月曜※月曜が祝日の場合は翌日）、安芸高田市観光協会（時 10～17時 休 火曜※火曜が祝日の場合は翌日）

住 広島県安芸高田市吉田町吉田郡山
交 JR向原駅から車で20分
時 休 見学自由 料 無料

買って帰りたい 城みやげ

三子教訓状ミニレプリカ 1000円

三子教訓状とは元就が3人の息子に対して協力することの大切さを説いた書状で、そのミニレプリカが歴史民俗博物館と「道の駅 三矢の里あきたかた」で販売されています

+α メモ 山麓にある安芸高田市歴史民俗博物館では、資料や城の模型、映像などで毛利氏を詳しく紹介しています。歴代当主の名が記される清神社棟札（すがじんじゃむなふだ）や毛利輝元が関ヶ原の戦いの勝利祈願をした絵馬は必見です。

名武将…⑩

武田信玄《たけだ しんげん》

圧倒的な軍の強さを誇った甲斐の虎

風林火山の軍旗をかかげ、圧倒的な軍の強さで信濃・駿河を制した智将です。領土拡大は果たしましたが、新しく居城を築くことはなく、生涯、武田氏館に住み続けました。

山梨

武田氏館

●たけだしやかた

武田神社が鎮まる武田氏3代の居城

日本100名城

武田氏館（躑躅《つつじ》ケ《が》崎《さき》館《やかた》）は、武田氏3代（信虎、信玄、勝《かつ》頼《より》）が本拠とした居館です。中世城郭の典型的な方形館の構造をしていました。現在は武田神社が鎮座しており、館跡は国史跡に指定されています。主な遺構は武田氏滅亡後に入封した加藤光泰《かとうみつやす》が改修を行ったものと考えられています。武田氏滅亡後も甲斐支配の主城でしたが、甲府城が築かれたことで廃城となりました。

名将・武田信玄にあやかり、勝運のご利益を求めて訪れる人も多い武田神社

石垣は、自然石をそのまま積み上げる野面積とよばれる技法で積まれています

©甲府市教育委員会

武田氏の力を物語る勇猛な龍が印象的

中央の印は武田信玄・勝頼が発給した印判状に使用されていた龍朱印とよばれるもの

右の字……武田氏館跡歴史館來館記念
中央の字……国指定史跡 武田氏館跡
家紋……武田家「花菱」
中央の印……龍朱印
右下の絵……つつじ

神社のそばには武田氏の歴史を紹介する信玄ミュージアムがあります

DATA 武田氏館

平城　永正《えいしょう》16年（1519）
武田信虎《たけだのぶとら》　武田氏、徳川氏、豊臣氏

御城印
料金…無料（信玄ミュージアム特別展示室の入館料300円が必要）
頒布場所…信玄ミュージアム特別展示室（時 9～17時 休 火曜※祝日の場合は翌日）

住 山梨県甲府市古府中町2611
交 JR甲府駅から山梨交通バス武田神社・積翠寺行きで10分、武田神社下車すぐ
時 休 見学自由 料 無料

名武将…⑪

加藤清正《かとう きよまさ》

築城の名手かつ秀吉を支えた猛将

秀吉の親戚で、賤ヶ岳の戦いでは七本槍の一人として活躍。虎を退治した武勇伝をもつ勇猛果敢な武将です。肥後半国の領主となり、7年がかりで熊本城を築城しました。

熊本

熊本城

●くまもとじょう

築城の名手・加藤清正が手がけた城

日本100名城

築城当時は大小天守のほか、櫓49、櫓門18、城門29などを備えた実戦型の巨大な城でした。加藤家改易後は明治まで細川家11代の居城となりました。西南戦争では、薩摩の大軍に対して50余日の籠城に耐え、難攻不落の名城の真価を発揮。現在の天守閣は昭和35年（1960）に再建されたものですが、2016年の熊本地震の際に被災し、現在も復旧工事が行われています。

下部はゆるやかな傾斜で上部に向かうほど急になる独特な造りの石垣

ここだけの御城印帳

表面に熊本城天守閣、裏面には加藤家と細川家の家紋をデザインしたオリジナル御城印帳2200円。日本の伝統工芸「蒔絵」が施され黒と朱の2色があります

印に加藤清正の座右の銘を使用

右の字……特別史跡／中央の字……熊本城
家紋……細川家「九曜」（右）、加藤家「蛇の目」（左）
左下の印……履道応乾（加藤清正の座右の銘）

印に清正の座右の銘。加藤家と細川家の家紋が配置されています

DATA 熊本城

平山城　慶長《けいちょう》12年（1607）
加藤清正　加藤氏、細川《ほそかわ》氏

御城印
料金…300円
頒布場所…熊本城二の丸お休み処（時 9～17時 休 無休）、熊本城本丸お休み処（時 9時～16時30分 休 無休）

住 熊本県熊本市中央区本丸1-1
交 JR熊本駅から熊本城周遊バスしろめぐりんで30分、熊本城下車すぐ
時 9～17時 休 無休
料 500円 ※見学方法など内容が急遽変更する場合あり。最新情報は公式HPを参照

+α メモ　2016年4月に起きた熊本地震により熊本城は大きな被害に遭いました。現在、復旧工事中のため立入規制を行っていますが、特別公開が行われており、特別見学通路や二の丸広場、加藤神社などから天守閣や櫓などを見学できます。

コラム
COLUMN
③

注目度急上昇！ ゆかりの城でいただく 武《ぶ》将《しょう》印《いん》

御城印とともに、最近注目されているのが、城にゆかりのある武将にスポットを当てた武将印。花押や家紋の配置に趣向を凝らした、個性が感じられるのも魅力です。

末森城《すえもりじょう》 —P20 × 織田信秀《おだのぶひで》

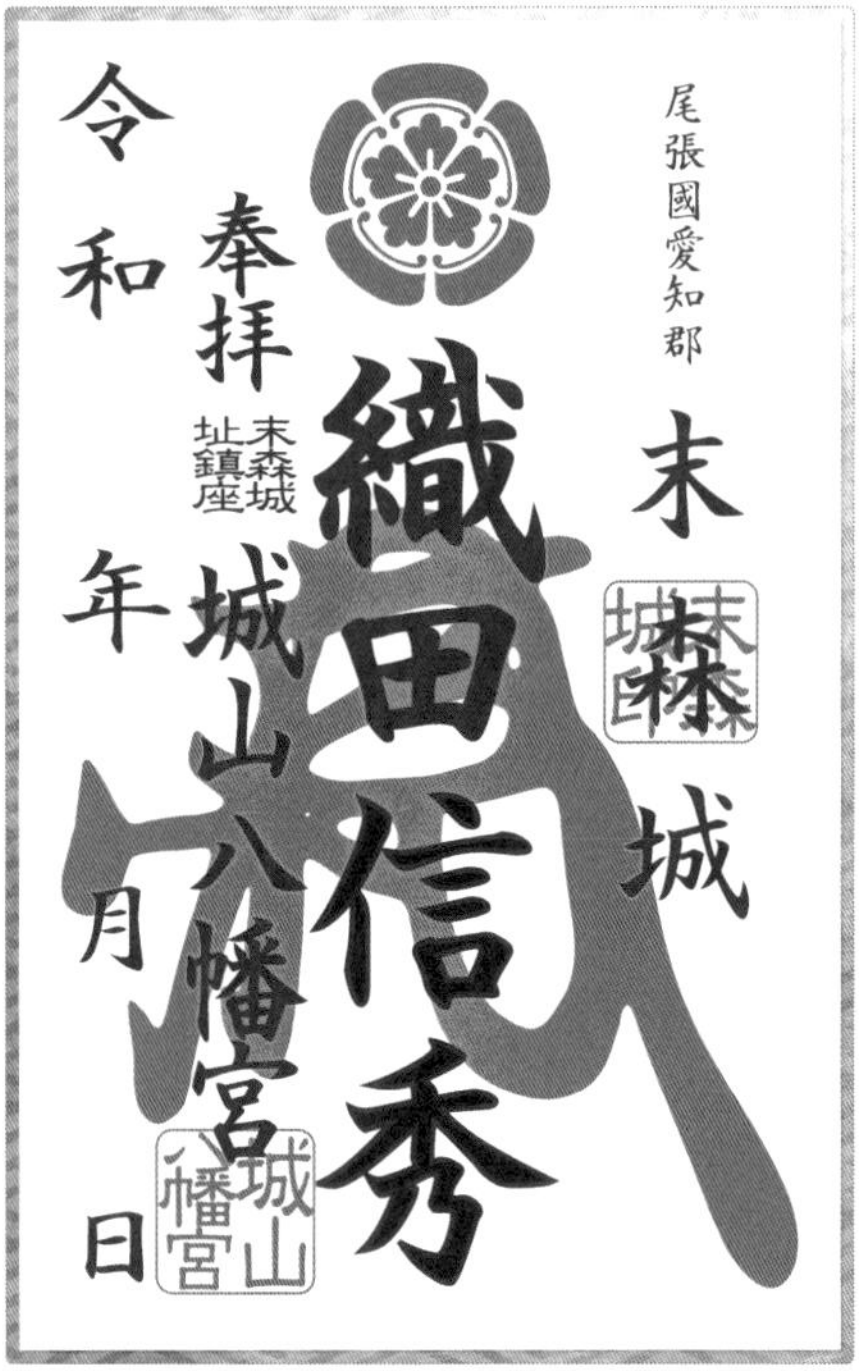

尾張の虎とよばれた信長の父

尾張の虎と恐れられた織田信秀が築き、没した城。力強い信秀の花押が中央に配されています。

武将印DATA
料金…500円
頒布場所…城山八幡宮社務所

月山富田城《がっさんとだじょう》 —P50 × 山中鹿介《やまなかしかのすけ》

尼子再興にかけた戦国一の忠義者

毛利氏に敗れ滅亡した尼子氏の再興のため、壮絶な戦いに身を捧げた山中鹿介の武将印。

武将印DATA
料金…300円
頒布場所…安来市立歴史資料館

米子城《よなごじょう》 —P64 × 吉川広家《きっかわひろいえ》

加藤清正《かとうきよまさ》を救った日本七槍の一人

朝鮮出兵時に加藤清正を窮地から救った吉川広家。清正から使用を許された婆々羅（ばばら）の馬印が印象的。

武将印DATA
料金…300円
頒布場所…米子まちなか観光案内所

松江城《まつえじょう》 P58 × 堀尾吉晴《ほりおよしはる》

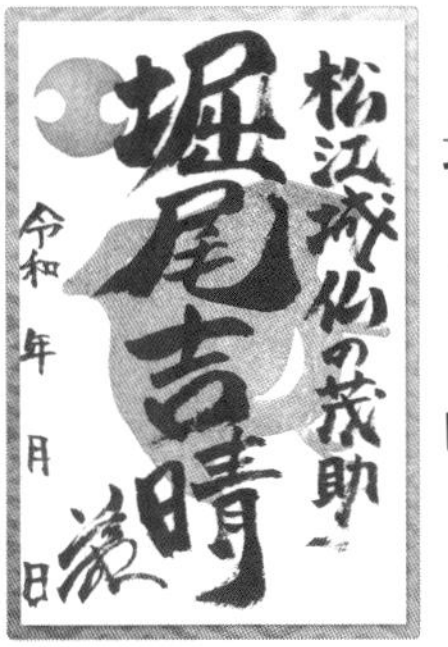

戦国の世を生きた優しき侍

戦国時代に仏の茂助(もすけ)とよばれ、松江城の築城後に没した堀尾吉晴の府です。

武将印DATA
料金…550円(お茶付)
頒布場所…いっぷく処清松庵「武者がしゃべる自販機」
時 9時30分～17時
休 不定休

月山富田城《がっさんとだじょう》 P50 × 尼子経久《あまごつねひさ》

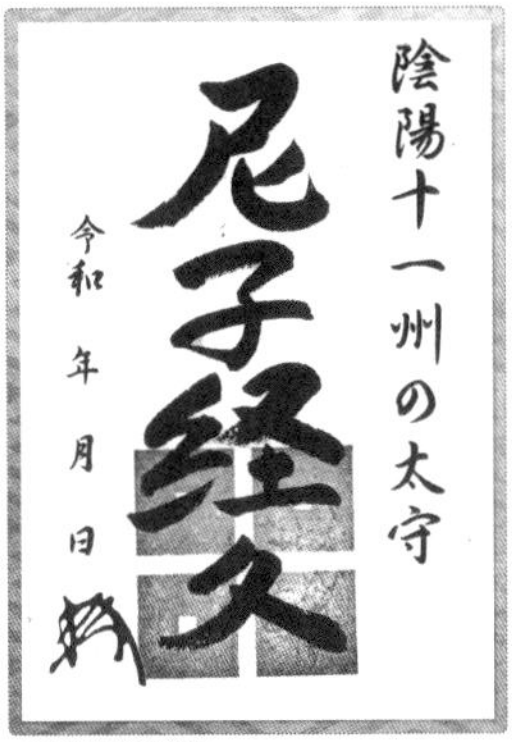

出雲守護代から大名へと下克上

出雲守護代から陰陽11カ国に勢力を伸ばした、勇猛な戦国大名。

武将印DATA
料金…300円
頒布場所…安来市立歴史資料館

彦根城《ひこねじょう》 P42 × 井伊直政《いいなおまさ》

真・戦国丸が手がける戦将の符のひとつ

井伊の赤備えと恐れられた先鋭部隊を率いた徳川四天王・井伊直政の符。

武将印DATA
料金…300円
頒布場所…彦根城内 鐘の丸売店
時 9時～16時30分(土・日曜、祝日は8時30分～17時)
休 無休

土岐明智城《ときあけちじょう》 P83 × 明智光秀《あけちみつひで》

光秀誕生の地の郷土資料とともに

繊細な水彩画が美しい明智光秀の武将印。光秀誕生の地、明智町の郷土資料も付いています。

武将印DATA
料金…500円
頒布場所…大正村浪漫亭
時 9時30分～17時30分
休 無休

次にくるのはコレ!

古戦場印《こせんじょういん》

織田・徳川連合軍と武田軍の決戦地である設楽原決戦場の来場記念印が、2020年2月から新城七名城の御城印とともに登場しました。

新城市設楽原歴史資料館提供

設楽原決戦場《したらがはらけっせんじょう》
住 愛知県新城市竹広
時 休 見学自由 料 無料

古戦場印DATA
料金…300円
頒布場所…新城市設楽原歴史資料館

行ってみたい城盛りだくさて!

まだある!

全国の御城印

名城のシンプルな御城印から
思わず手に取ってみたくなる限定版まで
全国各地の魅力あふれる御城印を
厳選してご紹介します!

青森

東北地方で唯一現存する天守

弘前城《ひろさきじょう》

日本100名城 現存12天守

現存十二天守のひとつで、弘前さくらまつりが開催される桜の名所としても有名です。弘前城天守が残る弘前公園ではほかにも四季折々のイベントが開催され賑わっています。

☞石垣修理工事のため、2020年現在、天守の位置が本丸中央に移動しています

右の字……現存十二天守 登城記念
中央の字…弘前城
家紋………津軽家「杏葉牡丹」

☞縁の模様は津軽地方に伝わる刺し子技法「こぎん刺し」をイメージした柄

DATA 弘前城

平山城　慶長《けいちょう》16年(1611)　津軽信枚《つがるのぶひら》　津軽氏

御城印
料金…300円
頒布場所…弘前城天守(時 9~17時 休 11月24日~3月)、弘前城情報館(時 9~17時 休 無休)

住 青森県弘前市下白銀町1
交 JR弘前駅から弘南バス弘前バスターミナル行きで15分、市役所前下車、徒歩10分(登城口から天守まで徒歩15分)
時 天守9~17時
休 11月24日~3月 料 320円

愛媛

華麗な装飾をもつ見ごたえある天守

宇和島城《うわじまじょう》

日本100名城 現存12天守

築城の名手・藤堂高虎が戦国時代の山城を当時の最先端技術で水城に造り直した城郭です。さらに現存天守をはじめ、宇和島伊達家の大改修で現在の姿になりました。

☞唐破風の玄関など平和の世を象徴する天守の建造は寛文6年(1666)ごろ

右の字……登城記念印状　四国伊予　宇和島藩
中央の字…宇和島城
家紋………宇和島伊達家「竹に雀」

☞家紋を見てもらえるように家紋と文字を重ねていないデザイン

©宇和島市

DATA 宇和島城

水城　慶長《けいちょう》元年(1596)
藤堂高虎《とうどうたかとら》　藤堂氏、伊達氏

御城印
料金…300円
頒布場所…天守窓口
(時 9~16時※3~10月は~17時 休 無休)

住 愛媛県宇和島市丸之内
交 JR宇和島駅から登城口まで徒歩15分(登城口から天守まで徒歩20分)
時 城門6~17時(3~10月は~18時30分)、天守9~16時(3~10月は~17時) 休 無休 料 200円(天守)

兵庫

雲海に包まれた絶景の天空城

竹田城《たけだじょう》

日本100名城

古城山山頂に築かれた総石垣の城郭は映画のロケ地などにもなり、その美しい光景は絶景城の先駆けに。雲海に浮かぶ竹田城は、立雲峡《りつうんきょう》の展望台から見ることができます。

☞雲海のシーズンは9月下旬~12月上旬。11~12月は濃い雲海が出やすいです

右の字……天空の城
中央の字…国史跡 竹田城
家紋………山名家「五七桐七葉根笹」(左上)、赤松家「二引両に右三つ巴」(右下)
左下の印…竹田城登城記念印

☞竹田城の始めと終わりの城主を御城印に織り込んでいます

DATA 竹田城

山城　嘉吉《かきつ》3年(1443)　山名持豊《やまなもちとよ》(宗全《そうぜん》)　赤松《あかまつ》氏

御城印
料金…300円
頒布場所…竹田城跡料金 収受棟(時 8~18時※ 6~8月6~18時、9~11月4~17時、12月~1月3日10~14時 休 1月4日~2月)、情報館「天空の城」(時 9~17時 ※12~2月は~16時 休 無休)

住 兵庫県朝来市和田山町竹田
交 JR竹田駅から徒歩40分
時 8~18時(6~8月6~18時、9~11月4~17時、12月~1月3日10~14時) 休 1月4日~2月 料 500円

愛媛

美しい連立式の城構えがみどころ

松山城《まつやまじょう》

日本100名城　現存12天守

天守や櫓などの建築物が渡櫓で結ばれた連立式天守という厳重な構造をもっています。松山城創建当時に建築された、日本で唯一現存する望楼型二重櫓の野原櫓も必見です。

☞標高132mの山頂に立つ天守から松山平野を360度見渡す光景は圧巻

右の字……登城記念
中央の字…松山城
家紋………加藤家「蛇の目」(右上)、蒲生家「左三つ巴」(左上)、松平家「三葉葵」(右下)、久松家「星梅鉢」(左下)

☞松山城は、御城印ではなく登城記念符として販売しています

DATA 松山城

平山城　寛永《かんえい》元年(1624)　加藤嘉明《かとうよしあき》　松平《まつだいら》氏

御城印
料金…300円
頒布場所…松山城天守きっぷ売り場(時 9時～16時30分 ※8月～17時、12～1月は～16時 休 12月第3水曜)

住 愛媛県松山市丸之内1
交 ロープウェイのりばまでJR松山駅から伊予鉄道道後温泉行きで12分、大街道下車、徒歩5分
時 9～17時(季節により変動あり) 休 12月第3水曜 料 520円

香川

高石垣が目を引く現存天守

丸亀城《まるがめじょう》

日本100名城　現存12天守

天守自体はこぢんまりとしたものですが、扇の勾配を描く高石垣が迫力満点。さまざまな種類の石垣が見られるのも特徴です。典型的な枡形門である大手門も必見です。

☞春にはソメイヨシノ約700本が咲きお花見を楽しむことができます

右の字……天守入場記念
中央の字…重要文化財 丸亀城
左の字……石垣の名城
家紋………京極家「平四つ目結」

☞御城印の裏には丸亀城の説明が書かれています

DATA 丸亀城

平山城　慶長《けいちょう》2年(1597)
生駒親正《いこまちかまさ》　山崎《やまざき》氏、京極《きょうごく》氏

御城印
料金…300円
頒布場所…丸亀城天守受付口
(時 9時～16時30分 休 無休)

住 香川県丸亀市一番丁
交 JR丸亀駅から徒歩10分
時 9時～16時30分 休 無休
料 200円

静岡

随所に垣間見られる築城技術に注目

山中城《やまなかじょう》

日本100名城

相模国の大名・北条氏によって築かれた城です。特徴的な堀や土塁からは、北条氏の高い築城技術がうかがえます。また天気がいい日には、障子堀越しに富士山を眺められます。

☞上から見ると、衝立障子のような掘り残しがあるため、障子堀とよばれます

右の字……国指定史跡 日本百名城
中央の字…山中城跡
家紋………北条家「三つ鱗」(右上)、松田家「組み直違(すじかい)」(左下)

☞御城印(写真)のリニューアルや、限定版の販売も随時検討されています

DATA 山中城

山城　永禄《えいろく》年間(1558～70)
北条氏康《ほうじょううじやす》　北条氏、松田《まつだ》氏

御城印
料金…300円
頒布場所…山中城売店
(時 10～16時※冬期10時30分～15時30分 休 月曜)

住 静岡県三島市山中新田410-4
交 伊豆箱根鉄道・JR三島駅から東海バス元箱根方面行きで30分、山中城跡下車すぐ
時 休 見学自由 料 無料

岐阜

絶景でその名を轟かせた山城

苗木城《なえぎじょう》

続日本100名城

自然の地形を生かして築かれ、天守展望台からは360度の絶景が広がります。巨大な自然石が使われた石垣は必見です。タイミングが合えば雲海が広がる景色も見られます。

☞天守跡に設けられた展望台は、当時の構造を復元して作られました

右の字……国史跡続日本百名城
中央の字…苗木城跡
家紋………遠山家「遠山九字直違」(右上)・「上り藤」(左上)・「丸に二引き」(中央)
左下の印…苗木藩印(藩庁印)

☞苗木城まつりと遠山史料館無料デーの限定版(写真)のほか、通常版もあります

DATA 苗木城

山城　大永《だいえい》6年(1526)　遠山一雲入道《とおやまいちうんにゅうどう》　遠山氏

御城印
料金…300円
頒布場所…苗木遠山史料館(時 9時30分～16時30分 休 12～2月の月曜※祝日の場合は翌日)、苗木交流センター(時 9～17時 休 土・日曜、祝日)

住 岐阜県中津川市苗木
交 JR中津川駅から北恵那交通バス付知・加子母方面行きで12分、苗木下車、徒歩20分
時 休 見学自由 料 無料

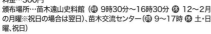

岐阜

日本一高い場所に立つ近世山城

岩村城

●いわむらじょう

日本100名城

標高717mの高所に築かれた城で、高取城（↓P98）、備中松山城と並び、近世の日本三大山城にも数えられています。戦国期には女性が城主となった珍しい歴史をもちます。

☞現在建物はありませんが、山麓に表御門と太鼓櫓などが復元されています

右の字……日本百名城　日本三大山城
中央の字…岩村城跡
家紋……遠山家「丸に二つ引」
下の印……岩村藩印（藩庁印）

☞御城印袋には岩村城の歴代城主のうち9人の家紋とミニ解説が付いています

DATA 岩村城

山城　文治《ぶんじ》元年（1185年）

遠山景朝《とおやまかげとも》　秋山《あきやま》氏、松平《まつだいら》氏、丹羽《にわ》氏

御城印
料金…300円
頒布場所…恵那市観光協会岩村支部（時 9～16時 休 無休）、岩村山荘※登城口の旅館（時 施設に準ずる 休 不定休）

住 岐阜県恵那市岩村町
交 明知鉄道岩村駅から徒歩40分
時 休 見学自由
料 無料

栃木

かの上杉謙信を悩ませた堅守な城

唐沢山城

●からさわやまじょう

続日本100名城

関東七名城のひとつで、関東地方の古城では珍しく高い石垣が築かれたことから「関東一の山城」とも称されています。山頂まで車で行けますが、ハイキングもオススメです。

☞田沼駅から徒歩で向かう場合は見学時間と合わせて往復3時間ほどかかります

右の字……国指定史跡　武士たちの夢の跡
中央の字…唐沢山城
左下の字…登城記念
家紋……佐野氏「揚羽蝶」

☞唐澤山神社では、御城印と一緒に御朱印もいただけます

DATA 唐沢山城

山城　延長《えんちょう》5年（927）

藤原秀郷《ふじわらのひでさと》　佐野《さの》氏

御城印
料金…300円
頒布場所…唐澤山神社
（時 9～17時 休 無休）

住 栃木県佐野市富士町
交 東武鉄道田沼駅から徒歩1時間
時 9～17時 休 無休
料 無料

山梨

国境警備の要となった険しい山城

岩殿城

●いわどのじょう

戦国期には武田家配下の小山田氏が城主となり、相模や武蔵と国境を接する軍事的拠点として国境警備の役割を担いました。絶景を楽しみながら登山をすることができます。

☞本丸があった山頂まで階段が続きますが、山頂からは富士山を眺められます

右の字……甲斐國都留郡　山梨県指定史跡　関東三名城
中央の字…岩殿城跡
左の字……築城四九三年
家紋……小山田家「丸内に抱き沢潟」

☞通常版の家紋印は一枚押印されています。年に数回限定の御城印の販売もしています（↓P23）

DATA 岩殿城

山城　大永《だいえい》7年（1527）ごろ

小山田《おやまだ》氏（武田家臣）　小山田氏

御城印
料金…300円
頒布場所…JR大月駅前観光案内所
（時 9～17時※4～11月8時～ 休 無休）

住 山梨県大月市賑岡町
交 JR大月駅から徒歩15分
時 休 見学自由
料 無料

静岡

家康が3度暮らした駿河の城

駿府城

●すんぷじょう

日本100名城

中世には今川氏の居館があったとされ、家康も8～19歳の間ここで暮らしました。その後、駿河を制した家康は駿府城へ戻り、城郭を整備。晩年居城として大改修を行っています。

☞近年の発掘調査により、天守台が日本一の大きさであることがわかりました

右の字……登城記念　日本百名城
中央の字…駿府城
家紋……徳川家「三葉葵」

☞白い和紙に緑色の三葉葵の家紋が爽やかな通常版の御城印。限定版（↓P21）もあります

DATA 駿府城

平城　天正《てんしょう》13年（1585）

徳川家康　徳川氏、中村氏、内藤氏

御城印
料金…300円（和紙）、500円（突板）
頒布場所…入場券販売窓口
（時 9～16時 休 月曜※祝日の場合は営業）

住 静岡県静岡市葵区駿府城公園1-1
交 JR静岡駅から徒歩15分
時 9時～16時30分 休 月曜（祝日の場合は開場）
料 360円（東御門・巽櫓、坤櫓、紅葉山庭園共通券）

愛知

徳川家康の生誕地として有名

岡崎城《おかざきじょう》

日本100名城

松平竹千代《たけちょ》(のちの徳川家康)生誕の地で、家康の三河統一の拠点となりました。江戸時代には徳川家の聖地として重視されました。本丸や縄張の一部に家康時代の名残があります。

岡崎特産の花崗岩を積んだ石垣が天守台をはじめ本丸周辺の随所で見られます

右の字……神君出生の城
中央の字……岡崎城
左の字……徳川宗家第十八代当主 恒孝書
家紋……徳川家「三葉葵」(上)、本多家「立葵」(右下)、水野家「沢瀉」(中央下)、松平家「蔦」(左下)

岡崎城の文字は徳川宗家18代恒孝氏の揮毫

DATA 岡崎城

▲平山城　☽享徳《きょうとく》元年(1452)～康正《こうしょう》元年(1455)
西郷頼嗣《さいごうよりつぐ》　松平《まつだいら》氏、田中《たなか》氏、本多《ほんだ》氏、水野《みずの》氏

御城印
料金…300円
頒布場所…岡崎城券売所
(時 9～17時 休 無休)

住 愛知県岡崎市康生町
交 名古屋鉄道岡崎公園前駅から徒歩10分
時 9～17時 休 無休
料 200円

静岡

出世城とよばれる家康の居城

浜松城《はままつじょう》

続日本100名城

家康が築城し、天下取りの拠点としたことから「出世城」と称されます。家康最大の敗戦である三方ヶ原《みかたがはら》の戦いの舞台でもあります。浜松城公園は桜の名所としても有名です。

天気のよい日には天守閣から、浜名湖や富士山を見ることができます

右の字……徳川家康公　築城四五〇年記念
中央の字……浜松城
家紋……徳川家「三葉葵」
右下の印…天守閣

黒の台紙に金の字が映える御城印。2021年3月までの限定頒布。通常版の御城印もあります

DATA 浜松城

▲平山城　☽元亀《げんき》元年(1570)
徳川家康　青山《あおやま》氏、松平《まつだいら》氏、水野《みずの》氏

御城印
料金…300円
頒布場所…天守閣入場券販売窓口
(時 8時30分～16時30分 休 無休)

住 静岡県浜松市中区元城町
交 JR浜松駅から遠鉄バス西山行きで5分、浜松城公園入口下車すぐ
時 8時30分～16時30分 休 無休
料 200円

兵庫

6ヵ月で築かれた天下普請の城

篠山城《ささやまじょう》

日本100名城

西国大名の抑えとして、徳川家康の命によって築かれました。馬出の遺構が国の史跡に指定されています。2000年には焼失した大書院が復元されました。

大書院の内部では、映像などを使用して城の歴史を紹介しています

右の字……国指定史跡
中央の字…篠山城
家紋……徳川家「葵」(右上)、青山家「青山銭」(中央)
左の印……登城篠山城記念

篠山藩主であった青山家伝来の古文書などの史料から、文字を抜き出し組み合わせています

DATA 篠山城

▲平山城　☽慶長《けいちょう》14年(1609)　松平康重《まつだいらやすしげ》
松井松平《まついまつだいら》家、藤井松平《ふじいまつだいら》家、形原松平《かたのはらまつだいら》家、青山《あおやま》家

御城印
料金…300円
頒布場所…篠山城大書院、青山歴史村、武家屋敷安間家史料館、歴史美術館 (時 休 各施設に準ずる)

住 兵庫県丹波篠山市北新町2-3 交 JR篠山口駅から神姫バス篠山営業所行きで15分、二階町下車、徒歩5分
時 9～17時 休 月曜(祝日の場合は翌日)
料 400円

愛媛

藤堂高虎の築城術が光る水城

今治城《いまばりじょう》

日本100名城

城を囲む水堀に海水が引き込まれており、画期的な縄張の城です。防御性と水運の利便性から「日本三大水城」にも数えられます。この城郭の縄張は徳川幕府の城に応用されました。

建造物のほとんどが取り壊されましたが、櫓や門の再建により今の姿に

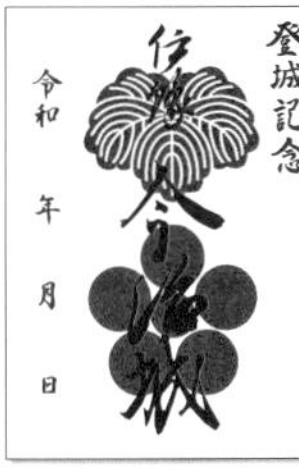

右の字……登城記念
中央の字…伊豫 今治城
家紋……藤堂家「藤堂蔦」(上)、松平(久松)家「星梅鉢」(下)

御城印の裏には伊豫今治城の字体の説明が書かれています

DATA 今治城

▲水城　☽慶長《けいちょう》7年(1602)
藤堂高虎《とうどうたかとら》　松平《まつだいら》氏

御城印
料金…300円
頒布場所…天守1階観覧券売り場
(時 9～17時 休 無休)

住 愛媛県今治市通町3-1-3
交 JR今治駅からせとうちバス今治営業所行きで9分、今治城前下車すぐ
時 9～17時 休 無休
料 520円

青森

浪岡城

迷路のようにめぐる土塁が特徴

●なみおかじょう

広大な敷地内に8つの館をもち、その周囲に堀や土塁が張りめぐらされた壮大な中世城郭です。

右の字……浪岡御所登城記念
中央の字…国指定史跡
　浪岡城跡
家紋……村上源氏代表紋(上)
　浪岡北畠家の家紋を図案化(下)

☞「浪岡城跡」の字は、浪岡城跡案内所の看板にも使用されています

DATA 浪岡城

平城　15世紀後半
北畠顕義《きたばたけあきよし》　浪岡北畠《なみおかきたばたけ》氏

御城印
料金…300円
頒布場所…青森市中世の館
(時 9～17時 休 月曜※祝日の場合は翌日、第3日曜)

住 青森県青森市浪岡大学浪岡
交 JR浪岡駅から市民バス青森空港経由青森駅行きで5分、浪岡城跡下車すぐ
時 休 見学自由 料 無料

続日本100名城

青森

三戸城

咲き誇る約1600本の桜が見事

●さんのへじょう

戦国時代、北東北を治めた三戸南部家の居城でした。現在では城山公園となり、観光客で賑わいます。

右の字……登城記念
中央の字…奥州糠部 三戸城
左の字……第四十六代 南部利文書
家紋……南部家「向鶴」(中央)、
　「割菱」(右下)

☞「割菱紋」は三戸の名産であった南部紫根を意識した紫色に

DATA 三戸城

平山城　17世紀初頭
三戸南部《さんのへなんぶ》家　三戸南部家

御城印
料金…300円
頒布場所…三戸町立歴史民俗資料館
(時 9～16時 休 月曜※祝日の場合は翌日)

住 青森県三戸町梅内城ノ下地内
交 青い森鉄道三戸駅から南部バス田子方面行きで10分、三戸町役場下車、徒歩15分 時 9～16時 休 月曜(祝日の場合は翌日)、祝日の翌日(土・日曜の場合は開館)、12～3月 料 無料(資料館は有料)

山形

上山城

「羽州の名城」と名高い城

●かみのやまじょう

かつては天守や三層の櫓が配され、「羽州の名城」と称されました。現在は模擬天守で内部は資料館です。

右の字……登城記念
中央の字…上山城
家紋……蒲生家「左三つ巴」(右上)、
　土岐家「土岐桔梗」(左上)、
　能見松平家「杵築笹」(中央)、
　藤井松平家「埋み酢漿」(右下)、
　金森家「裏梅鉢」(左下)

☞江戸時代以降に上山を治めた歴代領主5家の家紋を掲載

DATA 上山城

平山城
天文《てんぶん》4年(1535)　武衛《ぶえい》(上山《かみのやま》)義忠《よしただ》
最上《もがみ》氏、里見《さとみ》氏、土岐《とき》氏、松平《まつだいら》(藤井《ふじい》)氏

御城印
料金…300円　頒布場所…上山城1階受付
(時 休 上山城に準ずる)

住 山形県上山市元城内3-7
交 JRかみのやま温泉駅から徒歩10分
時 9時～17時15分
休 奇数月第2木曜、メンテナンス日 料 420円

千葉

臼井城

上杉謙信との戦いの舞台に

●うすいじょう

臼井氏、原氏、酒井氏歴代の居城。臼井城の戦いで上杉軍を退け、謙信の関東進出を防いだとされます。

右の字…謙信が落とせなかった城
臼井、原、酒井氏歴代の居城／中央の字…臼井城／左の字…訪城記念／家紋…酒井家「片喰」(右)、臼井家・原家「九曜」(左)／中央の絵…縄張図

☞縄張図は謙信でも落とせなかった城の堅城さを表現

DATA 臼井城

平山城　14世紀中ごろ
臼井興胤《うすいおきたね》　臼井氏、原《はら》氏、酒井家次《さかいいえつぐ》

御城印
料金…300円
頒布場所…京成佐倉駅前観光案内所、JR佐倉駅観光情報センター、佐倉ふるさと広場「佐蘭花」売店、レイクピアウスイ内LIBRO(時 休 各施設に準ずる)

住 千葉県佐倉市臼井田900
交 京成電鉄臼井駅から徒歩20分
時 休 見学自由 料 無料

千葉

本佐倉城

戦国の面影を残す貴重な城跡

●もとさくらじょう

空堀や土塁などの城郭遺構がほぼ完全な姿で残っており、貴重な史跡として保存整備がされています。

右の字……下総守護千葉氏最後の居城
　続日本百名城
中央の字…国指定史跡 本佐倉城
左の字……登城記念
家紋……千葉家「月星」

☞妙見菩薩を守護神とし、月と星をかたどった「月星紋」が家紋

DATA 本佐倉城

平山城　文明《ぶんめい》16年(1484)
千葉輔胤《ちばすけたね》　千葉孝胤《のりたね》、千葉勝胤《かつたね》

御城印
料金…300円
頒布場所…京成佐倉駅前観光案内所、JR佐倉駅観光情報センター、佐倉ふるさと広場「佐蘭花」売店、レイクピアウスイ内LIBRO(時 休 各施設に準ずる)

住 千葉県酒々井町本佐倉ほか
交 京成電鉄大佐倉駅から徒歩20分
時 休 見学自由 料 無料

続日本100名城

静岡

掛川城

日本で初めての木造復元天守

●かけがわじょう

内助の功で有名な山内一豊《かずとよ》が城主となった東海の名城。安政の大地震で多くの建物が倒壊しました。

右の字……さくら祭り記念
　国指定重要文化財 掛川城御殿
中央の字…掛川城
家紋……太田家「丸に桔梗」(右)、
　山内家「土佐柏」(左)
中央の印…龍頭
左下の印…雲霧城
下の絵……掛川城

☞掛川城公園さくらまつりを記念した限定版。通常版もあります

DATA 掛川城

平山城　永正《えいしょう》9年(1512)
朝比奈泰熙《あさひなやすひろ》　石川《いしかわ》氏、山内《やまうち》氏

御城印
料金…300円　頒布場所…御殿受付
(時 9～17時 休 無休)

住 静岡県掛川市掛川 交 JR掛川駅から徒歩7分
時 9～17時 休 無休 料 410円

日本100名城

新潟

鮫ヶ尾城

焼けたお米が出土する珍しい城跡

●さめがおじょう

上杉謙信の後継者を決める御館《おたて》の乱で、謙信の養子・景《かげ》虎《とら》が自害した城です。その際城は炎に包まれました。

右の字……上杉景虎公終焉の地
中央の字……鮫ヶ尾城跡
中央の朱字…毘／左の字…登城記念

☞上杉軍の軍旗として知られる「毘」の文字をデザイン

DATA 鮫ヶ尾城

▲山城 ☽16世紀後半
上杉氏《うえすぎ》 堀江宗親《ほりえむねちか》(城代)

御城印
料金…300円
頒布場所…斐太歴史の里総合案内所(時 9〜17時※10月は〜16時、11月は〜15時 休 12〜3月)、神ノ宮温泉かわら亭(時 9時30分〜21時30分※12〜3月のみ 休 開館期間中不定休)

住 新潟県妙高市宮内 交 JR北新井駅から徒歩40分
時 休 見学自由 料 無料

続日本100名城

富山

高岡城

現存する水堀と四季の景色が◎

●たかおかじょう

前田利家《としいえ》の子・利長の隠居城です。築城の名手といわれる高山右近《たかやまうこん》が縄張を行ったといわれています。

右の字…国指定史跡／中央の字…高岡城跡／家紋…前田家「梅鉢」／左下の印…高岡古城公園管理事務所長之印

☞「高岡城跡」の字は国の史跡指定を記念した石碑の碑文の模写です

DATA 高岡城

▲平城 ☽慶長《けいちょう》14年(1609)
前田利長《まえだとしなが》 前田利長

御城印
料金…300円
頒布場所…三の丸茶屋
(時 9〜17時 休 月曜※祝日の場合は翌平日)

住 富山県高岡市古城1-9
交 あいの風とやま鉄道高岡駅から徒歩15分
時 休 見学自由
料 無料

日本100名城

長野

春日城

南アルプスの眺望も楽しめる

●かすがじょう

伊那部大和守重慶により築城され、天正10年(1582)、織田信忠《のぶただ》軍によって焼失したと伝えられています。

右の字……登城記念 信州伊那
中央の字…春日城跡
右の印……一般社団法人 環屋
　　　　一般社団法人環屋印
下の絵……太鼓橋

☞家紋ではなく、春日城を象徴する太鼓橋が描かれています

DATA 春日城

▲平山城 ☽天文《てんぶん》3年(1534)
伊那部大和守重慶《いなべやまとのかみしげよし》 伊那部氏、春日《かすが》氏

御城印
料金…300円
頒布場所…伊那部宿(旧井澤家住宅)(時 9〜17時※3〜11月は〜16時 休 火曜※祝日の場合は翌日)

住 長野県伊那市西町
交 JR伊那市駅から徒歩20分
時 休 見学自由 料 無料

岐阜

明智城

明智光秀出生の地といわれる城

●あけちじょう

明智氏代々の居城とされ、かの明智光秀の生誕地といわれています。散策路が整備され、歩きやすいです。

右の字……美濃国可児郡明智荘
中央の字…明智城跡
左の字……登城記念
家紋………明智家「桔梗」

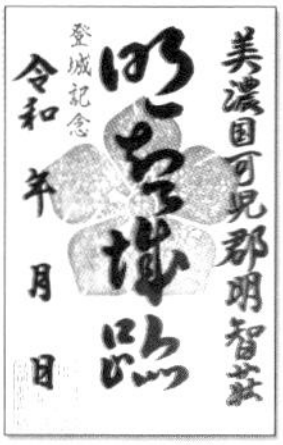

☞毎月最終金・土・日曜には金色の御城印も販売されます

DATA 明智城

▲山城 ☽康永《こうえい》元年(1342)(伝)
土岐頼兼《ときよりかね》 土岐明智《ときあけち》氏

御城印
料金…300円
頒布場所…明智城跡大手口
(時 休 不定期※明智荘をみつめる会SNS参照)

住 岐阜県可児市瀬田
交 名古屋鉄道明智駅から徒歩23分
時 休 見学自由 料 無料

愛知

足助城

戦国時代の山城を復元

●あすけじょう

真弓山の山頂にある足助城は1993年に復元・開城。本丸の高櫓からは四方に眺望が楽しめます。

右の字……蘇る戦国の山城
中央の字…足助城
家紋………足助鈴木家「下り藤」(上)・「抱き稲穂」(下)

☞右の字は発掘調査に基づいて復元した全国最初の戦国時代の山城ということを示しています

DATA 足助城

▲山城 ☽戦国時代(諸説あり)
鈴木忠親《すずきただちか》など 鈴木氏

御城印
料金…300円
頒布場所…正門前受付
(時 休 城跡公園足助城に準ずる)

住 愛知県豊田市足助町須沢39-2 交 名古屋鉄道浄水駅からとよたおいでんバス百年草行きで1時間、一の谷口もしくは学校下下車、徒歩40分 時 9時〜16時30分
休 木曜(4月29日〜5月5日と11月は無休) 料 300円

三重

津城

春の桜との共演が映える城

●つじょう

津藩主となった藤堂高虎《たかとら》により改修され、現在は城郭公園として整備されています。園内では四季の風景を楽しむことができます。

右の字……登城記念
中央の字…津城跡
家紋………藤堂家「藤堂蔦」

☞特別な和紙を使用した御城印

DATA 津城

▲平城 ☽天正《てんしょう》8年(1580)
織田信包《おだのぶかね》 織田氏、富田《とみた》氏、藤堂《とうどう》氏

御城印
料金…200円
頒布場所…津駅前観光案内所
(時 10〜18時 休 月曜※祝日の場合は翌日)

住 三重県津市丸之内27(お城公園)
交 近畿日本鉄道津新町駅から徒歩10分
時 休 見学自由 料 無料

続日本100名城

三重

天にまっすぐ伸びた美しい石垣

伊賀上野城《いがうえのじょう》

そびえ立つ約30ｍの高石垣がみどころ。天守は建造中に倒壊してしまい、昭和初期に模擬天守を建てました。

日本100名城

右の字……天守閣竣成八十五周年
中央の字…伊賀上野城
中央の印…藤堂家高虎の花押

☞天守閣竣成85周年記念版。藤堂家の家紋を配した通常版も

DATA 伊賀上野城

平山城 天正《てんしょう》13年(1585)
筒井定次《つついさだつぐ》 藤堂高虎《とうどうたかとら》

御城印
料金…200円 ※記念版は2020年12月まで
頒布場所…発券窓口
(時 9時～16時45分 休 無休)

住 三重県伊賀市上野丸之内106
交 伊賀鉄道上野市駅から徒歩10分
時 9～17時 休 無休
料 600円

奈良

山中をめぐる石垣が堅固さを物語る

高取城《たかとりじょう》

標高約583ｍの山頂に築かれた山城。「日本三大山城」にも数えられます。山中に広がる高石垣や山城では珍しい水堀は必見。

日本100名城

右の字……登城記念
中央の字…高取城跡
家紋……植村家「丸に一文字割桔梗」

☞「日本最強の城」選出を記念して奈良県で初めて御城印を販売

DATA 高取城

山城 元弘《げんこう》2年(1332)
越智邦澄《おちくにずみ》 脇坂《わきさか》氏、本多《ほんだ》氏、植村《うえむら》氏

御城印
料金…300円
頒布場所…観光案内所「夢創舘」(時 9時30分～16時30分 休 月曜※祝日の場合は翌日)

住 奈良県高取町高取
交 近畿日本鉄道壺阪山駅から奈良交通バス壷阪寺前行きで11分、壷阪寺前下車、徒歩1時間
時 休 見学自由 料 無料

和歌山

多様な石垣を残す紅葉の名所

和歌山城《わかやまじょう》

豊臣期～徳川期にかけてたびたび改築が行われたため、各時代の石垣が見られます。庭園の紅葉も美しいです。

日本100名城

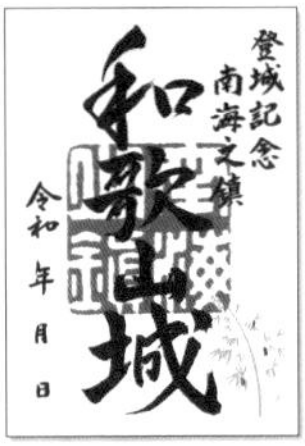

右の字……登城記念
中央の字…南海之鎮 和歌山城
中央の印…金印「南海之鎮」

☞限定版は月ごとにデザインの異なるものを販売しています

DATA 和歌山城

平山城 天正《てんしょう》13年(1585)
羽柴秀長《はしばひでなが》 浅野《あさの》氏、徳川《とくがわ》氏

御城印
料金…300円
頒布場所…和歌山城天守閣券売所
(時 9～17時 休 無休)

住 和歌山県和歌山市一番丁3
交 JR和歌山駅から和歌山バス南海和歌山市行きで5分、公園前下車すぐ
時 9時～17時30分 休 無休 料 410円

兵庫

城下町とあわせて散策しよう

出石城《いずしじょう》

江戸時代初め、山頂の有子山城《ありこやまじょう》を廃し出石城を築城。最上段の稲荷曲輪から城下町が一望できます。

続日本100名城

右の字…松上之鶴を望む／中央の字…出石城／家紋…小出家「額に二八文字」(上)、松平家「三葉葵」(右下)、仙石家「永楽通宝」(左下)／右下の印…石城／左下の印…出石城登城記念印

☞地元デザイナーが書いた城名は江戸期の平和な様子をイメージ

DATA 出石城

平山城 慶長《けいちょう》9年(1604)
小出吉英《こいでよしふさ》 小出《こいで》氏、松平《まつだいら》氏、仙石《せんごく》氏

御城印
料金…300円　頒布場所…いずしトラベルサービス※いずし観光センター内(時10時～17時30分 休 無休)

住 兵庫県豊岡市出石町内町
交 JR豊岡駅から全但バス出石行きで27分、出石下車、徒歩10分 時 休 見学自由 料 無料

兵庫

出石城《いずしじょう》の前身となった山名氏の城

有子山城《ありこやまじょう》

山名氏の居城として機能したのは約6年。落城後は羽柴氏に石垣の城へ改修され江戸時代を迎えました。

続日本100名城

右の字…国指定史跡 山名氏城跡／中央の字…有子山城／家紋…山名家「糸輪二つ引き両」(右上)、山名家「五七桐七葉根笹」(中央)／右下の印…高城／左下の印…有子山城登城記念印

☞地元デザイナーが書いた城名は戦国期の荒々しさをイメージ

DATA 有子山城

山城 天正《てんしょう》2年(1574)
山名祐豊《やまなすけとよ》
山名《やまな》氏、羽柴《はしば》氏、前野《まえの》氏、小出《こいで》氏

御城印
料金…300円　頒布場所…いずしトラベルサービス(いずし観光センター内)(時 10時～17時30分 休 無休)

住 兵庫県豊岡市出石町伊木
交 JR豊岡駅から全但バス出石行きで27分、出石下車、徒歩1時間 時 休 見学自由 料 無料

兵庫

数々の籠城戦を経験した堅守な城

八上城《やかみじょう》

攻めにくく守りが堅い構造をした、典型的な中世山城。同市内に立つ、篠山城との比較も楽しいです。

右の字……国指定史跡
　丹波篠山市 高城山
中央の字…八上城
家紋……波多野家「丸に出十字」

☞高城山のイラストが下に入ったデザイン

DATA 八上城

山城 16世紀初めごろ
波多野元清《はたのもときよ》 松永《まつなが》氏、前田《まえだ》氏、松平《まつだいら》氏

御城印
料金…300円　頒布場所…篠山城大書院、青山歴史村、武家屋敷安間家史料館、歴史美術館
(時 9時～16時30分 休 無休)

住 兵庫県丹波篠山市八上上
交 JR篠山口駅から神姫バス福住行きで28分、十兵衛茶屋下車、徒歩50分
時 休 見学自由 料 無料

兵庫

尼崎の地で愛される再建城郭

尼崎城

あまがさきじょう

現在立つ天守は個人の寄贈によって再建されたもの。城内は遊びながら学べる仕掛けが盛りだくさんです。

右の字……登城記念
中央の字…尼崎城
家紋………戸田家「九曜」(上)、(櫻井)松平家「九曜」(中央右)、青山家「葉菊」(中央左)

☞「尼崎城」の文字は尼崎市立尼崎双星高等学校書道部によって書かれたものです

DATA 尼崎城

▲平城
元和《げんな》3年(1617)
戸田氏鉄《とだうじかね》　青山幸利《あおやまよしとし》、(櫻井《さくらい》)松平忠興《まつだいらただおき》

御城印　料金…300円　頒布場所…尼崎城1階受付
(時 休 尼崎城に準ずる)

住 兵庫県尼崎市北城内27
交 阪神電気鉄道尼崎駅から徒歩5分
時 9〜17時 休 月曜(祝日の場合は翌日) 料 500円

兵庫

大阪湾の防衛を担った広大な城

洲本城

すもとじょう

淡路島東部の三熊山に立ち、山腹の横移動を防ぐために築かれた「登り石垣」が残る珍しい城郭です。

右の字……国史跡
続日本100名城
中央の字…淡路水軍の城 洲本城
家紋………脇坂家「輪違い」

☞洲本城と城下町の写真入り(右)と家紋のみの御城印を用意

DATA 洲本城

▲山城　永正《えいしょう》7年(1510)または大永《だいえい》6年(1526)
安宅治興《あたぎはるおき》　安宅冬康《あたぎふゆやす》、仙石秀久《せんごくひでひさ》、脇坂安治《わきさかやすはる》

御城印　料金…200円
頒布場所…洲本市立淡路文化史料館
(時 9〜17時 休 月曜※祝日の場合は翌平日)

住 兵庫県洲本市小路谷1272-2
交 JR舞子駅から高速バスで1時間、洲本バスセンター下車、淡路交通バス由良福祉センター行きに乗り換え5分、千畳敷下車、徒歩30分 時 休 見学自由 料 無料

続日本100名城

鳥取

貴重な遺構を残す因幡の名城

若桜鬼ヶ城

わかさおにがじょう

因幡《いなば》三名城に数えられるこの城は、中世と近世の両方の城郭遺構が残る全国でも類を見ない城跡です。

右の字…国指定史跡／中央の字…若桜 鬼ヶ城／家紋…山崎家「檜扇に四つ目」(上)、木下家「立ち沢瀉」(中央)、八木家「三つ盛木瓜」(下)

☞戦国期に城主となった3氏の家紋を配しています

DATA 若桜鬼ヶ城

▲山城　正治《しょうじ》2年(1200)
矢部《やべ》氏　八木《やぎ》氏、木下《きのした》氏、山崎《やまざき》氏

御城印　料金…300円
頒布場所…若桜町観光案内所
(時 9時30分〜17時15分 休 無休)

住 鳥取県若桜町若桜
交 若狭鉄道若桜駅から山頂まで徒歩1時間／若桜駅から山頂馬場駐車場まで車で15分、馬場駐車場から山頂まで徒歩15分 休 見学自由 料 無料

続日本100名城

岡山

日本三大平山城のひとつとも

津山城

つやまじょう

津山盆地の中央に置かれ、往時には77棟の櫓を有していました。西日本有数の桜の名所でもあります。

右の字……日本三大平山城
中央の字…津山城
家紋………森家「鶴丸」

☞森家と松平家の家紋入りの御城印も販売しています

DATA 津山城

▲平山城　慶長《けいちょう》9年(1604)
森忠政《もりただまさ》　森忠政、松平《まつだいら》氏

御城印　料金…300円
頒布場所…津山城内備中櫓受付
(時 休 津山城に準ずる)

住 岡山県津山市山下135
交 JR津山駅から徒歩10分
時 8時40分〜19時(10〜3月は〜17時) 休 無休
料 310円

日本100名城

広島

「浮城」の異名をもつ

三原城

みはらじょう

毛利元就の三男・小早川隆景によって築かれた海城です。美しい勾配を描いた天主台は必見です。

右の字……国指定史跡 続日本百名城
中央の字…備後國三原城
家紋………小早川家「左三つ巴」(右上)、福島家「福島沢瀉」(左)、浅野家「餅の内に杵」(右下)
左下の印…備後國三原城

☞荘厳な雰囲気を表現した北村鳳雪氏による揮毫が印象的です

DATA 三原城

▲水城　永禄《えいろく》10年(1567)
小早川隆景《こばやかわたかかげ》　福島正則《ふくしままさのり》、浅野《あさの》氏

御城印　料金…300円
頒布場所…うきしろロビー観光案内所(JR三原駅構内)
(時 9〜18時 休 無休)

住 広島県三原市城町
交 JR三原駅からすぐ
時 6時30分〜22時 休 無休
料 無料

続日本100名城

佐賀

秀吉による大陸侵攻の大本営

名護屋城

なごやじょう

天下統一後、大陸侵攻を目指した豊臣秀吉によって築かれた陣城。城跡の周辺には大名の陣跡も残ります。

右の字……登城記念
中央の字…肥前 名護屋城
家紋………豊臣家「五七桐」

☞「五七桐紋」は、名護屋城跡遊撃丸の発掘調査で出土した五七桐紋飾瓦の拓本を使用しています

DATA 名護屋城

▲平山城　天正《てんしょう》19年(1591)か
豊臣秀吉　豊臣秀吉

御城印　料金…300円　頒布場所…佐賀県名護屋城博物館受付
(時 9〜17時 休 月曜※祝日の場合は翌日)、
名護屋城跡観光案内所(時 9〜17時 休 無休)

住 佐賀県唐津市鎮西町名護屋1931-3
交 JR西唐津駅から昭和バス呼子行きで30〜50分、名護屋城博物館入口下車、徒歩5分
時 休 見学自由 料 無料

日本100名城

長崎

1350年以上前の石塁が今も残る

金田城《かねだじょう》

天智天皇6年（667）に築城されたといわれる古代山城。山頂から浅茅《あそう》湾《わん》を一望する絶景が楽しめます。

右の字…国指定特別史跡 続日本100名城／中央の字…対馬 金田城／中央の印…対馬の森・浅茅湾・石塁（東南角石塁）をモチーフにした朱印

☞自分で「登城印」の角印を押して持ち帰ることができます

続日本100名城

DATA 金田城

山城 天智天皇《てんじてんのう》6年（667）

天智天皇 不明

御城印
料金…300円
頒布場所…観光情報館ふれあい処つしま観光案内所
（時 8時45分～17時30分 休 無休）

住 長崎県対馬市美津島町黒瀬城山
交 対馬空港から車で20分 時 休 見学自由 料 無料

大分

南蛮貿易の拠点として栄えた城跡

臼杵城《うすきじょう》

キリシタン大名・大友宗麟が臼杵湾に浮かぶ丹生島に築きましたが、現在は埋め立てられ陸続きになっています。

右の字……大分県指定史跡 続日本百名城
中央の字…臼杵城跡
左の字……登城記念
家紋………大友家「抱き杏葉」（上）、稲葉家「隅切り折敷に三文字」（下）

☞ほかに大友氏と稲葉氏それぞれの家紋が入った御城印もあります

続日本100名城

DATA 臼杵城

平山城 弘治《こうじ》2年（1556）

大友宗麟《おおともそうりん》 福原《ふくはら》氏、太田《おおた》氏、稲葉《いなば》氏

御城印
料金…500円（大友氏・稲葉氏版）、300円（大友氏版、稲葉氏版）
頒布場所…臼杵市観光プラザ（時 9～18時 休 無休）

住 大分県臼杵市臼杵
交 JR臼杵駅から徒歩5分 時 休 見学自由 料 無料

大分

名曲『荒城の月』の舞台とされる

岡城《おかじょう》

山頂一帯に残る雄大な高石垣が印象的。作曲家・瀧廉太郎《たきれんたろう》の代表作『荒城の月』はこの城をイメージして作曲したといわれています。

右の字……国指定史跡
中央の字…岡城跡
家紋………中川家「柏」

☞写真は通常版。岡城跡年間城主パスポートを購入すると金色の御城印がもらえます

日本100名城

DATA 岡城

山城 文治《ぶんじ》元年（1185）

緒方惟栄《おがたこれよし》 志賀《しが》氏、中川《なかがわ》氏

御城印
料金…300円
頒布場所…岡城料金所
（時 9～17時 休 無休）

住 大分県竹田市竹田
交 JR豊後竹田駅から徒歩20分
時 9～17時 休 無休
料 300円

熊本

島原の乱の戦場にもなった城

富岡城《とみおかじょう》

島原の乱の際には一揆軍の猛攻に耐えました。後世、領民の負担削減のために破城されました。

右の字……登城記念
中央の字…富岡城
家紋………徳川家「三葉葵」（上）、寺沢家「三つ幕」（中央右上）、鈴木家「下り藤」（中央左上）、山崎家「檜扇に四つ目結び」（中央右下）、戸田家「六星」（中央左下）
下の印……富岡城

☝難攻不落の城にあやかり「落ちない」ご利益があるとも

DATA 富岡城

平山城 慶長《けいちょう》10年（1605）

寺沢広高《てらさわひろたか》 山崎《やまざき》氏、戸田《とだ》氏

御城印
料金…300円 頒布場所…苓北町歴史資料館 （時 9時～16時30分 休 木曜※祝日の場合は翌日）

住 熊本県苓北町富岡本丸2245-11
交 JR熊本駅から産交バス快速あまくさ号で2時間30分、本渡バスセンターから産交バス富岡港行きで55分、富岡港下車、徒歩20分
時 休 見学自由 料 無料

鹿児島

外敵を寄せつけない自然の要塞

清色城《きよしきじょう》

九州南部独特のシラス台地を利用して人工的に手を加えた空堀と曲輪を単体に独立させた造りをしています。

右の字……城郭符入来院
中央の字…清色城
家紋………入来院家「唐草十文字」

☞清色城の御城印は城郭符とよばれ、版画で1枚ずつ作成しています

DATA 清色城

山城 永和《えいわ》年間（1375～79）ごろ

不明 入来院《いりきいん》氏

御城印
料金…300円
頒布場所…入来麓観光案内所
（時 9～17時 休 無休）

住 鹿児島県薩摩川内市入来町浦之名
交 JR川内駅から鹿児島交通バス入来駅行きで40分、入来麓下車すぐ
時 休 見学自由 料 無料

鹿児島

薩摩武士の生き様を伝える城跡

串木野城《くしきのじょう》

島津家久や息子・豊久《とよひさ》ゆかりの城。城の麓には今でも史跡が多く残っており、城跡も含め日本遺産です。

右の字……城郭符串木野城祉
中央の字…串本野城
左の字……島津豊久生誕之地
家紋………島津家「丸に十の字」
中央の印…亀

☞串木野城の通称「亀ケ城」にちなんで、亀の紋様になっています

DATA 串木野城

平山城 不明

串木野忠道《くしきのただみち》 串木野氏、川上《かわかみ》氏、山田《やまだ》氏、島津家久《しまづいえひさ》

御城印
料金…300円
頒布場所…いちき串木野市総合観光案内所
（時 8時30分～17時30分 休 無休）

住 鹿児島県いちき串木野市上名
交 JR串木野駅から徒歩20分
時 休 見学自由 料 無料

第5章

御城印と歴史をめぐる旅

御城印と周辺の歴史スポットをめぐる5つのモデルプラン。各地の名物グルメもしっかり味わいながら、初心者でも気軽に楽しめるプランを厳選しました。

愛知・岐阜

日本を代表する戦国武将に思いを馳せて

三英傑ゆかりの地を歩く

1泊2日

愛知と岐阜は、戦国時代に天下統一へ邁進した織田信長、豊臣秀吉、徳川家康の「三英傑」に深く関係する地。有名どころから隠れた名所まで、ゆったり1泊2日で散策してみましょう。はじめての人におすすめのコースです。

名古屋には織田信長と豊臣秀吉の生誕地とされる場所が残るほか、徳川家康が築城を命じた名古屋城が街なかに堂々とそびえ立ちます。徳川御三家の筆頭・尾張徳川家の栄華が感じられる美術館や庭園にも足をのばしてみましょう。2日目は信長が天下統一への足がかりとした岐阜へ。金華山山頂に立つ岐阜城を中心に信長ゆかりの寺をめぐります。途中、ご当地の名物グルメも忘れずに。

☞333年間も維持されていた天守は太平洋戦争の空襲で焼失しました

1日目

1

10:00

名古屋城

●なごやじょう……P81

豪華絢爛な本丸御殿が完全復元

家康が江戸・駿河と京との中継地として築城を命じました。この地にはかつて那古野城があり、信長が誕生した城とされています。戦後再建された天守は現在閉館中ですが、10年に及ぶ本丸御殿の復元工事を経て2018年に完成し公開されました。

☞本丸御殿は将軍が上洛時に宿泊した部屋です。徳川家光、家茂が使用しました

御城印をゲット

☞徳川家の家紋を配置した御城印。正門と天守近くの売店で頒布されています

☞二之丸跡の那古野城址碑。信長が清須に本拠を移したため廃城に

+α メモ 名古屋城に創建時のまま現存する3つの隅櫓は、いずれも重要文化財に指定されています。西南隅櫓は本丸の南西隅に位置し、慶長17年(1612)ごろに建造されました。別名、未申(ひつじさる)隅櫓とよばれています。

1日目

名古屋駅 ←バス21分 名古屋城バス停 ←徒歩すぐ ❶名古屋城 ←徒歩すぐ ❷金シャチ横丁 ←徒歩すぐ 名古屋城バス停 ←バス16分 徳川園 徳川美術館 蓬左文庫バス停 ←徒歩すぐ ❸徳川美術館 ←徒歩3分 徳川園

観光ルートバス「メーグル」を利用する

第3展示室では、名古屋城二之丸御殿内の広間と鎖の間を復元

3 13:00 徳川美術館

●とくがわびじゅつかん

尾張徳川家に伝わる名宝を展示

尾張徳川家に受け継がれてきた大名道具を所蔵・公開している美術館。19代当主・徳川義親《よしちか》が大名文化を後世に伝えることを目的として、昭和10年（1935）に開館。大名家伝来家宝のコレクションとして日本最大の規模を誇ります。

刀剣のコレクションは、国宝をはじめ日本有数の質と量を誇る（上）。名古屋城をモチーフにした、白壁と緑の屋根が印象的（下）

名刀を再現した菓子切りセット 鯰尾藤四郎・本作長義1100円

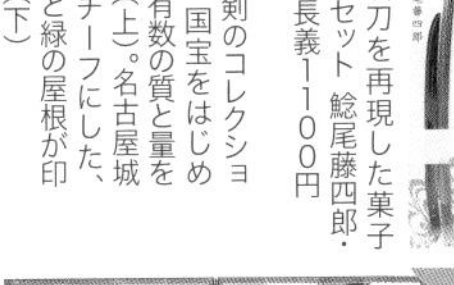
家光の娘・千代姫が持参した日本一の嫁入り道具と称される国宝「初音の調度」

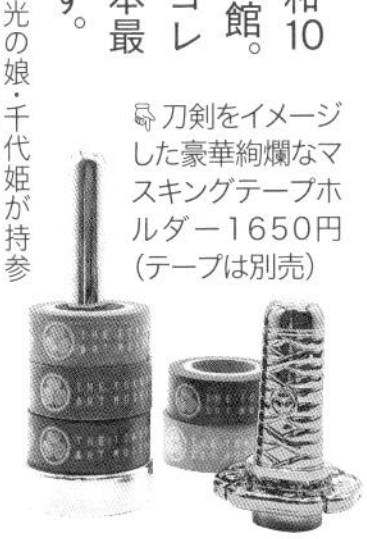
刀剣をイメージした豪華絢爛なマスキングテープホルダー1650円（テープは別売）

DATA 徳川美術館

☎ 052-935-6262
住 愛知県名古屋市東区徳川町1017
交 JR大曽根駅から徒歩10分
時 10～17時（入館は～16時30分）
休 月曜（祝日の場合は翌日）
料 1400円（変動あり）

多彩ななごやめしが揃う「義直ゾーン」

徳川義直、宗春と忍び衆によるイベントも

2 11:30 金シャチ横丁

●きんしゃちよこちょう

名古屋城下の賑わいを再現

江戸期の城下町の賑わいを再現した飲食施設。2つのゾーンからなり、正門側にある「義直ゾーン」にはひつまぶしや味噌煮込みうどんといった、なごやめしが集合。東門側の「宗春ゾーン」には現代的な創作料理店が並んでいます。

DATA 金シャチ横丁

☎ 052-951-0788
（日本プロパティマネジメント株式会社）
住 義直ゾーン／愛知県名古屋市中区三の丸1-2-3～5、宗春ゾーン／二の丸1-2～3
交 義直ゾーン／地下鉄市役所駅7番出口から徒歩10分、宗春ゾーン／地下鉄市役所駅7番出口すぐ
時 店舗により異なる
休 名古屋城に準ずる

豆腐の老舗「河口商店」が手がける名古屋とうふ河口の金箔豆腐ソフト900円

ここで食べたい

なごやめしの代表格！ 味噌カツを堪能

名古屋の名物「味噌カツ」の代表店。甘くて香ばしい味噌ダレは、1年半熟成させた天然醸造の豆味噌を使い、毎日使う分だけ職人が手間ひまかけて作っています。

黄金みそかつ御膳3100円

矢《や》場《ば》とん 名《な》古《ご》屋《や》城《じょう》金《きん》シャチ横《よこ》丁《ちょう》店《てん》

☎052-231-8810 時10時30分～17時LO 休名古屋城に準ずる

+αメモ 徳川美術館のミュージアムショップは入館しなくても利用できるので、オリジナルグッズをおみやげとして買いに行くこともできます。イベントや講演会なども開催しているので来館前に公式サイトのチェックがおすすめです。

徳川美術館 → 徒歩3分 → ④徳川園 → 徒歩15分 → 大曽根駅 → 地下鉄14分 → 栄駅 → 地下鉄12分 → 中村公園駅 → 3番出口から徒歩10分 → ⑤豊國神社 → 中村公園駅まで戻り、地下鉄7分 → 名古屋駅

名古屋駅周辺で宿泊しましょう

2日目

名古屋駅 → 電車(快速)20分 → 岐阜駅 → 徒歩すぐ → ⑥黄金の織田信長公像 → 岐阜バス市内ループ線(左回り)で15分 → 岐阜公園歴史博物館前バス停 → 徒歩3分 → 山麓駅 → ぎふ金華山ロープウェー4分 → 山頂駅 → 徒歩9分 → ⑦岐阜城 → 山麓駅まで戻り、徒歩すぐ → ⑧岐阜市歴史博物館

旧尾張徳川家大曽根邸の表門として風格のある趣

龍仙湖は池泉回遊式庭園の中心的存在

4 14:00 徳川園

●とくがわえん

尾張徳川家2代光友の別荘跡の庭園

徳川園は、尾張藩2代藩主・光友《みつとも》が自ら造営した隠居所が起源で、2004年に日本庭園としてリニューアルしました。池泉回遊式の日本庭園で、清流が滝から渓谷を下り池へと流れる様子は、日本の自然景観を凝縮しています。

龍門の瀧は、滝を登った鯉が竜となったという伝説が由来

季節の花々

園内にある牡丹園の見頃は4月上・中旬

花菖蒲の見頃は5月下旬〜6月上旬

美術館前広場の東海桜。見頃は4月上旬

DATA 徳川園

☎ 052-935-8988
住 愛知県名古屋市東区徳川町1001
交 JR大曽根駅から徒歩15分／地下鉄大曽根駅から徒歩15分
時 9時30分～17時30分
休 月曜(祝日の場合は翌日)
料 300円

三の鳥居と拝殿。東隣の妙行寺は加藤清正の生地であり、摂社で清正を祀っています

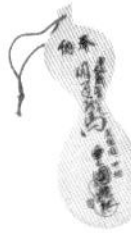

馬印にちなんだひょうたん型開運絵馬500円

5 16:00 豊國神社

●とよくにじんじゃ

秀吉の生誕地に創建された神社

豊臣秀吉の生誕地の荒廃を嘆いた県令・国定廉平《くにさだれんぺい》の発令により明治18年(1885)、地元の有志らによって創建。秀吉を慕う地元の人々に加えて、農民から天下人となった秀吉の出世にあやかろうと全国から訪れる参拝者から崇敬を集めています。

豊臣家の桐の家紋の金色が印象的な御朱印

DATA 豊國神社

☎ 052-411-0003
住 愛知県名古屋市中村区中村町木下屋敷
交 地下鉄中村公園駅3番出口から徒歩10分
時 8時30分～16時30分
休 境内自由 料 無料

徳川園でひとやすみ

登録有形文化財の和カフェでのんびり

昭和12年(1937)に開催された名古屋汎太平洋平和博覧会の迎賓館を移築した建物で、なごやめしなどの軽食やパティシエ特製のスイーツが楽しめます。

アイス最中550円。アイスはジャージー牛乳と抹茶の2種類

蘇《そ》山《ざん》荘《そう》

☎052-932-7882 住愛知県名古屋市東区徳川町1001 交JR大曽根駅から徒歩10分 時10時～16時30分LO 休月曜(祝日の場合は翌日)

+α メモ 豊國神社では通常の御朱印のほか、摂社の「清正公社御朱印」もいただけます。また、3カ月ごとに紙の色が変わる「季節の御朱印」、月次祭、太閤祭、元旦などの行事に合わせた特別な御朱印もあります。

徒歩20分
↓
9 崇福寺
↓ 徒歩3分
長良川国際会議場前バス停
↓ 岐阜バス三田洞線 名鉄岐阜行きで12分
メディアコスモス前バス停
↓ 徒歩5分
10 濃姫遺髪塚
↓ 徒歩15分
11 岐阜善光寺
↓ 徒歩5分
伊奈波通りバス停
↓ 岐阜バス市内ループ線（右回り）で9分
岐阜駅

2日目

6 9:15 黄金の織田信長公像

おうごんのおだのぶながこうぞう

岐阜駅北口に立つ輝く信長像

岐阜駅の改札を出ると「信長ゆめ階段」とよばれる階段下の広場に織田信長の銅像があります。岐阜市制120周年を記念して2009年に「信長公の銅像を贈る会」により寄附されたもので、像の高さは約3mあります。

金箔3層張りの像で、火縄銃と西洋兜を手にしています

DATA 黄金の織田信長公像
☎ 058-214-4684(岐阜市駅周辺事業推進課)
住 岐阜県岐阜市橋本町1-100
交 JR岐阜駅からすぐ
時 休 見学自由 料 無料

こちらも CHECK

信長の偉業を讃える
ぎふ信長《のぶなが》まつり

織田信長を讃え、岐阜市中心市街地一帯で毎年10月初旬に開催されます。メインは戦国武将や火縄銃鉄砲隊などによる信長公騎馬武者行列です。

☎058-265-3896(岐阜市経済政策課) 住岐阜市中心市街地 交JR岐阜駅から徒歩10～15分
開催時期 毎年10月の第1土曜と翌日(2020年は中止)

7 10:00 岐阜城

ぎふじょう

→P76

信長の天下統一の拠点となった城

金華山山頂に位置し岩山の上に立つ岐阜城は、もとは斎《さい》藤《とう》道《どう》三《さん》の居城でした。永《えい》禄《ろく》10年（1567）に信長がこの城を攻略し、城主となりました。天《てん》正《しょう》4年（1576）に嫡男・信《のぶ》忠《ただ》に譲るまで、「天下布武」を掲げてこの城から天下統一を目指しました。

昭和31年(1956)、天守が復興。鉄筋コンクリート造り

天守から見渡す長良川

御城印もゲット

信長の「織田木瓜紋」、天下布武、永楽通宝がデザインされた御城印

信長の天下統一への大志を讃えて建設された冠木門「天下第一の門」

+αメモ 金華山山頂にある岐阜城へは、金華山山麓駅からロープウェーと徒歩で約15分。岐阜城天守からは織田信長も見たであろう濃尾平野の景色が一望できます。また山頂にはリス村や展望レストランもあります。

8 11:30 岐阜市歴史博物館

●ぎふしれきしはくぶつかん

斎藤家や織田家の歴史が学べる

岐阜市の歴史と文化を紹介する博物館。特に斎藤道三や織田信長が活躍した戦国時代にスポットをあてた、戦国ワンダーランドがみどころです。ただし、総合展示室は2021年3月まで休止しています。

楽市立体絵巻では信長時代の楽市場を原寸大で復元

岐阜に視点を置いて信長の生涯を紹介する「天下鳥瞰絵巻」等が展示されています

DATA 岐阜市歴史博物館

- ☎ 058-265-0010
- 住 岐阜県岐阜市大宮町2-18-1
- 交 JR岐阜駅から岐阜バス長良方面行きで15分、岐阜公園歴史博物館前下車すぐ
- 時 9～17時(入館は～16時30分)
- 休 月曜(祝日の場合は翌日)、祝日の翌日
- 料 310円

9 14:00 崇福寺

●そうふくじ

金華山近くの信長の菩提寺

織田信長が斎藤道三の孫・龍興《たつおき》を破り美濃に移ると、この寺を菩提所としました。本能寺の変で信長と嫡男・信忠が明智光秀に討たれると、信長の側室お鍋の方がその遺品を送り、寺内に埋めて位牌を安置させたという「織田信長父子廟」があります。

山門をくぐり境内を進むと、庫裏内に拝観受付があります

お鍋の方が遺品を送り、信長と信忠の位牌を安置し、供養塔を建ててここを廟所としました

織田信長菩提所と書かれた御朱印。本尊の延命地蔵、美濃三十三観音札所の御朱印もあります

関ヶ原の戦いで討ち死にした兵を弔うために血染めの床板を使った血天井です(上)。お鍋の方が崇福寺に宛てた書状や信長の家臣・丹羽長秀(にわながひで)に宛てた書状を展示しています(下)

本堂内に動態保存で展示されている櫓時計。一説として織田信長が愛用したとされています

DATA 崇福寺

- ☎ 058-231-2613
- 住 岐阜県岐阜市長良福光2403-1
- 交 JR岐阜駅から岐阜バス市内ループ線(左回り)で17分、長良川国際会議場北口下車、徒歩3分
- 時 9～17時(11～2月は～16時30分)
- 休 1月15日、5月7日、8月1・5日
- 料 200円

岐阜城周辺で食べるなら…

町家造りのカフェで鮎粥をいただく

古い町並みが残る川原町に立つ築130年余の町家造りのカフェ。美濃和紙を使った提灯、水うちわなど岐阜らしいみやげ物の販売も。

cafe & gallery 川《かわ》原《ら》町《まち》屋《や》

☎058-266-5144 住岐阜県岐阜市玉井町28 交JR岐阜駅から岐阜バス市内ループ線(左回り)で13分、長良橋下車、徒歩3分 時11～18時 休木曜

カフェには美人画が数多く展示(上)。じっくり煮込んだ鮎のお粥1100円(下)

極上の飛騨牛を名物シチューで味わう

フレンチのオーナーシェフによる飛騨牛料理の専門店です。シェフが厳選した飛騨牛がランチでリーズナブルに堪能できます。

飛騨牛シチューのランチコース3080円。ステーキコースも

飛《ひ》騨《だ》牛《ぎゅう》かわい

☎058-263-5522 住岐阜県岐阜市上茶屋町29 交JR岐阜駅から岐阜バス市内ループ線(左回り)で12分、岐阜公園歴史博物館前下車、徒歩1分 時11時30分～13時30分LO、17時～20時30分LO 休月曜

10
15:00

濃姫遺髪塚

のうひめいはつづか

信長の正室・濃姫の遺髪の埋葬地

斎藤道三の娘で信長の正室の濃姫は、どのような生涯を送ったか、資料が少なくほとんどわかっていません。本能寺の変で信長とともに亡くなった濃姫の遺髪が、逃げ延びた家臣によって城下を守る四天王のひとつの西野不動に埋葬されたと伝わります。

西野不動境内にあったムクノキの根元に建立されました

DATA 濃姫遺髪塚

☎ なし
住 岐阜県岐阜市不動町
交 JR岐阜駅から岐阜バス三田洞線で9分、メディアコスモス前下車、徒歩5分
時 休 見学自由 料 無料

11
15:30

岐阜善光寺

ぎふぜんこうじ

信長が善光寺如来を迎えた

岐阜城主となった信長が武田信玄によって信州の善光寺から甲府へ移されていた善光寺如来を岐阜へ移し、創建したのが岐阜善光寺です。信長が討たれると本尊は岐阜から信州へ移されますが、孫の秀信《ひでのぶ》によって善光寺如来の分身を祀り、現在に至ります。

本堂は明治24年(1891)の濃尾大震災で全焼しましたが、阿弥陀、観音、勢至の仏像は難を逃れました

祈祷などの申込みをすれば内拝が可能です(右)。本堂の屋外天井には前住職が描いた家紋があります(左)

DATA 岐阜善光寺

☎ 058-263-8320
住 岐阜県岐阜市伊奈波通1-8
交 JR岐阜駅から岐阜バス市内ループ線(左回り)で9分、伊奈波通り下車、徒歩5分
時 9〜17時
休 境内自由 料 無料

境内にある弘法堂。美濃新四国八十八ケ所霊場の第1番札所です

美濃和紙を使用したオリジナルの御朱印帳各2500円

お散歩途中に
ひとやすみ

ふわふわの氷に絶品シロップがマッチ

岐阜のかき氷の名店。かき氷は一年中楽しむことができます。ふわふわに削られた氷に濃厚シロップがかかった極上のかき氷を求めて多くの人が訪れます。

フルーツいっぱいの果物ミルク1050円

茶《ちゃ》屋《や》 赤《あか》鰐《わに》

☎058-264-9552 住岐阜県岐阜市八幡町13 交JR岐阜駅から徒歩7分 時11時30分〜20時 休水曜 ※時休は季節により変動あり

夏の夜は
こちらも

信長が愛した長良川の鵜飼

鵜匠と鵜が一体となって繰り広げる古典漁法の鵜飼。信長がおもてなしの手法として取り入れたといいます。毎年5月11日〜10月15日まで、中秋の名月と増水時を除いて毎夜行われています。

ぎふ長《なが》良《ら》川《がわ》鵜《う》飼《かい》

☎058-262-0104(岐阜市鵜飼観覧船事務所) 住岐阜県岐阜市湊町1-2 交JR岐阜駅から岐阜バス市内ループ線(左回り)で13分、長良橋下車すぐ 時5月11日〜10月15日の18時15分、18時45分、19時15分 休鵜飼休みの日(増水などで運休あり) 料3500円(平日の18時45分、19時15分は3200円)※前日までに要予約

+α メモ
岐阜善光寺には伏見稲荷大社から分身を迎えた末光稲荷大神もあります。毎年7月にキュウリに悪疫を封じ込める「胡瓜封じ」が行われますが、参列できない場合は事前に寺に申し込むと、護符が付いたキュウリを郵送してもらえます。

神奈川

戦国時代最大の惣構を歩き北条氏を思う 難攻不落！ 小田原城の史跡をめぐる

北条早雲が入城し、以後5代にわたり北条氏の拠点となった小田原城。豊臣軍の攻撃に対抗するため、城と城下町を約９㎞の土塁と堀で囲んだ大規模な惣構の遺構が現在も残っています。難攻不落の小田原城のスケールを体感してみましょう。

小田原城は三重四階の天守閣を中心に小田原城址公園として整備され、資料館や体験スポット、園内を彩る季節の花々もみどころです。小田原城から足をのばした丘の上には、曲輪や大堀切など、戦国時代の小田原城の遺構が点在しています。駅近くにたたずむ北条氏の墓所にもぜひお参りを。散策途中で立ち寄れる二宮尊徳（金次郎）ゆかりの神社や小田原グルメもご紹介します。

1 10:00 小田原城《おだわらじょう》

100年に及ぶ北条氏の拠点

1501年ごろまでに北《ほう》条《じょう》早《そう》雲《うん》が支配下として以来、関東支配の拠点として整備・拡張され、上杉謙信、武田信玄の猛攻にも耐えた堅城。豊臣秀吉の小田原攻めに対抗し、戦国最大級の惣構を築きましたが、豊臣軍の圧倒的な兵力と石垣山城の築城で戦意を喪失した北条軍は、3カ月の籠城の末に降伏。天守閣は昭和35年（1960）に復元されたものです。

江戸時代の資料をもとに外観を復元。内部は歴史資料の展示室になっています

銅門（あかがねもん）は土・日曜に内部公開も行っています

二の丸正面に位置する馬出門（うまだしもん）は2009年に復元されました

大きく堅固な造りの常盤木門（ときわぎもん）は本丸の正面にあります

+αメモ 北条5代とは、初代・伊勢宗瑞（いせそうずい）（北条早雲）を祖とする屈指の戦国大名。2代・氏綱（うじつな）、3代・氏康（うじやす）、4代・氏政（うじまさ）、5代・氏直（うじなお）の5代約100年にわたり小田原城を本拠に覇を唱えました。

小田原駅 ←徒歩10分← ① 小田原城 ←徒歩すぐ← 報徳二宮神社

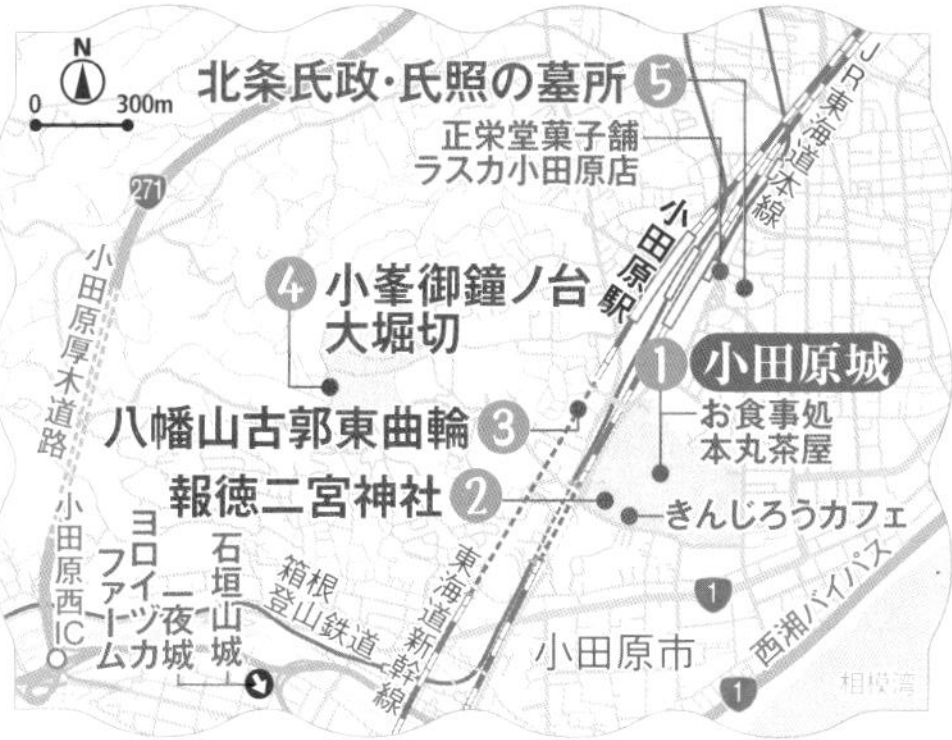

御城印をゲット

守護神とされた
摩利支天の梵字を
使った江戸時代版

右の字……登閣記念
小田原城
中央の字…摩利支天
家紋………大久保家
「大久保藤」
中央の印…摩利支天の梵字

☝天守最上階に祀られている摩利支天の文字(中央)と後期大久保氏の家紋(左上)

北条氏の家紋を
あしらった戦国時代版

右の字……登閣記念
中央の字…小田原城
家紋………北条家
「三つ鱗」

☝北条氏の家紋「三つ鱗」と小田原城の文字が力強いデザインです

ここで食べたい

北条家の家紋を模した武将茶漬けを食べよう

小田原城本丸広場内にある茶屋。昆布とカツオ節からとった天然だしを使ったうどんやそばを提供。あんみつなどの甘味も人気です。

☝焼きおにぎりをだしと梅干しで食べる小田原戦国武将茶漬け丼1100円

お食事処《しょくじどころ》 本丸茶屋《ほんまるちゃや》

☎0465-23-8100 時9時～16時30分LO 休無休

ここだけの御城印帳

☝桜と小田原市花の梅の花びらをあしらったオリジナルの御城印帳2300円

☝天守閣最上階の外回廊から相模湾を一望

☝6月には小田原城あじさい花菖蒲まつりを開催

☝天守閣5階に摩利支天像の安置空間を再現

DATA 小田原城

平山城　15世紀中ごろ

大森《おおもり》氏

北条氏、大久保《おおくぼ》氏、稲葉《いなば》氏

御城印
料金…300円
頒布場所…天守閣チケット販売窓口
(時 休 小田原城に準ずる)

住 神奈川県小田原市城内6-1
交 JR小田原駅から徒歩10分
時 9～17時(入館は～16時30分)
休 12月第2水曜 料510円(天守閣)

+αメモ まち歩きアプリ「小田原さんぽ」は、小田原の観光スポット情報を発信。AR機能を利用して現存していない建物を3DCGで蘇らせる仮想空間体験ができる便利なアプリです。このアプリをお供に史跡めぐりをすれば楽しさが倍増！

小田原城
←徒歩すぐ
❷ 報徳二宮神社
←徒歩20分
❸ 八幡山古郭東曲輪
←徒歩20分
❹ 小峯御鐘ノ台大堀切
←徒歩25分
❺ 北条氏政・氏照の墓所
←徒歩3分
小田原駅

西口の前には北条早雲の像が！

社殿横の神池には錦鯉がたくさん泳いでいます

本丸の南にある神明造の荘厳な社殿です

境内には薪を背負った二宮金次郎像も

2

12:30

報徳二宮神社

●ほうとくにのみやじんじゃ

勤勉の象徴・二《にの》宮《みや》尊《そん》徳《とく》を祀る神社

江戸時代末期、相模国出身で、農業改革を指導した二宮尊徳（金次郎）を祭神として、小田原城二の丸小峯曲輪に創建された神社です。隣接する報徳博物館では、二宮尊徳の数々の功績を知ることができます。

尊徳翁の肖像画が描かれた絵馬1000円

金次郎の姿が刺繍された交通金次郎守800円

DATA 報徳二宮神社

☎ 0465-22-2250
住 神奈川県小田原市城内8-10
交 JR小田原駅から徒歩15分
時 9～17時
休 無休 料 無料

ここでひとやすみ

きんじろうモチーフのメニューやグッズが揃う

報徳二宮神社の境内にあるカフェ。金次郎にちなんだランチやスイーツのほか、オリジナルグッズも販売。緑に囲まれたテラス席も。

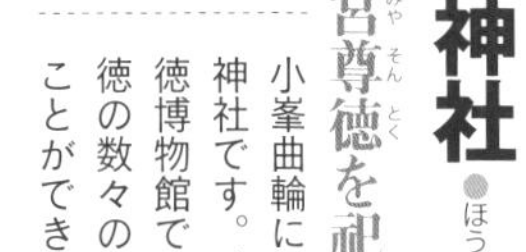

カプチーノ605円とモチモチ食感の「きなぽん。」495円。オリジナルの御朱印帳2200円も。刺繍がかわいいガーゼハンカチ968円

きんじろうカフェ

☎0465-23-3246（報徳会館） 時10～16時（土・日曜、祝日は～16時30分） 休不定休

3

14:00

八幡山古郭東曲輪

●はちまんやまこかくひがしくるわ

北条早雲時代の小田原城の中心

城下を一望できる丘陵上に曲輪が展開しており、戦国時代の小田原城の中心部であったと考えられています。発掘調査では井戸や障子堀などが確認されています。史跡公園として開放され、眺望も楽しめます。

坂道を上った東曲輪からは天守閣や小田原城下が一望できます

八幡山遺構群ともよばれ、天守閣の裏側の小高い丘にあります

DATA 八幡山古郭東曲輪

☎ 0465-33-1715（小田原市文化財課）
住 神奈川県小田原市城山3-23
交 JR小田原駅から徒歩10分
時 休 見学自由 料 無料

+α メモ
二宮尊徳（金次郎）は天明7年（1787）に農家の長男として誕生。成人後は小田原藩の家老・服部家の立て直しで才覚を発揮し、藩主・大久保忠真（ただざね）に召し抱えられ、財政再建や農村復興に尽力しました。

4 14:45
小峯御鐘ノ台大堀切
●こみねおかねのだいおおほりきり

北条氏の築城術が見られる大堀切

東堀、中堀、西堀の3本の堀で構成されており、なかでも東堀は幅20～30m、深さ約12m、堀の法面は50度の急勾配という、全国的にも最大規模の空堀です。散策しながら、北条氏が築いた堅固な城郭を眺めてみましょう。

☞堀切に隣接した城山公園は眺望抜群の公園で、桜の名所でもあります

☞西堀はいちばん外側に位置し、小田原攻めに備えて造られました

☞急勾配の土塁が残る東堀

DATA 小峯御鐘ノ台大堀切
☎ 0465-33-1715（小田原市文化財課）
住 神奈川県小田原市十字4 交 JR小田原駅から徒歩20分
時 休 見学自由 料 無料

買って帰りたい みやげ

正《しょう》栄《えい》堂《どう》菓《か》子《し》舗《ほ》 ラスカ小《お》田《だ》原《わら》店《てん》

北条氏5代が使用した虎の印判型の最中

明治創業の和菓子店。北条氏が使った虎朱印の実物大で作られた最中が人気です。1個180円。小田原城内の売店でも購入できます。

☞甘さ控えめで、中の求肥がアクセントの虎朱印最中

☎0465-24-7721 住神奈川県小田原市栄町1-1-9 交JR小田原駅からすぐ 時10時～20時30分 休ラスカ小田原に準ずる

5 16:00
北条氏政・氏照の墓所
●ほうじょううじまさ・うじてるのぼしょ

敗戦の責任を取った武将の墓所

秀吉の小田原攻めの敗戦後、城主の北条氏直は高野山に追放され、父・氏政とその弟・氏照は責任を負って自害し、当時この場所にあった伝心庵《でんしんあん》に葬られました。五輪塔前にある生害石《しょうがいいし》の上で氏政・氏照が自刃したといわれています。

☞関東大震災で埋没しましたが地元有志によって復元

☞墓所に置かれている鈴に願い事をして持ち帰り、叶ったら鈴を返す「幸せの鈴」もあります

DATA 北条氏政・氏照の墓所
☎ 0465-33-1717（小田原市文化財課）
住 神奈川県小田原市栄町2-7-8
交 JR小田原駅から徒歩3分 時 休 見学自由 料 無料

オススメ 立ち寄りスポット

豊臣秀吉が小田原攻めのために築いた総石垣の山城

石垣山一夜城ともよばれていますが、実際には約80日かけて築かれた、豊臣軍の本陣だった山城です。長期戦に備えた本格的な総石垣造りの城郭で、今でも当時の面影が残っています。

☞箱根外輪山の笠懸山（かさがけやま）に築城されました

☞谷を石塁で塞いで井戸にした井戸曲輪も見られます

☞穴太衆（あのうしゅう）が築いた野面積の石垣

石《いし》垣《がき》山《やま》城《じょう》 続日本100名城

☎0465-33-1715（小田原市文化財課） 住神奈川県小田原市早川1383-12
交JR小田原駅から車で15分／JR早川駅から徒歩50分 時 休見学自由 料無料

城と相模湾を眺めながら地産地消グルメを味わう

パティシエ・鎧塚俊彦氏が手がけるレストラン。地産地消をテーマに、パティスリーや直売所を併設。相模湾を眺めながら地元食材を使ったランチや絶品スイーツが味わえます。

☞早川レモンタルト550円（右）。石垣山城のすぐ前にあります（左）

一《いち》夜《や》城《じょう》ヨロイヅカファーム

☎0465-24-3150 住神奈川県小田原市早川1352-110 交JR小田原駅から車で15分／JR早川駅から徒歩50分 時10～18時（変動あり） 休火曜

+α メモ
秀吉は山中に櫓の骨組みを造り、白い紙を貼ることで漆喰を塗った壁に見せた城を築きました。完成後に周囲の樹木を伐採すると、それを見た北条軍が、一夜で城ができたと驚き、戦意を失ったとされるのが石垣山一夜城伝説です。

長野

北アルプスを望む城下町で歴史のロマンに浸る
松本城周辺で貴重な歴史建築探訪

現存する日本最古の五重六階天守をもつ松本城をはじめ、歴史的な建築物が市内に点在する松本。城下町の風情が今も残る街並みを歩けば、ノスタルジックな雰囲気に癒やされます。悠久の自然と歴史が育んだ風景のなかに飛び込んでみましょう。

まずは、松本城で数々の意匠を凝らした天守の内部を見学。敷地内には歴史資料を展示する松本市立博物館もあります。城主ゆかりの松本神社を参拝したあとは、近代学校建築として初めて国宝に指定された旧開智学校校舎で文明開化の息吹を感じてみましょう。四柱神社の参道として賑わうナワテ通りや、土蔵が並ぶ中町通りを気ままに歩きながら、松本駅へと戻ります。

1 10:00 松本城

まつもとじょう

P66

黒と白の城壁が美しい名城

城のなかでも松本城は大天守、乾《いぬい》小天守、渡櫓、辰巳附櫓、月見櫓の5棟から構成され、独特の造形美を誇ります。天守内部のみどころも多く、6階から外に広がる北アルプスと城下町は絶景です。

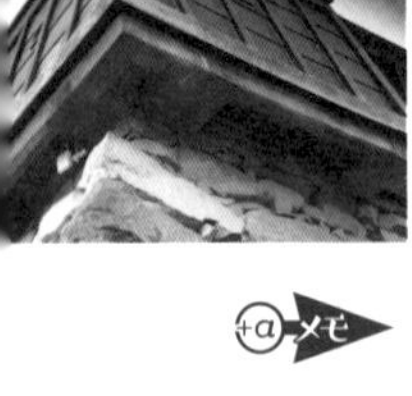

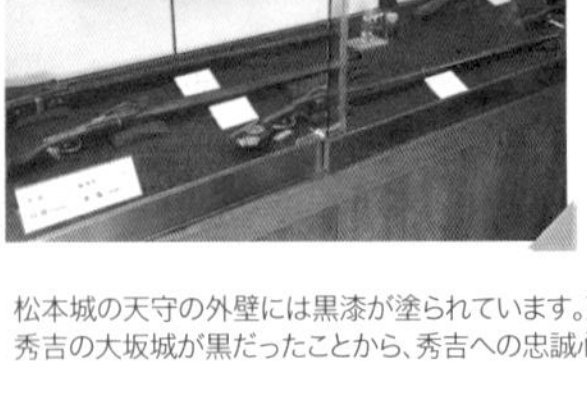

重厚感漂う黒漆塗りの天守。3階部分が外からは見えない構造です
本丸の正面にあたる黒門は昭和35年(1960)に復興されました
大天守2階の鉄砲蔵では江戸時代に製作された火縄銃などを展示
石落は石垣を上ってくる敵に対して攻撃するための開口部です

+α メモ

松本城の天守の外壁には黒漆が塗られています。天守3棟が造られたのは石川数正・康長親子の時代です。当時、豊臣秀吉の大坂城が黒だったことから、秀吉への忠誠心の表れという説もあります。

松本駅 → 徒歩20分 → ① 松本城 → 徒歩2分 → ② 松本市立博物館 → 徒歩7分 → 松本神社

2 12:00 松本市立博物館

●まつもとしりつはくぶつかん

松本城との特別観覧券で入館できる

松本城公園内にある博物館。開館から100年以上の歴史を誇ります。松本城関連の歴史資料や松本の民俗資料など約12万点を所蔵しています。伝統工芸品などを揃えるショップも併設しており、おみやげの購入もできます。

明治39年(1906)開館の「明治三十七、八年戦役紀念館」が始まり

松本城下町ジオラマや古文書資料を通じて、松本城の歴史を紹介(下の右)

松本城大手門駐車場北に移転新築。2023年開館予定です(下の左)

DATA 松本市立博物館

☎ 0263-32-0133
住 長野県松本市丸の内4-1
交 JR松本駅から徒歩15分
時 8時30分～17時
休 無休
料 700円(国宝松本城との特別観覧券料金)

ここだけの御城印帳

表には漆黒の天守、裏には歴代城主の家紋をデザイン。1990円

御城印も御城印

第3代城主・小笠原秀政の朱印をデザインした小笠原バージョン

戸田家2代の城主の2つの花押が押された戸田家バージョン

ここでCHECK

本丸庭園で出会える国宝松本城おもてなし隊

毎日9～16時ごろの間、本丸庭園内に武将や姫、忍者などの装束をまとった「おもてなし隊」が現れます。一緒に記念撮影を楽しめます。

タイムスリップしたかのような写真が撮れます

松本城周辺で食べるなら…

そば処《どころ》 もとき開智《かいち》店《てん》

☎0263-36-3410 住長野県松本市開智2-2-32 交JR松本駅から徒歩15分 時11～15時 休火曜(祝日の場合は営業)

もりそば(1人前)1350円。有名人の来店も多い

松本産の玄そばのうま味と香りを堪能

北アルプス山麓の農家から仕入れた玄そばを石臼挽きで30%まで磨いた、こだわりの半透明のそばが自慢。絶妙な喉ごしと風味が特徴です。

+α メモ
VRアプリ「ストリートミュージアム®」(→P24)は松本城にも対応しています。江戸時代の松本城を再現した仮想現実世界を画面越しに楽しむことができ、VRスポットでは解説のアナウンスを聞くことができます。

松本市立博物館
↓ 徒歩7分
③ 松本神社
↓ 徒歩10分
④ 国宝 旧開智学校校舎
↓ 徒歩20分
⑤ 四柱神社
↓ 徒歩1分
⑥ ナワテ通り・中町通り
↓ 徒歩10分
松本駅

観光には周遊バス「タウンスニーカー」も便利!

3 14:00 松本神社

●まつもとじんじゃ

松本城主ゆかりの宝物も所蔵

松 本城の北に鎮座する神社です。藩主・戸田光慈《とだみつちか》が暘谷《ようこく》神を祀ったのがはじまりで、その後、4祭神を加え「五社」とよばれていました。昭和28年(1953)に、若宮八幡宮との合祀を機に松本神社と改称されました。

☞創建は寛永13年(1636)の古社。境内から松本城も見えます

☞清水が湧く松本神社前井戸には暘谷水神さまが祀られています

DATA 松本神社

☎ なし
住 長野県松本市丸の内10-37
交 JR松本駅から徒歩15分
時 休 境内自由 料 無料

4 14:30 国宝 旧開智学校校舎

●こくほう きゅうかいちがっこうこうしゃ

日本を代表する擬洋風校舎

地 元の大工棟梁・立石清重《たていしせいじゅう》が明治9年(1876)に設計・施工した擬洋風建築の代表作です。和洋の意匠を融合したデザインはみどころも豊富。館内に当時の教室が再現されており、貴重な教育資料なども展示されています。

☞西洋の机と椅子を使用した学びの様子がわかる教室

☞2階の講堂は舶来のガラスやレトロな照明がモダンな印象です

☞校名が刻まれた天使の看板やバルコニーの装飾もみどころです

☞旧開智学校ティーバッグ540円。校舎をかたどった信州和紅茶が3包入っています

☞シンボルの八角塔屋や天使の看板がデザインされたメモ帳280円

DATA 国宝 旧開智学校校舎

☎ 0263-32-5725
住 長野県松本市開智2-4-12
交 JR松本駅からタウンスニーカー北コースで17分、旧開智学校下車すぐ
時 9～17時
休 第3月曜(12～2月は毎月曜)
※祝日の場合は翌日
料 400円
※2021年6月ごろ～2024年3月ごろまで耐震工事のため休館予定

+αメモ 松本には平成の名水百選にも選ばれたまつもと城下町湧水群があり、市内に井戸や湧水が点在し、市民の生活に欠かせないものになっています。ナワテ通りと中町通りには多くの湧水スポットがあるので名水めぐりもおすすめです。

5 16:00 四柱神社
よはしらじんじゃ

パワースポットとして人気の神社

一つの神社で四祭神を祀っている全国でも珍しい神社です。すべての願いが叶うという「願いごとむすびの神」として古くから信仰されてきました。近年は縁結びのご利益があるとされ、若い女性の参拝客が増えているそうです。

ナワテ通りに面して大きな鳥居が立っています。その先に明治天皇がお渡り初めをした御幸橋があります

境内にある恵比寿神社は大国主神と事代主神が祀られています

DATA 四柱神社
☎ 0263-32-1936
住 長野県松本市大手3-3-20
交 JR松本駅から徒歩15分
時 休 境内自由 料 無料

オススメ 立ち寄りスポット

武田信玄の家臣・馬場美濃守信春の縁者が祖先の民家

馬場家の言い伝えでは天正10年（1582）ごろにこの地に住みついたとされています。江戸時代末期の長野県西南部を代表する民家建築として国の重要文化財に指定されました。

表門は馬場家の家格の高さを物語っています

本棟造の主屋は嘉永4年（1851）の建築

馬場家住宅《ばばけじゅうたく》

☎0263-85-5070 住長野県松本市内田357-6
交JR松本駅からアルピコ交通バス村井駅行きなどで25分、寿台東口下車、徒歩15分／JR村井駅から車で10分
時9〜17時 休月曜(祝日の場合は翌日) 料310円

6 16:30 ナワテ通り・中町通り
なわてどおり・なかまちどおり

四柱神社の参道として賑わう通り

ナワテ通りは女鳥《めと》羽川《ばがわ》沿いに城下町の街並みを再現した通りで、雑貨店やカフェが並んでいます。川を挟んだ中町通りは、かつての問屋街の名残があり、なまこ壁の土蔵が立ち並ぶ風情ある通りです。

土蔵をリノベーションした個性的な店が並ぶ中町通り

ナワテ通りのカエル大明神にも参拝しましょう

ナワテ通りは食べ歩きも楽しみのひとつです

明治の大火の教訓から耐火性の高い土蔵造りの建物が造られました

DATA ナワテ通り・中町通り
☎ 0263-39-7176
（松本市観光情報センター）
住 長野県松本市大手・松本市中央
交 JR松本駅から徒歩10分

ここでひとやすみ

カフェ併設の人気ベーカリー

大正13年（1924）創業の老舗ベーカリーカフェ。長野県で最初にフランスパンを焼いた店です。パン入りクラムチャウダーが名物。

毎日50種類以上のパンが並びます

スイート縄手本店《なわてほんてん》

☎0263-32-5300 住長野県松本市大手4-1-13 交JR松本駅から徒歩10分 時9時30分〜17時(土・日曜、祝日9時15分〜) 休水曜

+αメモ 松本市内を効率的にめぐりたい場合は、周遊バス「タウンスニーカー」が便利。東西南北4つのコースがあり、大人200円で利用できます。何度も利用する場合は1日乗車券大人500円がお得です。

滋賀

戦国武将ゆかりの地、風光明媚な湖北をめぐる 彦根城から行く戦国歴史ドライブ

彦根城は徳川家を支えた井伊家の居城です。琵琶湖の湖北には、織田信長、豊臣秀吉、石田三成、浅井長政など、戦国時代に活躍した武将ゆかりの地が点在しています。湖畔の美しい風景をドライブで楽しみながら、戦いの舞台となった地をめぐりましょう。

江戸時代初期の天守が残る彦根城は、天下普請の美しい城です。庭園や彦根城お堀めぐりなど、多彩な角度から城の美しさを堪能できます。このあたりは、かつて「近江を制するものは天下を制す」ともいわれ、覇権争いの中心地でした。秀吉と三成が出会った大原観音寺や浅井家の居城の小谷城、激しい戦いの場となった古戦場などを歩いて、激動の歴史の足跡を訪ねてみましょう。

三重の屋根は、切妻破風、入母屋破風、唐破風を組み合わせた造りです

1 9:00 彦根城

ひこねじょう

P42

彦根の町を見守る優美な三重天守

現存12天守の彦根城は慶長《けいちょう》9年（1604）、井伊直継《いいなおつぐ》が城主のときに着工され、近隣の12大名による天下普請で築かれました。天守は2年ほどで完成しましたが、大坂の陣による工事の中断を挟み、城郭の完成は元和《げんな》8年（1622）といわれています。その後、江戸時代を通して井伊家の居城となり、桜田門外の変で知られる井伊直弼《いいなおすけ》もこの城で過ごしました。優美な外観ながら攻撃性も備えた名城です。

日本の城郭では唯一といわれる、左右対称の珍しい天秤櫓

天守の内部は曲がりくねった木材を使用した梁が印象的です

藩主用の馬が十数頭飼育されていたという日本最大級の馬屋も必見

+α メモ

彦根城は明治時代に解体の危機がありました。明治11年（1878）10月に明治天皇が北陸巡幸を終え彦根を通られたときに、随行していた大隈重信（おおくましげのぶ）が明治天皇に城郭保存を奏上し、解体を免れたといわれています。

彦根IC ←車で15分← ❶彦根城 ←徒歩3分← ❷彦根城博物館 ←車で35分← 大原観音寺

☜彦根市キャラクターのひこにゃんにも会えます！©彦根市

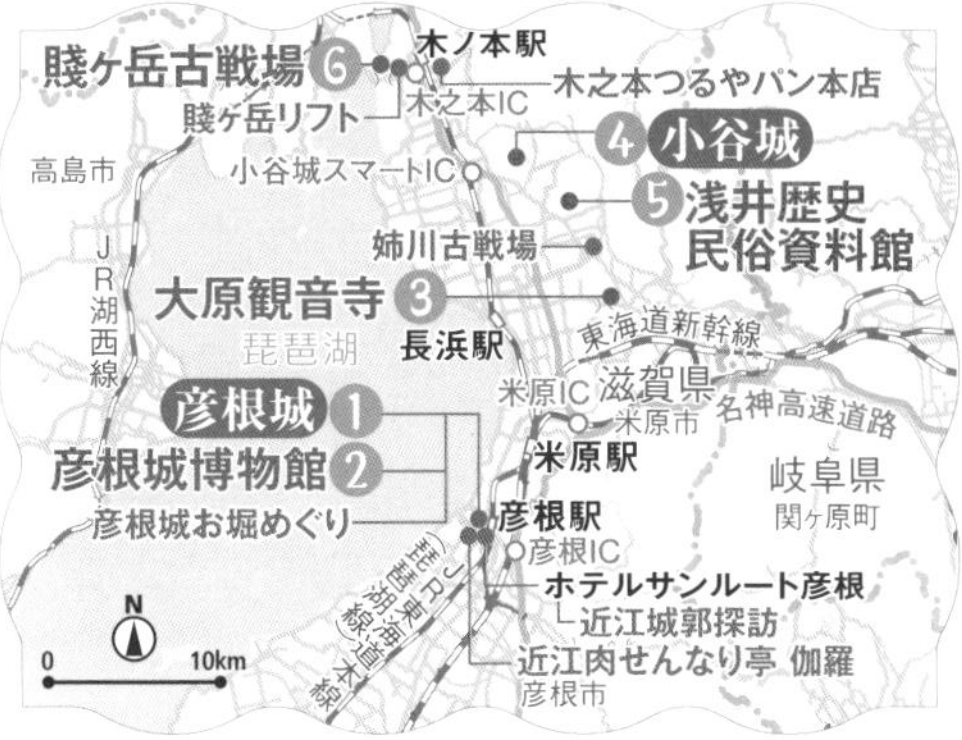

☜表御殿は江戸時代に彦根藩の政庁と藩主の住居を兼ねた建物でした

2 10:00 彦根城博物館

●ひこねじょうはくぶつかん

藩主井伊家に伝わる品々を展示

彦根城の表御殿跡地に昭和62年(1987)、復元を兼ねて建てられた博物館。井伊家伝来の甲冑や刀剣、美術工芸品、茶道具など、貴重な品々を展示。御座の間や庭園も復元されており、建物そのものも楽しむことができます。

☜博物館中央には江戸時代の建物である能舞台が現存します

DATA 彦根城博物館

☎0749-22-6100
㊟滋賀県彦根市金亀町1-1
㊋JR彦根駅から徒歩15分
㊕8時30分～17時
㊡12月25～31日
㊎500円

☜表御殿の広間や書院だった場所が展示室になっています

買って帰りたい城みやげ

☜城内の鐘の丸売店には、店限定マスコット520円(写真左上)などひこにゃんグッズが豊富に並んでいます

御城印をゲット

☜右の文字「月明 彦根の古城」は、月明かりに浮かびあがる彦根城の美しさを表す言葉です

彦根城周辺で食べるなら…

城下町風情を感じながら近江牛ランチを満喫

日本三大和牛のひとつ「近江牛」が食べられる名店。お茶が入っただしでいただく「茶しゃぶ」2名9350円～(要予約)が人気。

☜リーズナブルなランチの「近江牛肉鉄火丼御膳」2970円

近江《おうみ》肉《にく》せんなり亭《てい》 伽羅《きゃら》

☎0749-21-2789 ㊟滋賀県彦根市本町2-1-7 ㊋JR彦根駅から徒歩20分 ㊕11時30分～14時30分、17時～20時30分LO ㊡火曜

こちらもCHECK

藩主が使っていたという屋形船を再現。ガイドの説明を聞きながら約45分かけ、内堀をめぐります。水上からの景色を満喫できます。

屋形船から彦根城の魅力を発見

彦《ひこ》根《ね》城《じょう》お堀《ほり》めぐり

☎080-1461-4123(受付9時30分～17時) ㊟滋賀県彦根市金亀町3-3(乗船場) ㊋JR彦根駅から徒歩10～15分 ㊕10～15時の間で1時間1便(土・日曜、祝日は16時便もあり) ㊡無休 ㊎1300円

+αメモ 江戸時代以前は仏教の影響もあり、一般に肉食はタブーとされていました。彦根藩は陣太鼓に使う牛皮を幕府に献上していたことから、特別に牛の食肉加工が認められており、これが近江牛のルーツといわれています。

彦根城博物館
←車で35分
3 大原観音寺
←徒歩15分
4 小谷城
←車で10分
5 浅井歴史民俗資料館
←車で10分
6 賤ヶ岳古戦場
←車で5分
木之本IC

当時としては先駆的な石垣を用いた堅固な山城で、信長も落城まで4年間を費やしました

秀吉は長浜城主時代に寺領を安堵するとともによく立ち寄っていたそうです

鐘楼をはじめ本堂と惣門は国指定重要文化財です

3 12:30 大原観音寺

おおはらかんのんじ

秀吉と三成の出会いの地

平安時代に開基し、鎌倉時代にこの地に移転した天台宗の寺院。石田《いしだ》三成《みつなり》が、鷹狩りで立ち寄った秀吉に、気の利いた茶の出し方でその才能を認められた「三献《さんけん》の茶《ちゃ》」の逸話で有名です。

三成が水を汲んだとされる井戸もあります

DATA 大原観音寺

☎ 0749-55-1340
住 滋賀県米原市朝日1342
交 JR近江長岡駅から湖国バス長浜駅行きなどで15分、観音寺下車すぐ
時 休 境内自由 料 無料

4 13:30 小谷城

おだにじょう……

P67

琵琶湖を見渡す浅井3代の居城

広大な山城で、築城は北近江に勢力を拡大させていた浅《あざ》井《い》亮政《すけまさ》。遺構の石垣や土塁は当時の様子を今も残しています。天《てん》正《しょう》元年(1573)、織田信長に攻められ落城。3代当主・長政《ながまさ》が自害し、浅井氏は滅亡しました。

御城印ゲットも

浅井家の家紋「三盛亀甲花菱」と浅井長政の花押が押されています。「江州」とは近江国のことです

こちらもCHECK

彦根城など全16種類の御朱印調のシールを販売しています(1枚330円)。和紙に印刷しているので御城印帳にも貼れます。

まとめて御城印をゲット
近《おう》江《み》城《じょう》郭《かく》探《たん》訪《ぼう》

購入場所 ホテルサンルート彦根「戦国館」☎0749-26-0123 住滋賀県彦根市旭町9-14

ひと足のばして

浅井・朝倉と織田・徳川の壮絶な戦いが繰り広げられた

姉川の戦いは、浅井長政・朝倉景健《かげたけ》の連合軍と織田信長・徳川家康の連合軍が長浜を流れる姉川の両岸で戦った壮絶な合戦です。当初は浅井・朝倉軍が優勢でしたが、やがて兵力に勝る織田・徳川軍の攻撃に後退し、最終的に小谷城へ敗走。浅井・朝倉両家が滅亡するきっかけにもなりました。

姉川の野村橋のたもとには戦死者の慰霊碑が立てられています

姉《あね》川《がわ》古《こ》戦《せん》場《じょう》

☎0749-65-6521(長浜観光協会) 住滋賀県長浜市野村町 交JR長浜駅から湖国バス伊吹登山口行きで22分、野村橋下車、徒歩7分 時休見学自由 料無料

+αメモ 「三献の茶」は、寺の小僧だった佐吉(三成)が、汗をかいていた秀吉に、1杯目は大きな茶碗にぬるいお茶、2杯目は少し小さめの茶碗に少し熱めのお茶、3杯目は小さい茶碗に熱めのお茶を出し、その才能を見出されたと伝わる逸話です。

5 14:30 浅井歴史民俗資料館

●あざいれきしみんぞくしりょうかん

浅井家の盛衰の歴史がよくわかる

浅井文化スポーツ公園内にあり、浅井家と郷土の歴史や文化に関する資料を展示。郷土学習館、糸姫の館、鍛冶部屋、七りん館の4つの施設からなり、浅井三姉妹の波乱の人生や江戸時代の暮らしぶりを、ジオラマなどでわかりやすく学ぶことができます。

☞郷土学習館にある浅井三姉妹の三女・江誕生のジオラマ。政略結婚に翻弄された人生を送りました

☞菖蒲池の周りに4つの施設が並んでいます
☞山城の様子がわかる小谷城のジオラマ

☞七りん館は江戸時代後期に建てられた長浜の庄屋であった草野家を移築再現しています

DATA 浅井歴史民俗資料館

☎ 0749-74-0101
住 滋賀県長浜市大依町528
交 JR長浜駅から近江鉄道・湖国バス健康パーク浅井行きで31分、浅井三姉妹の郷下車、徒歩15分
時 9～17時
休 月曜(祝日の場合は開館)、祝日の翌日
料 300円

オススメ 立ち寄りスポット

滋賀のソウルフード サラダパン

約30種類のパンが並ぶ地元で人気の老舗ベーカリー。サラダパンのほか、魚肉ハムとマヨネーズだけというシンプルなサンドウィッチ145円もおすすめ。

☞「サラダパン」145円はコッペパンの中にたくあん漬けが!

木《き》之《の》本《もと》つるやパン本店《ほんてん》

☎0749-82-3162 住滋賀県長浜市木之本町木之本1105 交JR木ノ本駅から徒歩7分 時8～18時(日曜、祝日9～17時) 休無休

6 15:30 賤ヶ岳古戦場

●しずがたけこせんじょう

歴史に残る天下分け目の決戦地

天下統一を目前にしていた織田信長が本能寺の変で倒れたあと、明智光秀を討った豊臣秀吉が後継の主導権を握ると、織田家の筆頭家老・柴《しば》田《た》勝《かつ》家《いえ》との間で権力争いが生じ、賤ヶ岳の戦いへと発展しました。戦いの舞台となった賤ヶ岳の山頂広場には、戦跡碑や戦没者の碑が立てられています。

賤ヶ岳古戦場へはリフトで気軽に行くことができます。初夏にはリフト下に野草の「シャガ」の可憐な白い花が一面に咲き誇ります。

☞余呉湖周辺も激しい戦いの場となり、湖が血で赤く染まったといわれています

☞山頂へ続く道の途中には、戦没者を祀る小さな社があります(上)。山頂にある武将の像。余呉湖が一望できます(下)

DATA 賤ヶ岳古戦場

☎ 0749-65-6521(長浜観光協会)
住 滋賀県長浜市木之本町大音／木之本町飯浦
交 賤ヶ岳リフト山頂駅からすぐ
時 休 見学自由 料 無料
※賤ヶ岳リフト山麓駅近くの登山口から山頂までは徒歩40分～1時間

こちらも CHECK

賤ヶ岳リフトで空中散歩を満喫

賤《しず》ヶ《が》岳《たけ》リフト

☎ 0749-82-3009 住滋賀県長浜市木之本町大音 交 JR長浜駅から湖国バス新道野行きなどで5分、大音下車、徒歩10分 時9～17時(11月以降は～16時) 休4月上旬～12月上旬運行、期間中無休 料片道450円、往復900円(プレゼント付)

+αメモ 「彦根ほんもの歴史なぞとき」は、楽しみながら彦根の歴史を学べるスマートフォン用のアプリです。彦根に詳しい忍者とひこにゃんと一緒になぞときに挑戦してみましょう。

熊本

復旧が進む熊本城の今を見届けよう

路面電車で、復旧中の熊本城周辺をおさんぽ

熊本地震の被害から復興へと歩み始めた熊本のシンボル・熊本城。見学用に設けられた空中回廊や隣接するミュージアムで復旧が進む城の「今」を見学しましょう。街なかを走る路面電車に揺られて、城主ゆかりの庭園へも足をのばしましょう。

江戸初期に加藤清正が熊本城と城下町を築き、細川氏の時代に城下町が大きく発展しました。天下の3名城のひとつに数えられる熊本城ですが、2016年の熊本地震で大きな被害を受け、復旧の真っ最中。作業の様子を眺められる見学通路が特別公開されています。周辺には、清正を祀る神社や、熊本城主・細川氏ゆかりの日本庭園もあります。路面電車での移動も楽しみましょう。

復元された本丸御殿で最も豪華な部屋「昭君之間」。2020年8月現在見学不可

1 10:00 熊本城

くまもとじょう ……P89

日々刻々と蘇る名城を見学

加藤清正が江戸初期に築城し、のちに細川家11代の居城に。黒塗りの天守閣は昭和35年（1960）に再建、豪華な本丸御殿は2008年に復元されましたが、熊本地震で多くの建物が被災。2020年6月に特別見学通路が開通し、復旧の進む様子を間近に見学できます。

地上5～7mに設けられた空中回廊の見学通路からの眺め

2つの石垣をまたぐように建造された本丸御殿の全景(右)。床下には地下通路の「闇(くらが)り通路」があります(左)

昭和35年(1960)に外観が復元された天守閣。熊本地震では瓦屋根や石垣などが被害を受けました

写真提供:熊本城総合事務所

+α メモ 特別見学通路は全日公開している南ルートのほかに、日曜、祝日(工事日以外)のみ公開している北ルートがあります。北ルートでは、復旧中の天守閣をより近くから見学可能。天守閣の完全復旧と内部公開は2021年春の予定です。

熊本駅
←市電17分
熊本城・市役所前電停
←徒歩10分
① 熊本城
←徒歩すぐ
② 加藤神社
←徒歩5分
熊本城ミュージアム わくわく座

加藤清正は築城名人で、石垣造りの達人!

境内の樹木越しに復旧中の熊本城天守閣を眺められます

2 11:30 加藤神社

かとうじんじゃ

天守閣が間近に見える

熊本城と城下町を築き、街の基礎をつくった戦国武将・加藤清正を祀る神社です。境内に、清正ゆかりの史跡が点在しているほか、復旧工事中の天守閣を間近に眺められる眺望スポットとしても人気です。必勝祈願や学業成就、商売繁盛など多くのご利益で知られています。

熊本城築城時に清正がお手植えしたと伝えられるイチョウの木

木々に囲まれた加藤神社の拝殿

文禄の役で清正が持ち帰ったという太鼓橋

清正と城を描いた「仕事守」800円

中に金幣を納めた「勝守」800円は勝負事のお守り

DATA 加藤神社

☎ 096-352-7316
住 熊本県熊本市中央区本丸2-1
交 市電熊本城・市役所前電停から徒歩9分
時 休 境内自由 料 無料

御城印ゲット

右に細川家の「九曜」、左に加藤家の「蛇の目」と、城主の家紋を配置。左下には加藤清正の座右の銘「履道応乾」の印もあります

こちらもCHECK

特典ありの
復興城主を募集中
城《じょう》主《しゅ》証《しょう》

熊本城復旧のため1万円以上を寄付した人に、「城主証」と市内の観光施設や協賛店で特典を受けられる「城主手形」を発行。城内のデジタル芳名板に城主名が掲載されます。

現金持参のほかふるさと納税や郵便振込も可。城主手形持参で来城すると、復興城主限定ブックレットがもらえます

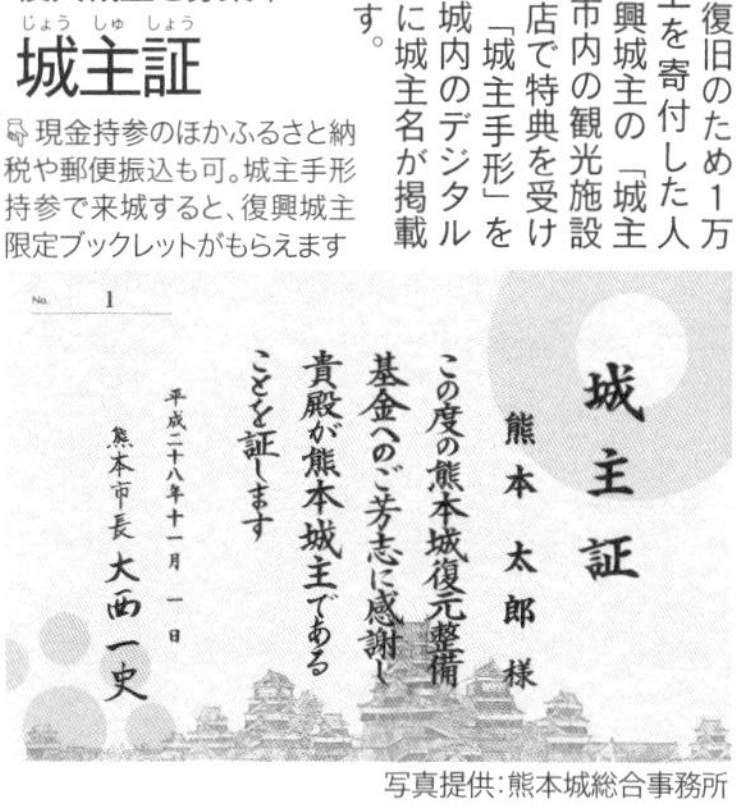
No. 1
城主証
熊本 太郎 様
この度の熊本城復元整備基金へのご芳志に感謝し貴殿が熊本城主であることを証します
平成二十八年十一月一日
熊本市長 大西一史

写真提供:熊本城総合事務所

+α メモ 加藤神社境内では熊本放送が提供する「くまフォトアプリ」をスマートフォンにダウンロードし、くまフォトマーカー(看板)にかざすとくまモンが出現。アプリ上でくまモンと一緒に記念写真が撮れます。

加藤神社
←徒歩7分
③ 熊本城ミュージアム わくわく座
←徒歩7分
④ 熊本市役所14階展望ロビー
←徒歩1分
熊本城・市役所前電停
←市電17分
水前寺公園電停
←徒歩4分
⑤ 水前寺成趣園
←徒歩4分
水前寺公園電停
←市電34分
熊本駅

城内8カ所に設置された定点ライブカメラで熊本城の今の様子を眺めることができます

総合観光案内所や飲食物販施設も揃う「桜の馬場 城彩苑」内に位置します

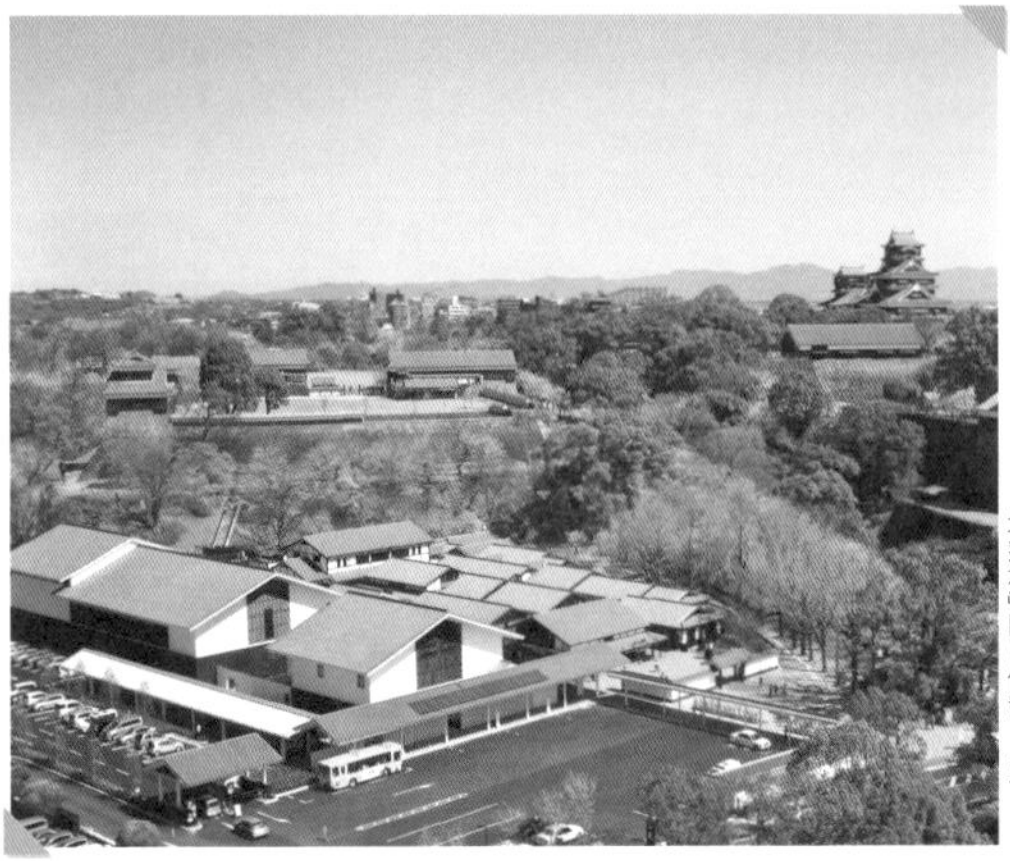

3

12:00

熊本城ミュージアム わくわく座

●くまもとじょうみゅーじあむ わくわくざ

熊本城の昔と今を楽しく体感

熊本城や城下町の歴史・文化について楽しく学べます。VR映像やプロジェクションマッピング、各種体験や芝居などを通して、江戸時代の城や熊本地震の際の被災状況、立ち入り禁止エリアの復旧の様子をリアルタイムで見ることができます。飲食店やみやげ店が並ぶ施設も隣接していて便利です。

熊本城の石垣造りを体験(上)。高身長だったといわれた加藤清正と背比べをして記念写真が撮れます(下)

プロジェクションマッピングの映像で、熊本地震により櫓や瓦、石垣が崩壊した様子を詳しく再現

江戸時代から被災前までの熊本城の姿を迫力満点のVR映像で再現。スタッフのライブ解説付きでわかりやすく紹介

DATA 熊本城ミュージアム わくわく座

☎ 096-288-5600
住 熊本県熊本市中央区二の丸1-1-1(桜の馬場 城彩苑内)
交 市電熊本城・市役所前電停から徒歩7分
時 9時～17時30分 休 無休
料 300円(熊本城との共通券600円などもあり)

桜の馬場 城彩苑 で
食べたい

熊本の郷土料理や細川藩主が食した料理も味わえる

細川藩の料理頭が記した料理秘伝書をもとに再現した「熊本城お殿様懐石」(要予約)のほか、熊本ならではの料理を楽しめます。

熊本城のお殿様が食したという熊本城お殿様懐石4000円

和《わ》食《しょく》・郷《きょう》土《ど》料《りょう》理《り》 花《はな》雅《まさ》

☎096-312-3321 時熊本県熊本市中央区二の丸1-1-2(桜の馬場 城彩苑 桜の小路内) 交市電熊本城・市役所前電停から徒歩7分 時11～15時、17～20時 休桜の小路に準ずる

天草の海の幸を使った海鮮丼やうにコロッケ

柚子辛味噌やだしなどで3度楽しめる「ぶっかけ海鮮づけ丼」や、中がとろ～りの「うにコロッケ」など新鮮な海の幸料理を堪能。

名物ぶっかけ海鮮づけ丼1650円は小鉢、汁物付きです

天《あま》草《くさ》海《かい》まる

☎096-319-5073 時熊本県熊本市中央区二の丸1-1-2(桜の馬場 城彩苑 桜の小路内) 交市電熊本城・市役所前電停から徒歩7分 時11時30分～18時 休桜の小路に準ずる

+α メモ
「桜の馬場 城彩苑」は「熊本城ミュージアム わくわく座」のほかに、城下町を模したグルメ&おみやげエリア「桜の小路」(お食事処時11～19時※土・日曜、祝日は～20時 休無休 ※店舗により変動あり)や総合観光案内所もあります。

4 14:00 熊本市役所14階展望ロビー

くまもとしやくしょじゅうよんかいてんぼうろびー

熊本城と街並みを眺めてみよう

城に隣接した高さ約58mの展望ロビーは絶好の眺望スポット。夜には、ライトアップされた熊本城を眺めることができます

市役所14階にある展望ロビーから、熊本城と市街のパノラマ風景を楽しめます。熊本地震の被害と復旧の様子を伝える展示や、城を望むダイニングカフェもありひと休みに便利。また、22時まで開館しているため熊本城周辺の観光を楽しんだ最後に、熊本城のある夜景を一望することもできます。

DATA 熊本市役所14階展望ロビー
- ☎ 096-328-2111（熊本市管財課）
- 住 熊本県熊本市中央区手取本町1-1
- 交 市電熊本城・市役所前電停から徒歩1分
- 時 9～22時
- 休 無休 料 無料

こちらも CHECK

加藤清正が朝鮮出兵に持参したと伝わる熊本の伝統菓子「朝鮮飴」の元祖とされる店。もち米で作る朝鮮飴16本入り648円～はやわらかく餅のような食感。

清正が朝鮮出兵の際に持参した朝鮮飴

老舗《しにせ》 園田屋《そのだや》
☎096-352-0030 住熊本県熊本市中央区南坪井町6-1 交熊本電鉄藤崎宮前駅から徒歩3分 時10～18時 休日曜

5 15:00 水前寺成趣園

すいぜんじじょうじゅえん

細川家が築いた優雅な大名庭園

細川家初代藩主・忠利が作事した、御茶屋を始まりとする回遊式大名庭園です。池を中心に築山や浮石、植栽などを配し、作庭されました。京都御所から移築した古今伝授の間から眺める風景が最も優美です。歴代の細川家藩主らを祀る出水神社《いずみじんじゃ》があります。

阿蘇の伏流水が湧き出る池。四季折々の風景を楽しめます

園内の梛（なぎ）の木は、2枚ずつ出る葉が丈夫でちぎれないため、男女の縁が切れない縁結びの木といわれます（左）。初代藩主・細川忠利像（右）

DATA 水前寺成趣園
- ☎ 096-383-0074
- 住 熊本県熊本市中央区水前寺公園8-1
- 交 市電水前寺公園電停から徒歩4分
- 時 8時30分～17時（最終入園16時30分）
- 休 無休 料 400円

お散歩途中にひとやすみ

伝統の和菓子と庭園風景を堪能

庭園内で最も眺めが美しい「古今伝授の間」で、和菓子と抹茶を味わいながらゆっくりと景色を満喫できます。椅子席と座敷席があります。

池のほとりに立つ茅葺きの建物。座敷に座ってひと休みしましょう

抹茶セット「加勢以多《かせいた》」椅子席550円・座敷席650円

古《こ》今《きん》伝《でん》授《じゅ》の間《ま》 香《こう》梅《ばい》
☎096-381-8008 住熊本県熊本市中央区水前寺公園8-1（水前寺成趣園内） 交市電水前寺公園電停から徒歩4分 時9～17時 休偶数月の第1火曜

+α メモ 水前寺成趣園には富士山そっくりの美しい築山があります。芝生に覆われているので、緑が鮮やかな春から夏は特にきれい。春には園内に咲く桜越しの「富士山」も楽しめます。池の水面が紅葉に染まる秋の風景も格別です。

コラム
COLUMN
4

歴史を生かして城と地域を盛り上げる
御城印でまちおこし

国宝の名城や絶景の城の人気の高まりから、近年、各地で埋もれていた中世城郭にも注目が集まり、地域活性化に御城印を生かす取り組みが行われています。

全国初の見開き御城印を頒布

ゆざわ御城印プロジェクト

秋田県湯沢市で飲食店を営む藤森広大さんが湯沢市地域活性化のためにスタートしたプロジェクト。初の見開き御城印などが注目を集め全国から観光客が足を運ぶまでに成長!

御城印を湯沢の活性化に生かしたい

藤森さんが御朱印と御城印を集め始めたのは2016年。「地域活性化に生かしたい」と湯沢市へ相談に。その後、デザイン制作や知人を通じて御城印の取扱店舗を決定。2019年4月に湯沢城の御城印を発売、6月には小野城の見開きの御城印を発売しました。

湯沢城
最初に販売された御城印。「址」を抜いたものも販売。1枚300円

売上げの一部を寄付 地域連携で活性化へ

知人らとプロジェクトチームをつくり、その後、市内の城の御城印を制作し、続々と発売していきます。2020年8月現在では、8城、14館、全22城が発売されています。城のほとんどは管理が行き届いていないため、売上げの一部を自治体へ寄付し、城跡などの整備費用やイベント費用にあてています。積極的なSNSでの発信や、一時的に郵送対応を行ったことが功を奏し、城の知名度が上がり、全国から観光客が湯沢へ足を運んでくれるきっかけに。地域活性化への効果が出始めています。

小野城
小野城の季節の見開き御城印。写真は8月の「盆供養」版。1枚500円

役内城
皇紀2680年（令和2年）記念限定の見開き御城印。1枚500円

江戸期に湯沢城主だった佐竹南家の屋敷門が城址に移築

さらに地域全体への浸透と拡大を目指す

藤森さんは「観光客の方からデザインがすごい！と言われるとやり甲斐を感じます。さらにプロジェクトを地域全体に浸透・拡大していきたい」と話します。また、全国各地でオリジナルの御城印帳が発売されているのを受け、湯沢独自の御城印帳の制作を予定するなど、さらなる展開が検討されています。

椛山城
椛山城の現在表記タイプ。「樺山」の昔表記タイプも販売。1枚300円

御城印の頒布場所

湯沢城 ●ゆざわじょう
にごう商店
時 9〜17時ごろ 休 無休
小野城 ●おのじょう
役内城 ●やくないじょう
椛山城 ●かばやまじょう
やきとり居酒屋 もみじ ※3城共通
時 15〜22時 休 不定休
※やきとり居酒屋 もみじの店頭横に無人販売所もあり。24時間利用可能

埋もれた観光資源を発掘

かごしま城郭符

かごしま城郭符普及協会が発行する50城もの城郭符。地域に埋もれた観光資源の掘り起こしから始まり、鹿児島のPRと城郭の保全活動に大いに貢献しています。

気軽に立ち寄るのが難しい山城もあるのでご注意を

御城印とツアーで鹿児島の城をPR

２０１６年、かごしま城郭符普及協会の本田静会長が旅行会社に勤めていたころ、新たな地域観光資源の発掘を行うなかで、県内に８４１カ所確認されている中世山城に着目し、バスツアーなどを実施。同時期、薩摩川内市の地域おこし協力隊(当時)の奥村卓さんが清色城の城郭符販売を発案。本田会長に県内の城郭符の発行を勧めました。

☞2019年2月の第1弾から2020年8月の第5弾まで各10種類ずつを販売

約2年で50種類！通販で全国へも販売

準備期間を経て、本田会長は城郭符を作成。２０１８年11月から鹿児島城と志布志城の２種類を販売開始し、翌年４月にはかごしま城郭符普及協会を設立します。以降、10種類ずつ新作を企画・販売していき、現在では第5弾、全50城の城郭符をネット通販を主体に取り扱っています。本田会長は「一国一城令で全国の主要な城が廃城となったなか、８４１城が残る鹿児島の山城は大変貴重です。城郭符の販売を通じて、山城の保全活動や魅力の発信にもつなげていけたらと思っています。通販で城郭符を購入した方々のために現地の受け入れ態勢を整える必要性も感じています。いつか全８４１城の城郭符を発行するのが理想です」と話します。

石川県の伝統工芸とコラボで御城印帳が誕生

☞御楼門の画は、スケッチ作家・浜地克徳氏(姶良市蒲生町在住)によるもの。３８００円

城郭符の購入者から「御城印帳はないか」という問合せがあるなか、２０２０年４月に鹿児島城の御楼門が再建・落成。御楼門をデザインした御城印帳の発売を思案していたところ、女性だけで伝統工芸品を守る石川県の漆器業者に声をかけられ、鹿児島初となる御城印帳が制作されました。

鹿児島城

☞薩摩藩初代藩主の島津家久が建設に着手した城です。１枚３００円

志布志城

☞２００５年に国史跡に指定。城ゆかりの家紋を配置。１枚３００円

知覧城

☞保存状態もよく南九州中世城郭の典型の城。１枚３００円

御城印の頒布場所

鹿児島城 ●かごしまじょう
志布志城 ●しぶしじょう
知覧城 ●ちらんじょう
かごしま城郭符普及協会
URL solanoeki.jp/jokakuf/
宙の駅
時 10～18時 休 土・日曜、祝日

さくいん
五十音順

数字の色は紹介している章ごとに色分けしています。

● 1章ほか　● 3章ほか
● 4章ほか　● 5章ほか

※数字はP4～5の掲載一覧マップに対応しています。

今行きたい!
はじめての御城印めぐり

2020年9月15日 初版印刷
2020年10月1日 初版発行

●編集人……平野陽子
●発行人……今井敏行
●発行所……JTBパブリッシング
〒162-8446
東京都新宿区払方町25-5
https://jtbpublishing.co.jp/
●編集・制作……時刻情報・MD事業部
(新庄希美)
●取材・執筆・撮影・編集協力……K&Bパブリッシャーズ・
篠原史紀(地球デザイン)・
岩下宗利・藤原恵理・遠藤優子・
好地理恵・攻城団・ぷれす
●イラスト……入江めぐみ
●デザイン……川口繁治郎+リバーズ・モア
●地図……アトリエ・プラン
●印刷所……大日本印刷

図書のご注文は、営業部 直販課 ☎03-6888-7893
本書の内容については、時刻情報・MD事業部 ☎03-6888-7846

224588 807760
ISBN978-4-533-14248-2 C0026

※本書掲載のデータは2020年8月現在のものです。
※御城印については、発行後に販売中止、デザイン変更となる場合があります。
また、料金、開館・営業時間、定休日、メニュー等の営業内容が変更になることや、臨時休業等で利用できない場合があります。

各種データを含めた掲載内容の正確性には万全を期しておりますが、おでかけの際はホームページ等で事前にご確認ください。

なお、本書に掲載された内容と実際が異なることによる損害等は、弊社では補償いたしかねますので、あらかじめご了承ください。
※本書掲載の料金は、大人料金です。原則として取材時点で確認した消費税込みの料金です。
税率改定等により、各種料金が変更されることがありますので、ご注意ください。
※定休日は原則として年末年始・お盆・ゴールデンウィーク・臨時休業は省略しています。
※交通アクセス等における所要時間は、目安の時間となります。
特にバスでは、渋滞による遅延等が起きる可能性がありますことをご了承ください。

諸ガイド
807760